小学校国語科授業アシスト

深い学びに導く

国語科「物語教材」のノート指導

堀江 祐爾・三木 恵子・塩江 理栄子
編著

明治図書

はじめに―ノート指導によって「主体的・対話的で深い学び」の実現を―

本書は、堀江祐爾編著『実物資料でよくわかる！教材別ノートモデル40』（明治図書・平成24年）の続編です。研究会「国語教育の実践と研究をつなぐ会」のメンバーが分担執筆しました。「つなぐ会」メンバーたちの物語教材の授業の中から生まれたノートをそのままの形で示し、「三つの学び」との関係から意味づけを行いました。

「つなぐ会」においては、「主体的・対話的で深い学び」を実現する指導過程を次のように捉えています。

第一次…身につけたい力からゴールの言語活動を決め、学習計画を子どもとともに考える（主に〈主体的な学び〉に関係する）。
第二次…ゴールの言語活動に向かうための学習活動を行う（主に〈主体的な学び〉〈対話的な学び〉に関係する）
　第二次において、言語活動を支える「わざ・こつ」を生み出す（ここが「つなぐ会」実践の特徴的な学習活動のひとつ）。
第三次…言語活動を深める（〈主体的・対話的で深い学び〉に関係する）。
第四次…身につけた力をふり返る（〈主体的・対話的で深い学び〉のまとめ）。

「ノート指導が変われば授業も変わる」。当然のことです。ノート指導は授業実践の中の重要な要素であり、ノート指導を充実すれば、授業実践自体も変わっていくに違いありません。本書がノート指導のあり方を考えるヒントとなり、「主体的・対話的で深い学び」の実現につながっていくことを心から願っています。

編著者　堀江祐爾・三木恵子・塩江理栄子

—レイアウトの役割と意味—

学年・教材名・出版社の提示

何年生のどの教材のノートであるかが示されている。さらに、その教材が平成27年度版教科書のどの出版社のどの巻に掲載されているかがわかるようになっている。令和2年度教科書についての情報も示した。令和2年度版教科書においても、ほとんどの物語教材が継続して掲載されているため、「新教科書対応」と言うこともできよう。

学習の流れが示されている

学習指導の構成が一目でわかるように、「学習の流れ」が載せられている。太字で示された時間のノートを紹介している。

例えば、下の例では「身につけた力をふり返る」の時間のノートは省略されているが、それについては、他の教材についてのノート例を参照していただきたい。

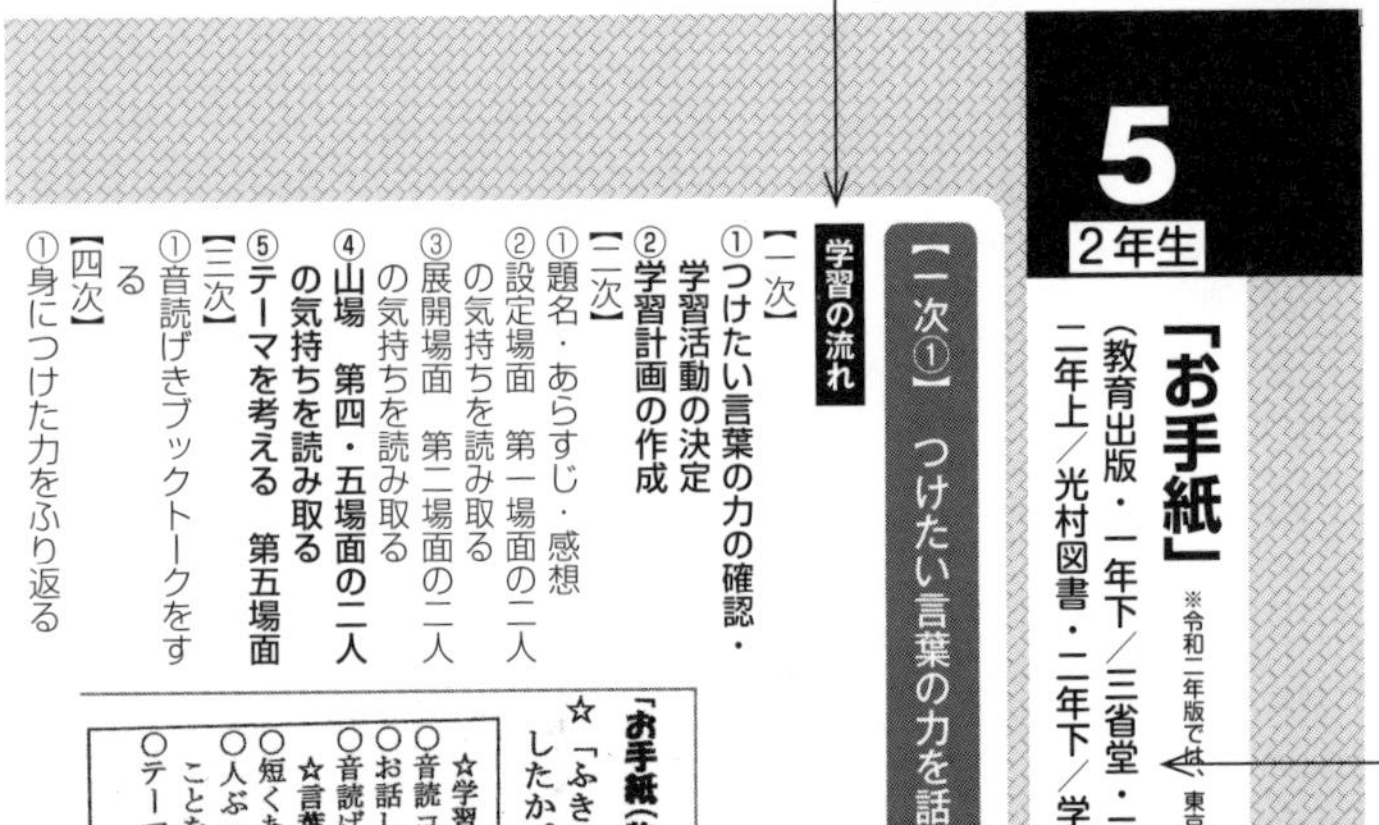

5
2年生

「お手紙」 ※令和二年版では、東京書籍・二年下
（教育出版・一年下／三省堂・二年／東京書籍・二年上／光村図書・二年下／学校図書・二年下）

ポイント
読み取ったことをもとに音読げきブックトークへとつなげ深い学びへと導く

【一次①】 つけたい言葉の力を話し合い、自分たちで学習活動を決めよう

学習の流れ

【一次】
①つけたい言葉の力の確認・学習活動の決定
②学習計画の作成

【二次】
①題名・あらすじ・感想
②設定場面 第一場面の二人の気持ちを読み取る
③展開場面 第二場面の二人の気持ちを読み取る
④山場 第四・五場面の二人の気持ちを読み取る
⑤テーマを考える 第五場面

【三次】
①音読げきブックトークをする

【四次】
①身につけた力をふり返る

「お手紙（物語文）」 二年 ○/○

☆「ふきのとう」や「スイミー」などの物語の学習でどんな学習かつどうをしましたか。どんな言葉の力を身につけましたか。

☆学習かつどうれい
○音読コンテスト
○お話しょうかい
○音読げき
☆言葉の力のれい
○短くあらすじをまとめる力
○人ぶつの言ったことやしたことを読み取る力
○テーマを考える力

☆身につけた力
○お話しょうかいを書く
○音読をする力
○短くまとめる力

既習の「学習かつどうれい」や「言葉の力のれい」を提示し、2年生の子どもにも考えられるようにヒントを与えている。

46

ポイント（本単元の「ねらい」と「言語活動」）の提示

「読み取ったことをもとに音読ブックトークへとつなげ深い学びへと導く」というように、本単元の「ねらい」と「言語活動」が端的に示されている。

この「ポイント」に示された「ねらい」が言語活動を通して実現される過程について、子どものノート記述を読むことにより、具体的に理解することができる。新任教員にも、ベテラン教員にも役立つに違いない。

教師が心得ておくべき要点の提示

「既習の『学習かつどうれい』や『言葉の力のれい』を提示し、2年生の子どもにも考えられるようにヒントを与えている」というように、学習指導に当たって教師が心得ておくべき要点が端的な言葉によって示されている。

三つの学びとの関係の提示

〈主体的な学び〉〈対話的な学び〉〈深い学び〉との関係が示されている。「三つの学び」が、どういう意味・意図をもった学習活動によって実現されているかを理解することができる。

〈対話的な学び〉と〈主体的な学び〉とが並んでいるところに注目したい。これはある学習活動が〈対話的な学び〉と〈主体的な学び〉の両方に関係していることを示している。両者が相互に支え合うことによって重層的な学びとなっている。

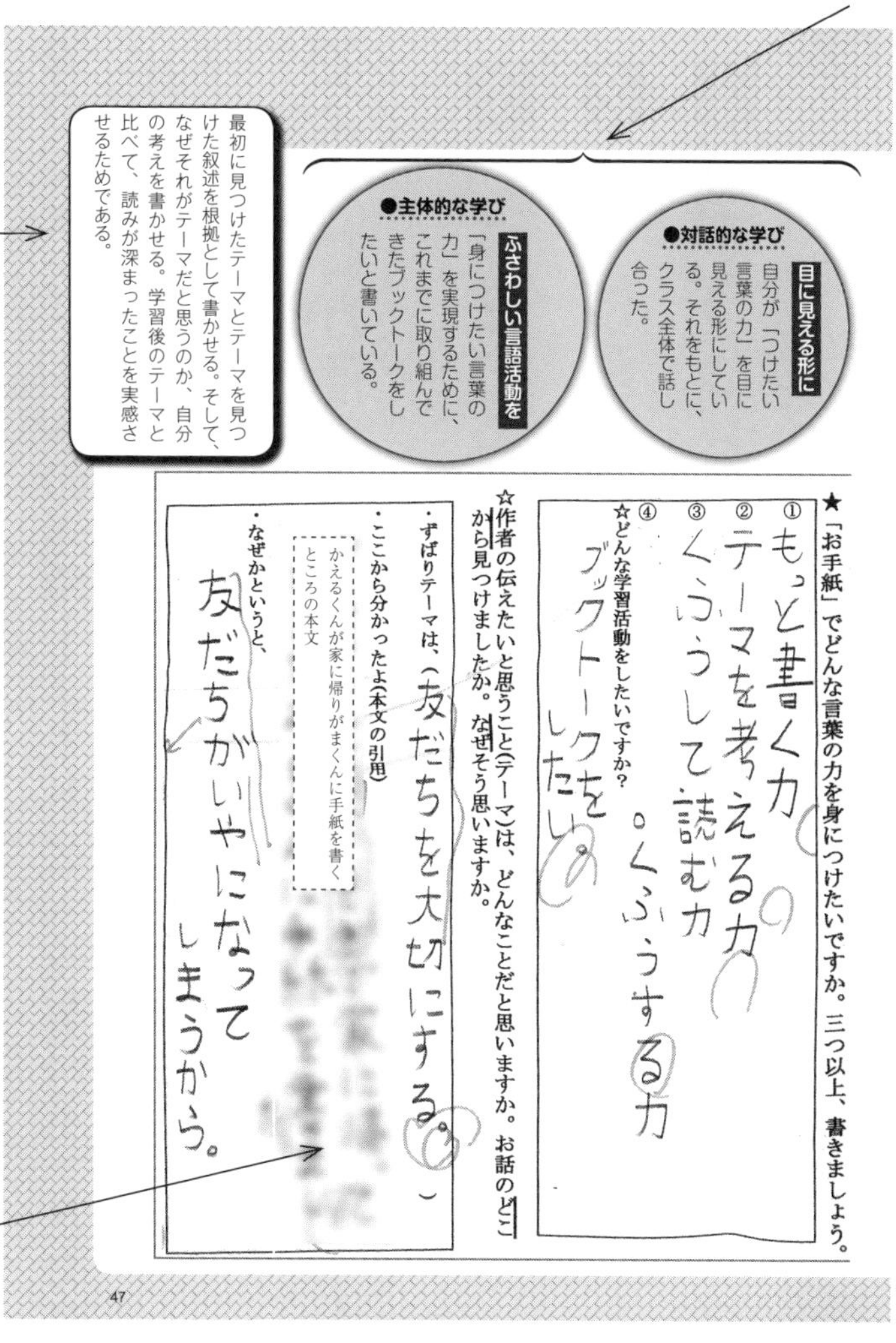

円や四角形による視覚に訴えるわかりやすい説明

本当に必要なことがらだけに焦点を当て、円や四角形によって視覚に訴えるわかりやすい説明を心がけた。こうした工夫により、主役であるノートが前面に出される形になっている。例えば、〈対話的な学び〉のポイント「目に見える形に」が掲げられ、「自分が『つけたい言葉の力』を目に見える形にしている。それをもとに、クラス全体で話し合った」と解説されている。

「言葉の力」を目に見える形に

「お手紙」でどんな言葉の力を身につけたいですか。」と問いかけ、子ども自身に「身につけたい言葉の力」を書かせているところに注目したい。

「言葉の力」を身につけさせることが国語科の学習指導の目的であることを再認識したい。

教材本文のぼかしがなされている

著作権との関係があり、子どもがノートに書き込んだ教材本文にぼかしが加えられている。

ただし、「かえるくんが家に帰りがまくんに手紙を書くところの本文」というように、ぼかしの上の説明によってどの部分の本文かを見つけることができる。

目次

2年生

3年生

4年生

第1章

〈主体的・対話的で深い学び〉を実現するノートづくり

1 〈主体的・対話的で深い学び〉を実現する国語科物語教材のノートづくり

一 「特別」ではない「ふだん」のノート

本書に載せたノート例は、すべて研究会メンバーによる「ふだん」のノートである。本書を作成するにあたって、ノートの提供をお願いした。研究会での学びの成果はある程度反映されているが、「特別」なノートではない。したがって、ノート指導（学習指導）の課題（こうすればよかったところ）にも触れている。

堀江祐爾（神戸女子大学教授・兵庫教育大学名誉教授）の自宅を開放して、研究会「国語教育の実践と研究をつなぐ会（つなぐ会）」を行っている。月に2回、土曜日の研究会が20年以上続いている。「入会金、会費、課題、担当、参加確認は一切無し。お茶、コーヒーサービス付き。なにより充実した授業実践発表が最大の魅力」という柔軟な会。実践発表の内容は「つなぐ会」メールとして発信される。全国に１００人以上のメール会員あり。入会希望者は本書の奥付の情報を参照していただきたい。

二 指導過程（指導の流れ）がわかるノート例

本書は、堀江祐爾編著『実物資料でよくわかる！教材別ノートモデル40』（明治図書・平成24年）の続編である。この「ノート指導本」第一弾は、多くの教師が手に取ってくださっている。

今回は、各学年三つの物語教材に絞り、〈主体的・対話的で深い学び〉を実現するためには、ノート指導においてどのような工夫が必要であるかに重点を置いてまとめた。

本書の特徴をあげると、次のようになろう。

○〈主体的な学び〉〈対話的な学び〉〈深い学び〉という観点を用いて、ノートの記述や構成の意味づけを行った。
○ポイントを端的に示すために情報を絞り見出しを添えた。
○構造がわかりやすいようにノートを見開きの形で示した。
○指導過程と言語活動がわかる「学習の流れ」を示した。
○「学習の流れ」の太字の部分の順にノートを配置した。
○いくつかの単元の終わりに「評価の例」を示した。

○特別支援学級における「ノート指導」も取り上げた。

三　〈対話的な学び〉は、話し言葉による対話だけではない

本書の18ページの「主体的・対話的で深い学び―三つの学び―」において示した〈対話的な学び〉に関する記述について補足しておきたい。次のように指摘した。

■〈対話的な学び〉は、話し言葉による対話だけではなく、「テキストとの対話」、さらに「自己内対話」を含むものとして捉えたい。

〈対話的な学び〉は次のような三層構造となるであろう。

【1　テキストと自己との対話】
①テキストとの対話
②自己内対話（自分の経験や体験との重ね合わせ）
③自己の生み出したテキストとの対話

自己（個）によるこの三つの対話を重視することが、〈対話的な学び〉を充実させるポイントである。

【2　他者との対話】
④他者との対話
⑤他者のテキストとの対話

他者との対話においても、ノートやプリント交換、付箋伝え合いなどの形で、テキストとの対話を実現したい。

【3　自己との再対話】
⑥自己の生み出したテキストとの再対話

自分が生み出したテキストとの再対話の場を設けたい。身につけた言葉の力を〈メタ認知〉させるために。

四　「つなぐ会」における学びの成果の反映

先述したように、本書に掲げたノートは、研究会「つなぐ会」メンバーによる「ふだん」のノートである。そこには、次のような「つなぐ会」における学びの成果が反映され、本書の特色となっている。

第一次…身につけたい力からゴールの言語活動を決め、学習計画を子どもとともに考える（主に〈主体的な学び〉に関係する）。
第二次…ゴールの言語活動に向かうための学習活動を行う（主に〈主体的な学び〉〈対話的な学び〉に関係する）。第二次において、言語活動を支える「わざ・こつ」を生み出す（ここが「つなぐ会」実践の特徴的な学習活動のひとつ）。
第三次…言語活動を深める（〈主体的・対話的で深い学び〉）。
第四次…身につけた力をふり返る（〈主体的・対話的で深い学び〉のまとめ）。

20年以上続いている研究会「つなぐ会」において、授業実践の検討を重ねた成果である。

紙幅の都合もあり、ひとつの教材のノートだけでこれらの指導過程すべてを示すことはできないが、いくつかのノートを見比べていただければこの特色が浮き上がるようになっている。

五　4年生のノート「ごんぎつね」を例に

4年生のノート11「ごんぎつね」を例に、先述した本書の特色を具体的にまとめる。

まず、「心の通い合いについて書かれた本をブックトークすることにより、深い学びへと導く」というこの実践のポイントが示されている。

そして、見開きの左頁には、「学習の流れ」が示される。【一次①②】では、「つけたい力の見通しをもち、学習計画を立てよう」という学習活動を行う。[「ごんぎつね」の学習で、どんな「ことばの力」をつけたいですか」という問いから始まり、さらに、「学習計画を立てよう」へと進む。

次の【二次④】では、「展開部分のごんと兵十の気持ちの変化を捉えよう」という学習活動が展開される。「行動・心内語・情景描写」について叙述をきちんと引用しながら、「ごんと兵十の気持ち」を読み取らせている。〈対話的な学び〉によって、他者から得た読みも書き加えられる。

続く【二次⑤】では、「山場・結末場面から「ごんぎつね」のテーマを探ろう」という学習活動へ進む。板書画像とノートを比べると、学習者が単に板書を写しているのではないことがよくわかる。学習者がノートの上で考え、判断し、表現していると言うことができよう。

さらに【二次⑥】では、「山場・結末部分からテーマを見つけよう」という学習活動を行った。最後の文「青いけむりが、まだつつ口から細く出ていました。」の読みを書かせた。学習者は「さいごの一文がなかったら、しまった（こうかい）ということとかが分からない」という読みを提示している。加えて、[「ごんぎつね」からのメッセージをまとめよう。（最後の自分なりのテーマ）」を、叙述を引用させながらまとめさせている。〈深い学び〉へ至ったと言えよう。

最後に【四次①】では、［九月と三月に取り組んだ「ごんぎつね」の単元の学習を通して、「身に付けた力」をふり返りましょう」という評価シートがノートに貼られている。九月に「ごんぎつね」の読み取りを中心とした学習活動を行い、三月にはそれまでに行った「ごんぎつね」のテーマと関係のある本の多読活動をもとにブックトークを行ったということである。

このふり返りシートでは、教師が示した「身に付けた言葉の力」表に◎○△を使って記入させている。［どんな「言葉の力」が身についたか、自分の言葉でもふり返りましょう」のように、学習者自身が自分の言葉によって「身についた言葉の力」を書き込んでいる。「・会話文や行動などから気持ちを読みとる力・要約する力・ブックトークをすいすいと書く力・きちんとお話をふり返る力」が身についたとこの学習者は記述している。「言葉の力」をメタ認知できているという意味において、〈深い学び〉に至ったと言うことができよう。これで終わりではない。「五年生の物語単元で身に付けたい言葉の力を書きましょう」と、次の学年へつないでいるところにも注目したい。

六　「わざ・こつ表」の活用

（物語のおもしろさを読み取るための基本的な力）
【構造】
設定【時代・季節・場所・時間・登場人物】
→展開→山場→結末
（物語のおもしろさを読み取るためのプラスアルファの力）
【お話の作者】
①どんな人
②ほかの書いている作品
【登場人物】
③中心人物
④どんなことをした
【お気に入りのところ】
⑤お気に入りの場面と理由
⑥お気に入りの本文と理由
【登場人物の気持ち】
・会話
・行動
・表情
・挿絵
・出来事
【考える言葉や文章】
⑦題名から分かったこと、思った事
⑧場面分け
⑨クライマックスについて考える
⑩くりかえしの言葉に気をつけて読み取る
⑪『主題』を考える

5年4組版

5年生のノート⑭「大造じいさんとガン」において、上のような「物語のおもしろさを読み取るための基本的な力」表が示されている。こうした「わざ・こつ表」は、「身につけたい言葉の力」一覧であり、〈対話的学び〉の際の観点表であり、ふり返り（評価）における評価規準でもある。

「わざ・こつ表」の意味・活用については、堀江祐爾著『言葉の力を育てる！堀江式国語授業のワザ』（明治図書・平成27年）を参照していただければ幸いである。

七　「つなぐ会」の授業実践のポイント

先に、研究会「つなぐ会」における授業実践の指導過程の特色を示した。その指導過程の基盤にあるのが、堀江が整理した〈よりよい授業実践をおこなうための5つのポイント〉である。

多くの学校での校内研修会講師の経験、さらに数千時間に及ぶ授業実践ビデオ撮影の成果のエキスをまとめたものである。多くの学校において活用していただいている。

〈よりよい授業実践をおこなうための５つのポイント〉
①年間指導計画的な観点を持つ［学期・学年つなぎ］。
（単元の関係づけ・授業びらき―授業つなぎ―授業おさめ）
②「つけたい言葉の力」を見通して授業をつくる。
（「つけたい言葉の力」から逆方向に見通す・学習指導要領との関係）
③学びのめあてをくだく。
（子どもから学ぶべき価値・工夫を引き出す）
④「伝え合い」の場を繰り返し設ける。
（他者の目を通り自分の特徴に気づかせる）
⑤「メタ認知」まで導き学びの自覚化をうながす。
（どのような「言葉の力」をつけたかを「目に見える形に」）

堀江祐爾著『国語科授業再生のための５つのポイント』（明治図書、平成27年、pp.10-11）より

2 ノート指導の基本とノートの活用
―ノートと「教室掲示」との関係づけ―

一　ノートの書き方の基本的な指導

どの学年においても、四月の「国語科授業びらき」においてノートの書き方の確認を行う。

まずは、形式面での大枠の確認。

○原則見開き2ページを1時間の学習に当てる

原則、見開き2ページを1時間の学習に当てると学びの成果がわかりやすいものになる。記述内容が少なくても余白は残しておき、後から加筆するスペースとして空けておく。もちろん、見開き2ページに収まらない場合は次のページへ送る。自分で考えてまとめる〈主体的な学び〉を重視したい。

○記入した月日、学習課題、まとめは必ず書く

時系列で学んだこと、考えたこと、調べたこと等を学習記録として残すことによって、既習事項を活用することができる。このように学びをつなぐことによって、〈深い学び〉へと誘うことができよう。

○思考過程を残し、色ペンでつけ足す

自分の考えと他者の考えの違いがわかるように、思考の過程も書き残す。消しゴムは使わず、赤字で書き直しやつけ足しを行わせ、後で見直す必要のあるものを一目でわかるようにする。当然、一人ひとりのノートの記述が異なってくる。この意味において〈主体的な学び〉と言えよう。

二　ノートに書き込む主な項目の確認

○つけたい力

学習指導要領に示された指導目標をその学年の子どもたちに合った言葉で伝える。単元のふり返りとしても活用することになる。国語科の授業の目的は「言葉の力」を身につけることである。〈主体的な学び〉とするために、子どもにどのような「言葉の力」をつけたいかを考えさせたい。

○めあて　学習課題

今日の授業で何ができるようになればよいか、何を身につければよいかを提示し、そのために、どんな学習をしたらよいのかを子どもとともに考え、明確にする。〈主体的な学び〉である。

○（自分、友だちの）考え

〈対話的な学び〉として、自分の考えと比べ、「友だちの考え」も書く。

「今日の○○の考えと比べて、△△ということがわかった。次は、今日の学習を生かして□□についても学習したい。」

○学習のまとめ・ふり返り

今日の授業で何が身についたかを明確にする作業である。

・学習のまとめは必ず全員が共有する

・子どもの言葉でまとめる

・学習課題とまとめ、めあてとふり返りは「問いと答えの関係」である

○気づいたことや友だちの考えを記入し次の学習につなげる

一人ひとりの子どもが自分の言葉によって記述することが重要である。

・今日の授業においてとても大切だと思った考え

・授業では扱われなかった考えの書き加え

・今までの学習との関わり

・わからないことへの質問

〈主体的な学び〉ならびに〈対話的な学び〉である。

三　教師による「ノートの共有」の工夫

○毎時間の学習後、教師は次の観点から子どもと共有すべきノートの「価値見つけ」を行う

・本時の学習内容がまとめられているか

・自己の変容や次時への学習意欲があらわされているか（評価結果を次時の指導に生かすため）

○実物投影機等を活用してノートを紹介し価値を共有する

・実物投影機を活用して、子どものノートを全員に見せながら、そのノートを書いた子どもに説明させるなど、お互いのノートのよさを共有させる

・その際、お互いに良い点と改善点（こうすればもっとよくなるよ）を具体的に伝えさせるようにする

四　ノート指導をより豊かに活用する工夫

○ノートを見直す習慣を身につけさせる

「前のノートを確認してみましょう」と促すことにより、子どもは「困ったらノートを見ればいいんだ」「ちゃんと書きとめよう」と思うようになる。ふり返ることができるような書き方を意識させることによって、〈主体的な学び〉への手がかりを見つけることができる。

○ノートに学習したことをまとめた付箋をつけさせる

17ページに示したように、ノートに学習したことをまとめた付箋をつけさせる。付箋の色は「物語文」「説明文」「話すこと・聞くこと」などの領域に対応しており、その付箋まとめが教室掲示とつながるようになっている。

○ノートの付箋と教室掲示が関係づけられる

学習したことを「物語文」「説明文」「話すこと・聞くこと」などの領域ごとに色分けをした画用紙にまとめ、教室掲示とし

て残していく。このことによって、ノートの付箋と教室掲示が関係づけられる。子どもはいつでも既習の単元での学びと今の学びをつなげることができる。〈主体的な学び〉の意欲を高める手立てとなるに違いない。

○学習（思考）のためのノートに

〈主体的・対話的で深い学び〉にするために大切にしたいことが「ふり返り」である。授業の中で「めあて」と「学習課題（言語活動）」を提示し、それに合わせ学習の「まとめ」と本時の「ふり返り」がノート上で行われていくようにする。

・学習の流れ等をふり返り、大切な学習内容を確認する
・既習事項をふり返り、次の学習に役立てる

○「ノート」と「学習プリント」を活用する

授業での学習と個の学習を効果的に結びつけるため、「ノート」に加え、「学習プリント」を用意し、〈主体的な学び〉として学習に取り組むことができるように工夫した。

○「言葉による見方・考え方」を目に見える形にする

「学習プリント」に「物語文を読む工夫」という観点表が示されているところに注目したい。「題名（から）」「言葉や表現のいいところ」などの観点が示されており、「言葉による見方・考え方」を目に見える形にしたものと言えよう。

「学習プリント」の例

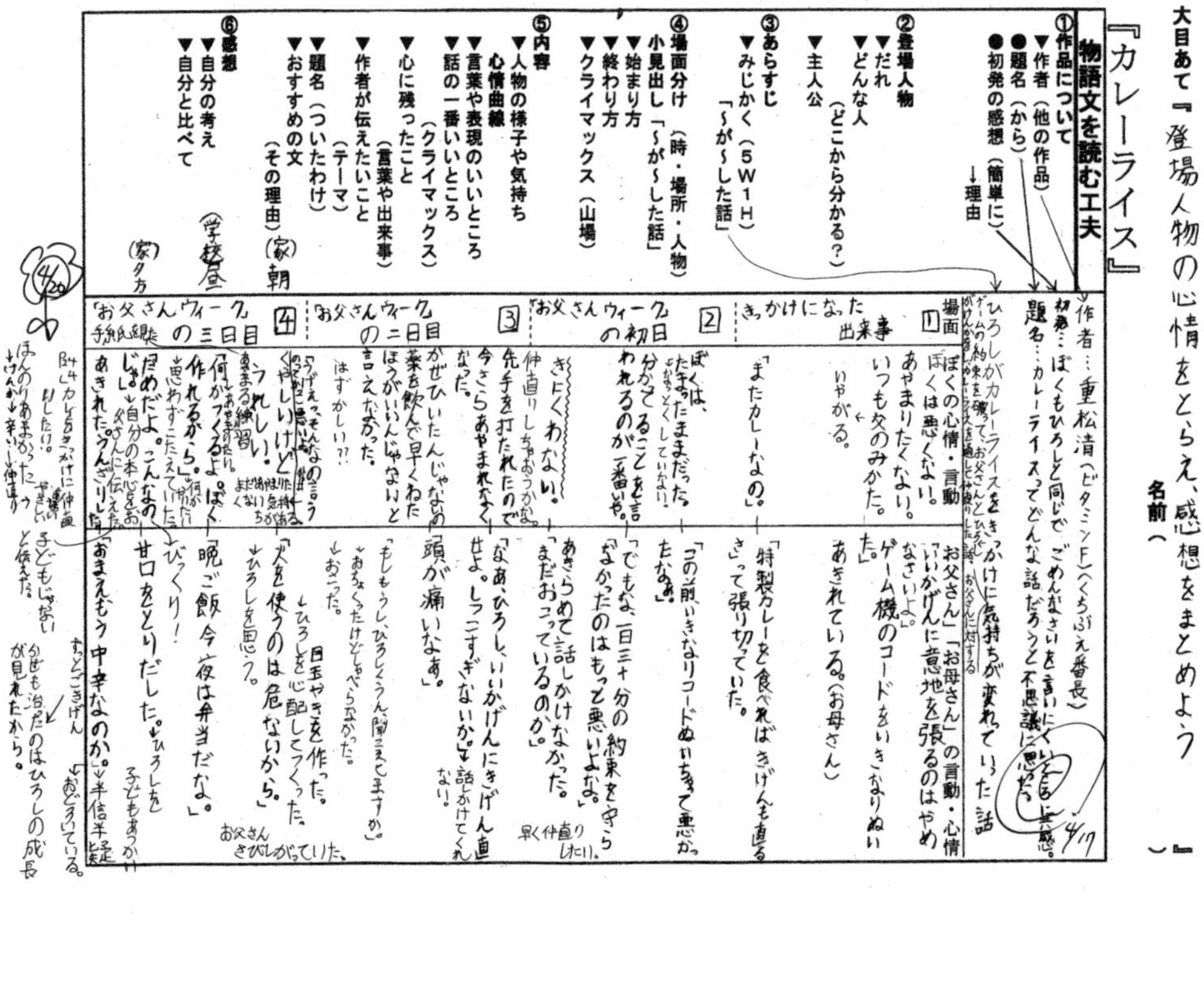

○まとめのノートと教室掲示物との関係

ノートに「出来事」「心情」「視点」などの、「言葉による見方・考え方」となる観点を付箋によって書かせ、それが国語の学習を整理した教室掲示物に短冊として示される。ノートと教室掲示物を関係つけることによって年間の学びを見渡せるように工夫されている。

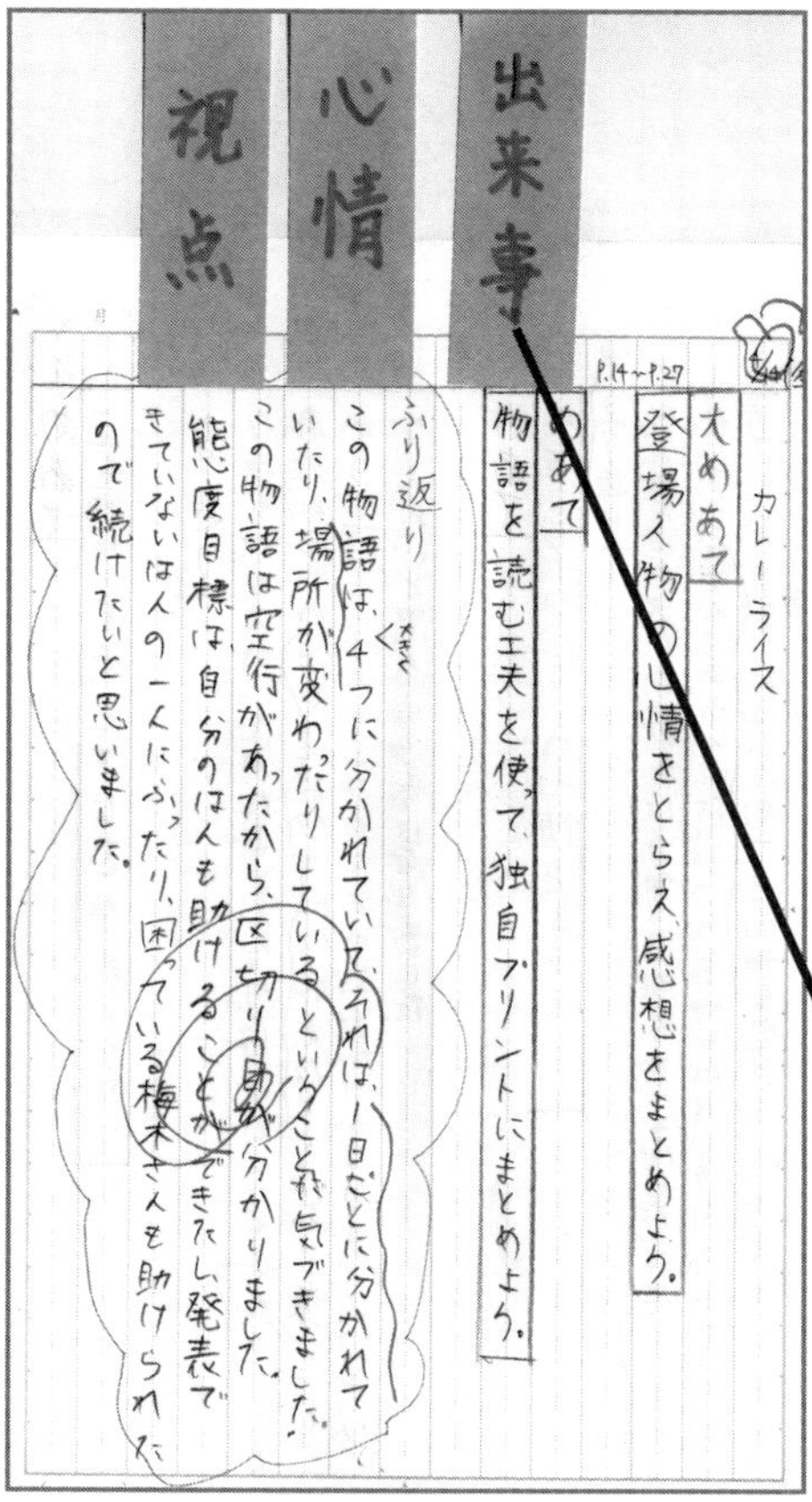

国語ノートに添えられた「付箋まとめ」が背面掲示と関係づけられている。

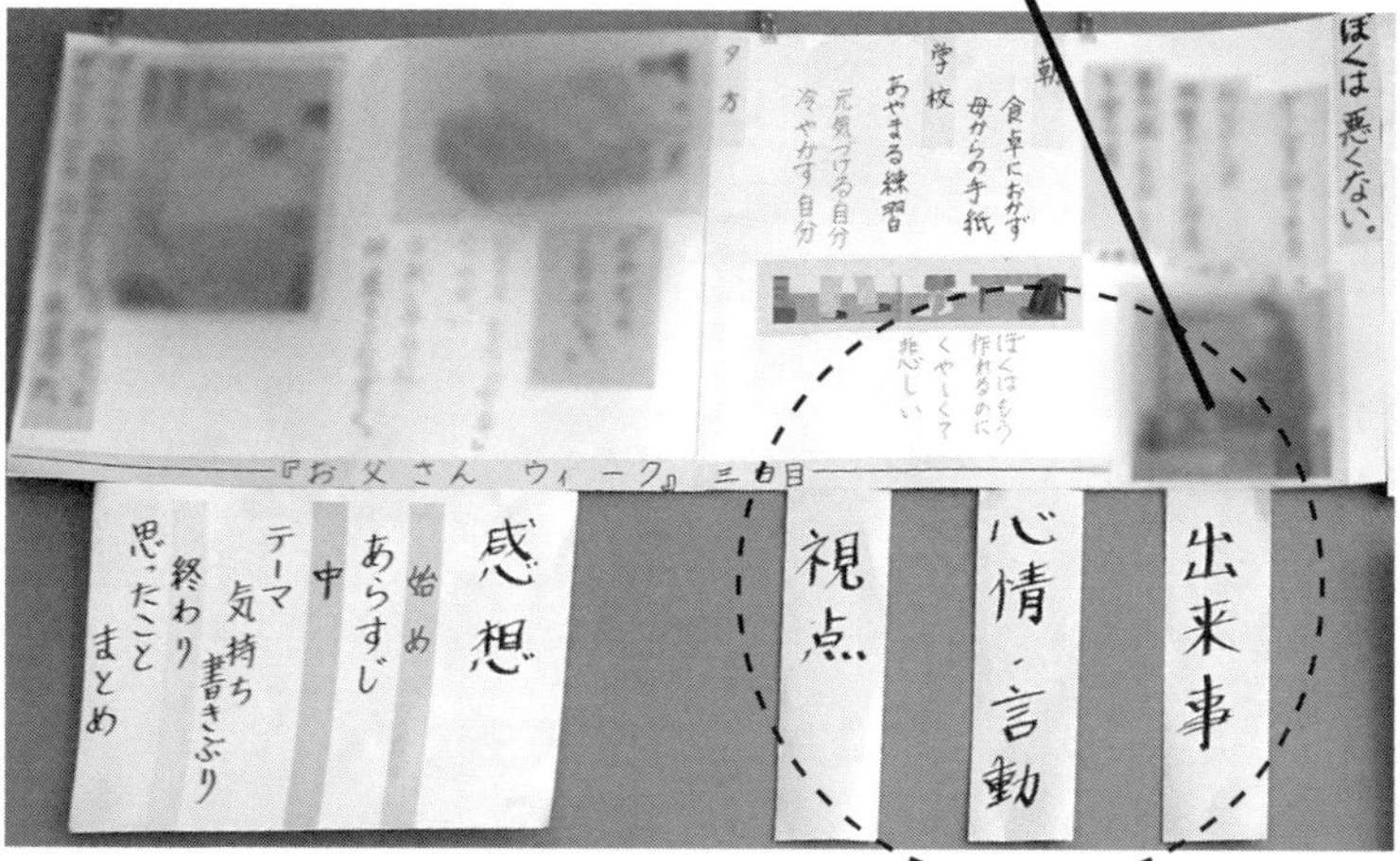

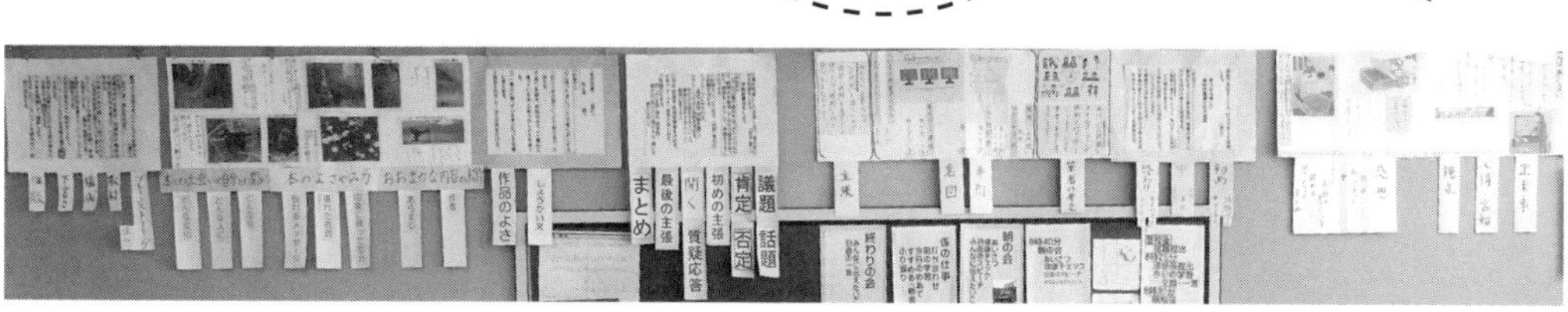

学習した国語教材のまとめを側面・背面に貼り出し、付箋まとめと関係させている。

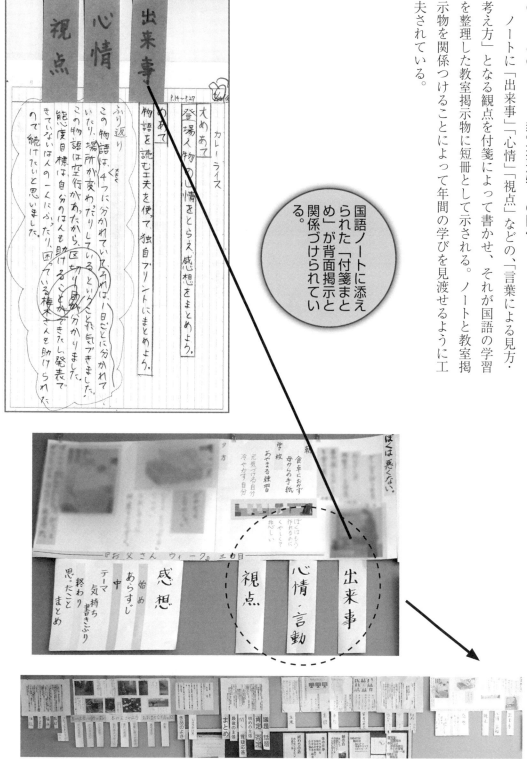

主体的・対話的で深い学び―三つの学び―

三つの学びは三位一体

「三つの学び」は、単元展開についてのみ用いられる概念ではなく、一時間の授業の中でも、各次においても「三つの学び」がなされる。

「三つの学び」は三位一体であり、「主体的な学び」があるからこそ、豊かな「対話的な学び」が展開でき、それが「深い学び」へとつながっていく。そして、その「深い学び」が次の「主体的な学び」を生み出していく。

主体的な学び

「主体的な学び」は、「自主的な学び」ではない。

「主体的な学び」となるためには、指導目標に基づいた教師の「仕掛け・工夫」が重要な要素となる。

主体的・対話的で深い学びの実現
（「アクティブ・ラーニング」の視点からの授業改善）について（イメージ）
「主体的・対話的で深い学び」の視点に立った授業改善を行うことで、学校教育における質の高い学びを実現し、学習内容を深く理解し、資質・能力を身に付け、生涯にわたって能動的（アクティブ）に学び続けるようにすること
【主体的な学び】
学ぶことに興味や関心を持ち、自己のキャリア形成の方向性と関連付けながら、見通しを持って粘り強く取り組み、自己の学習活動を振り返って次につなげる「主体的な学び」が実現できているか。
【例】
・ 学ぶことに興味や関心を持ち、毎時間、見通しを持って粘り強く取り組むとともに、自らの学習をまとめ振り返り、次の学習につなげる
・ 「キャリア・パスポート（仮称）」などを活用し、自らの学習状況やキャリア形成を見通したり、振り返ったりする
学びを人生や社会に生かそうとする学びに向かう力・人間性等の涵養
生きて働く知識・技能の習得
未知の状況にも対応できる思考力・判断力・表現力等の育成
主体的な学び
対話的な学び
深い学び
【対話的な学び】
子供同士の協働、教職員や地域の人との対話、先哲の考え方を手掛かりに考えること等を通じ、自己の考えを広げ深める「対話的な学び」が実現できているか。
【例】
・ 実社会で働く人々が連携・協働して社会に見られる課題を解決している姿を調べたり、実社会の人々の話を聞いたりすることで自らの考えを広める
・ あらかじめ個人で考えたことを、意見交換したり、議論したり、することで新たな考え方に気が付いたり、自分の考えをより妥当なものとしたりする
・ 子供同士の対話に加え、子供と教員、子供と地域の人、本を通して本の作者などとの対話を図る
【深い学び】
習得・活用・探究という学びの過程の中で、各教科等の特質に応じた「見方・考え方」を働かせながら、知識を相互に関連付けてより深く理解したり、情報を精査して考えを形成したり、問題を見いだして解決策を考えたり、思いや考えを基に創造したりすることに向かう「深い学び」が実現できているか。
【例】
・ 事象の中から自ら問いを見いだし、課題の追究、課題の解決を行う探究の過程に取り組む
・ 精査した情報を基に自分の考えを形成したり、目的や場面、状況等に応じて伝え合ったり、考えを伝え合うことを通して集団としての考えを形成したりしていく
・ 感性を働かせて、思いや考えを基に、豊かに意味や価値を創造していく

文部科学省ホームページ（http://www.mext.go.jp/a_menu/shotou/new-cs/__icsFiles/afieldfile/2017/09/28/1396716_1.pdf）

対話的な学び

「対話的な学び」は、話し言葉による対話だけではなく、「テキストとの対話」、さらに「自己内対話」を含むものとして捉えたい。

深い学び

「深い学び」には、〈メタ認知〉が深く関わってくる。

「メタ認知」とは、自分が認知していることを客観的に把握し、制御すること、つまり「認知していることを認知する」こと。

メタ認知の「メタ」とは「高次の」という意味。つまり、認知（知覚、記憶、学習、言語、思考など）することを、より高い視点から認知するということ。

例えば、「この学習を通してどのような言葉の力を身につけたか」など。

第2章
実例でよくわかる！
国語科「物語教材」のノート指導

1
1年生

「はなのみち」
（光村図書・一年上）

ポイント

好きな場面を音読するために本文と挿絵を活用して言葉を引き出し深い学びへと導く

【一次②】つけたい力を話し合い、言語活動を決めよう

物語を読む初めての学習である。その学習で「何ができるようになりたいか」をはっきりさせるため、赤枠によって囲んで強調させている。

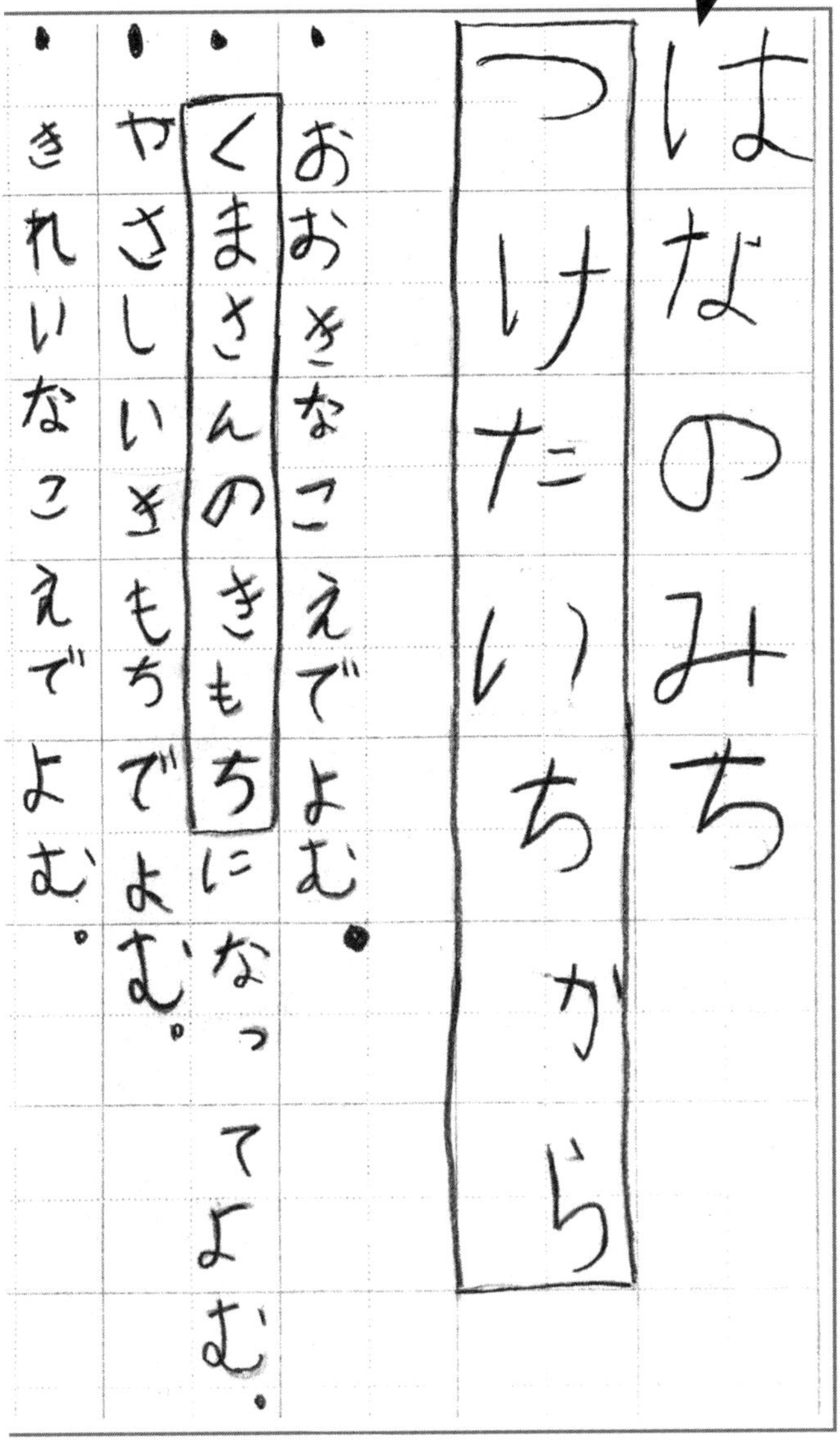
はなのみち
つけたいちから
・おおきなこえでよむ。
・くまさんのきもちになってよむ。
・やさしいきもちでよむ。
・きれいなこえでよむ。

●対話的な学び

意見を目に見える形に

まず子どもの意見を目に見える形にした。そして、クラス全体で話し合った。

学習の流れ

【一次】
①本文を音読する。
②つけたい力を話し合い、言語活動を決める。

【二次】
①最初の本文と挿絵から読み取ったことを書き込み音読する。
②二番目の本文と挿絵から読み取ったことを書き込み音読する。
③三番目の本文と挿絵から読み取ったことを書き込み音読する。
④四番目の本文と挿絵から読み取ったことを書き込み音読する。

【三次】
①好きな場面を音読する。

【四次】
①身につけた力をふり返る。

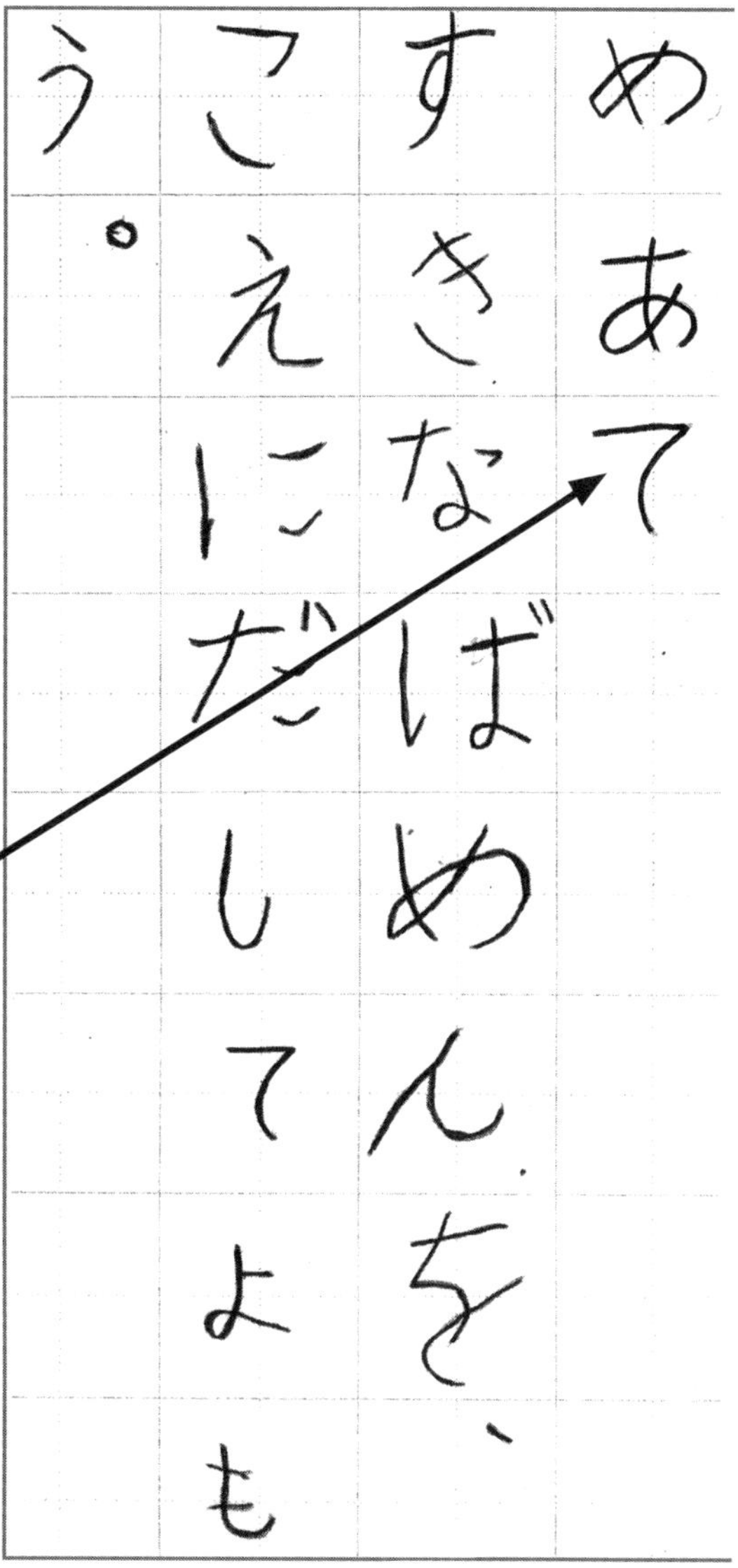
めあて
すきなばめんを、
こえにだしてよも
う。

●対話的な学び

挿絵の登場人物の気持ちになって

「つけたい力」を話し合う中で、挿絵の中のくまさんの表情に着目。好きな場面を選び「くまさんのきもちになってよむ」という言語活動を設定している。

●主体的な学び

言語活動を確認する

クラス全体で話し合って決めた「めあて」がこの単元の言語活動となるため、赤字でマス目いっぱいに書いている。

【二次①】最初の本文と挿絵から読み取ったことを書き込み音読しよう

一年生ではあるが、「ばめん」という学習用語を早めに使わせる。

●主体的な学び

文章と挿絵から

文章と挿絵から想像を広げながら読み、子ども自身の言葉で書いている。次の場面との関係を書き込んでいる。「ひかっている」という言葉に、見つけた時のくまさんの気持ちが重ねられている。

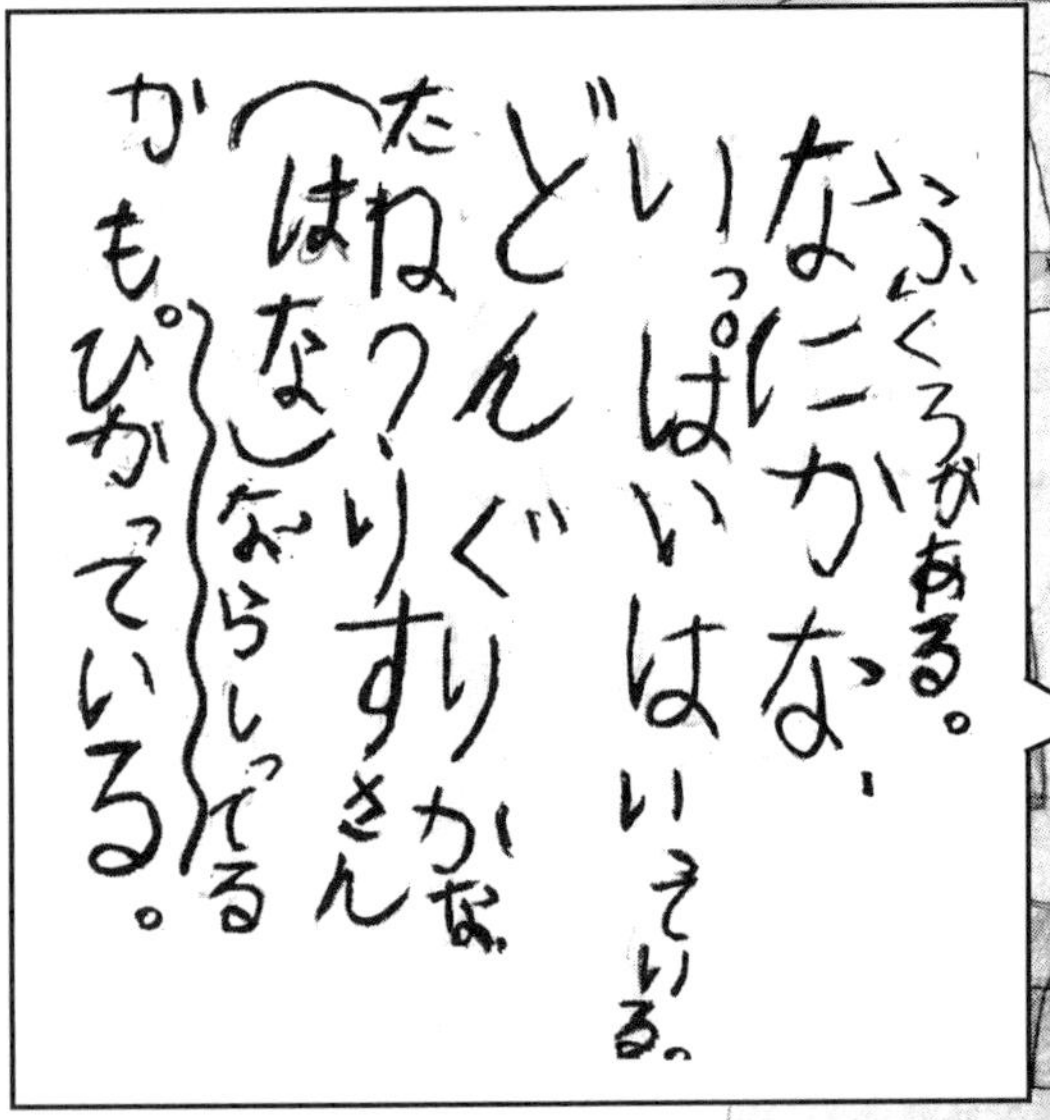
ふくろがある。
なにかな、
いっぱいはいってる。
どんぐりかな。
たね？りすさん（はな）ならしってる
かも。ひかっている。

●主体的な学び

季節に関する言葉

挿絵から「ふゆ」に着目し、ふゆを想像させる物や色彩について自分の言葉で書き込んでいる。

●対話的な学び

他者の読みを取り入れる

意見を交流することで、他者の読みから得たものを、自分の読みに取り込むことができている。

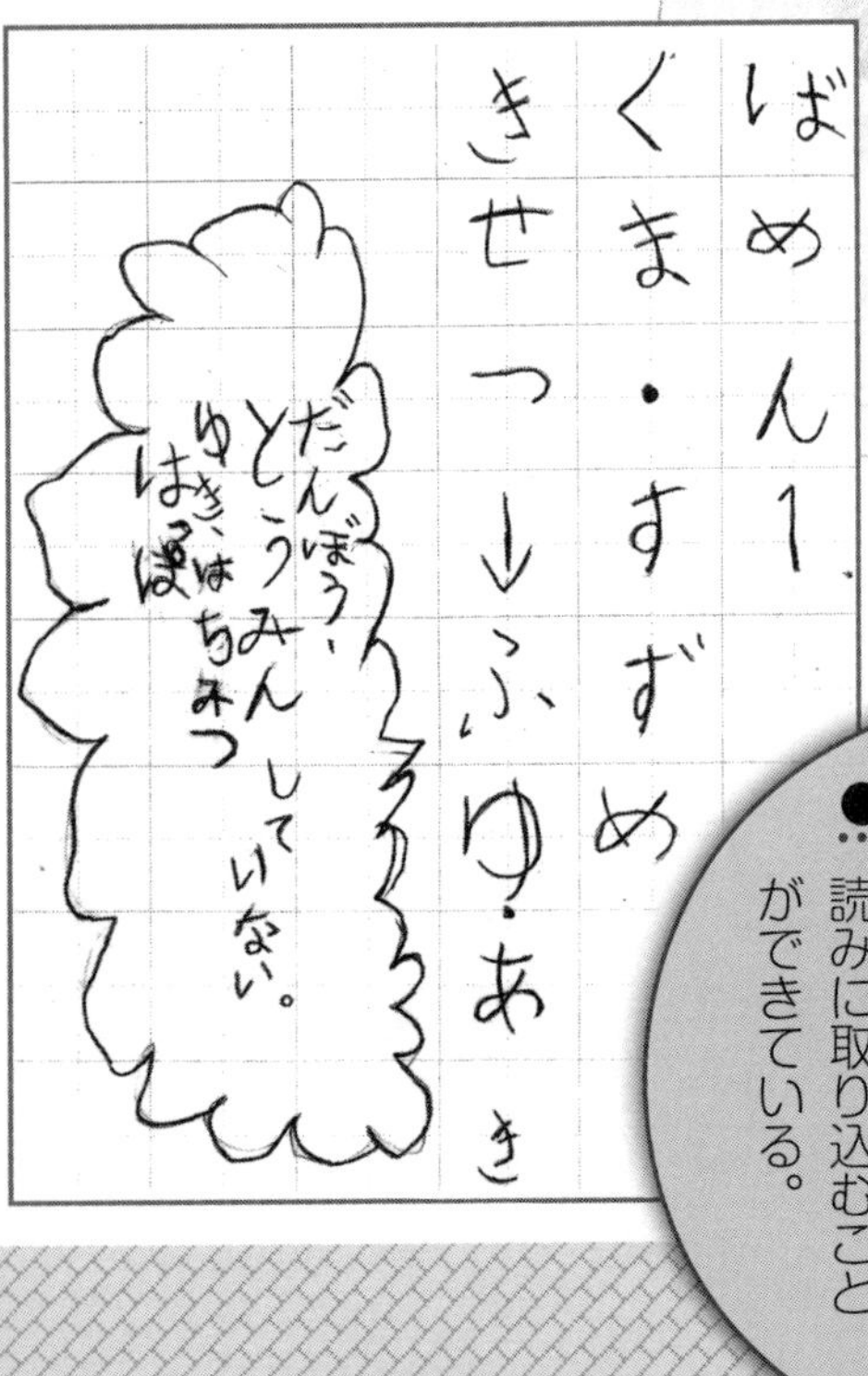
ばめん1
くま・すずめ
きせつ→ふゆ・あき
だんぼう・とうみんしていない。
ゆき、はちみつ
はっぱ

【二次③】 三番目の本文と挿絵から読み取ったことを書き込み音読しよう

ひらがなを習得しつつある時期であるため、これだけ書けば十分であろう。そのため、細かなチェックはあえて行っていない。

●主体的な学び

セリフを自分の言葉で

文章中のくまさんの言葉だけでなく、挿絵からも気持ちを考え想像できる「くまさんのセリフ」を自分の言葉で書いて、音読した。

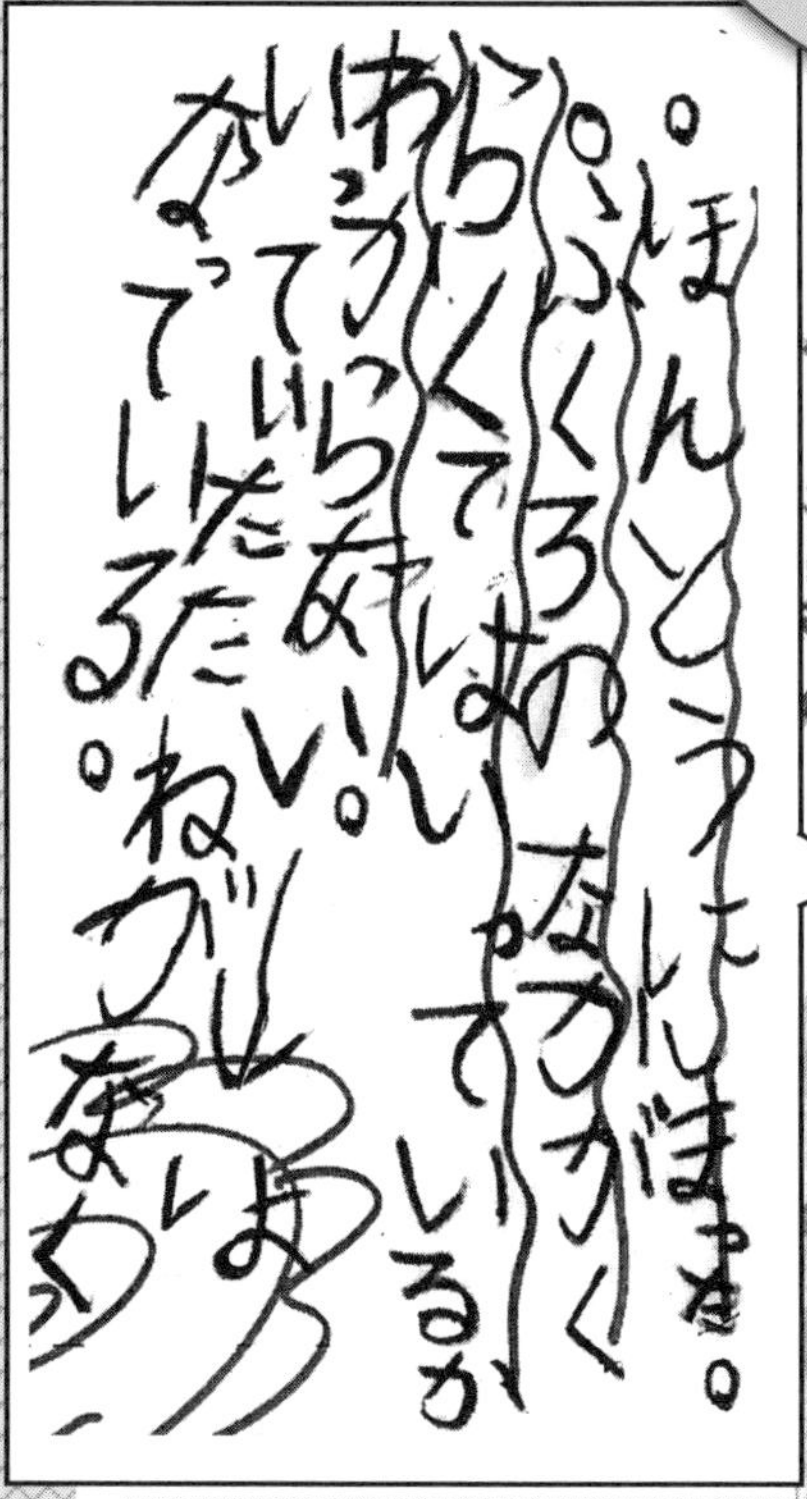

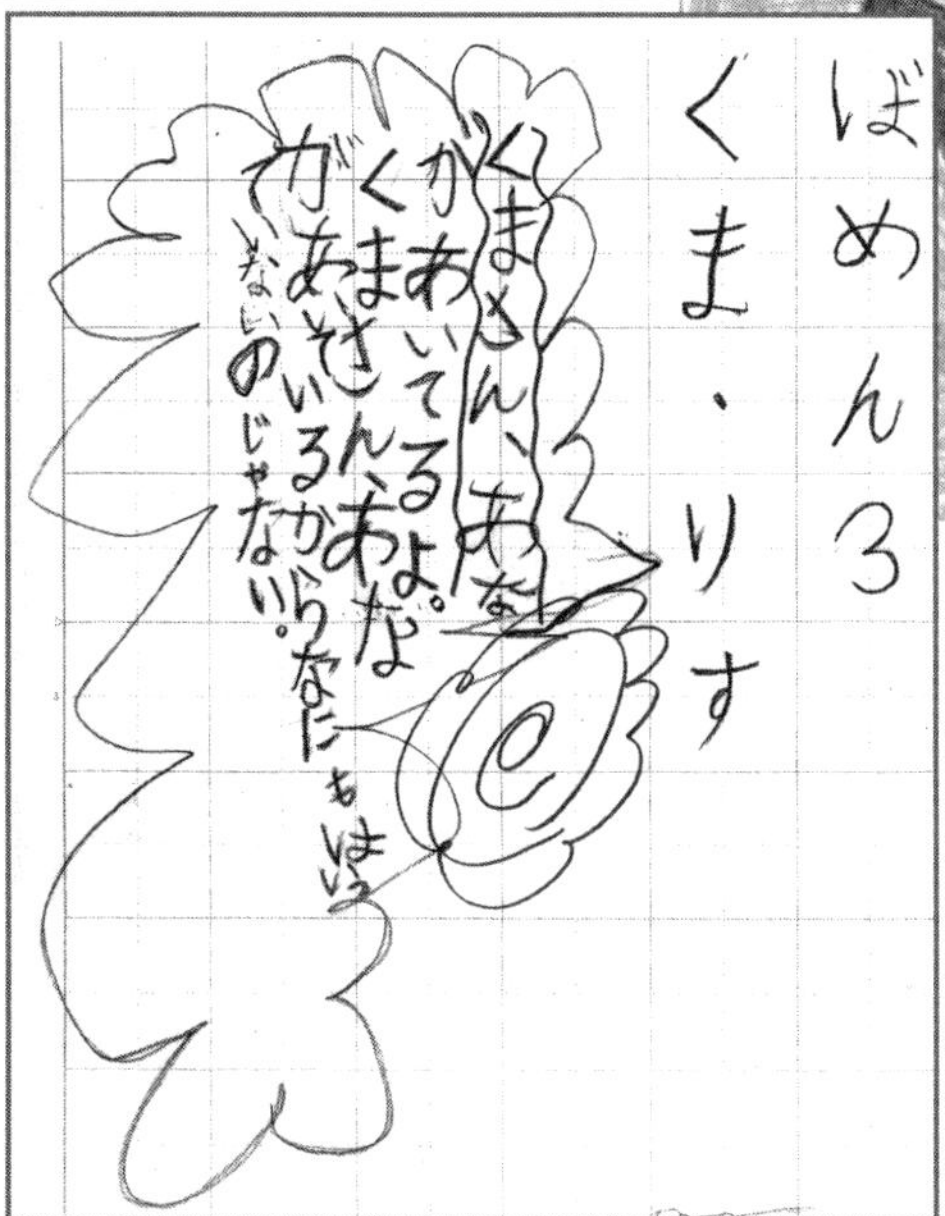

●対話的な学び

他者の読みとの対話

他者の読みと対話的な学びを行うことで、くまさんの気持ちをより深く読み取ることができた。

【三次①】【四次①】好きな場面を音読して活動と身につけた力をふり返ろう

●深い学び

自分の言葉でふり返る

「めあて」に対するふり返りとして、自分自身が選んだ場面に対する評価を自分の言葉で書くことができている。

「活動あって学びなし」にならないように、一年生であっても、活動と身につけた力をふり返るようにさせたい。

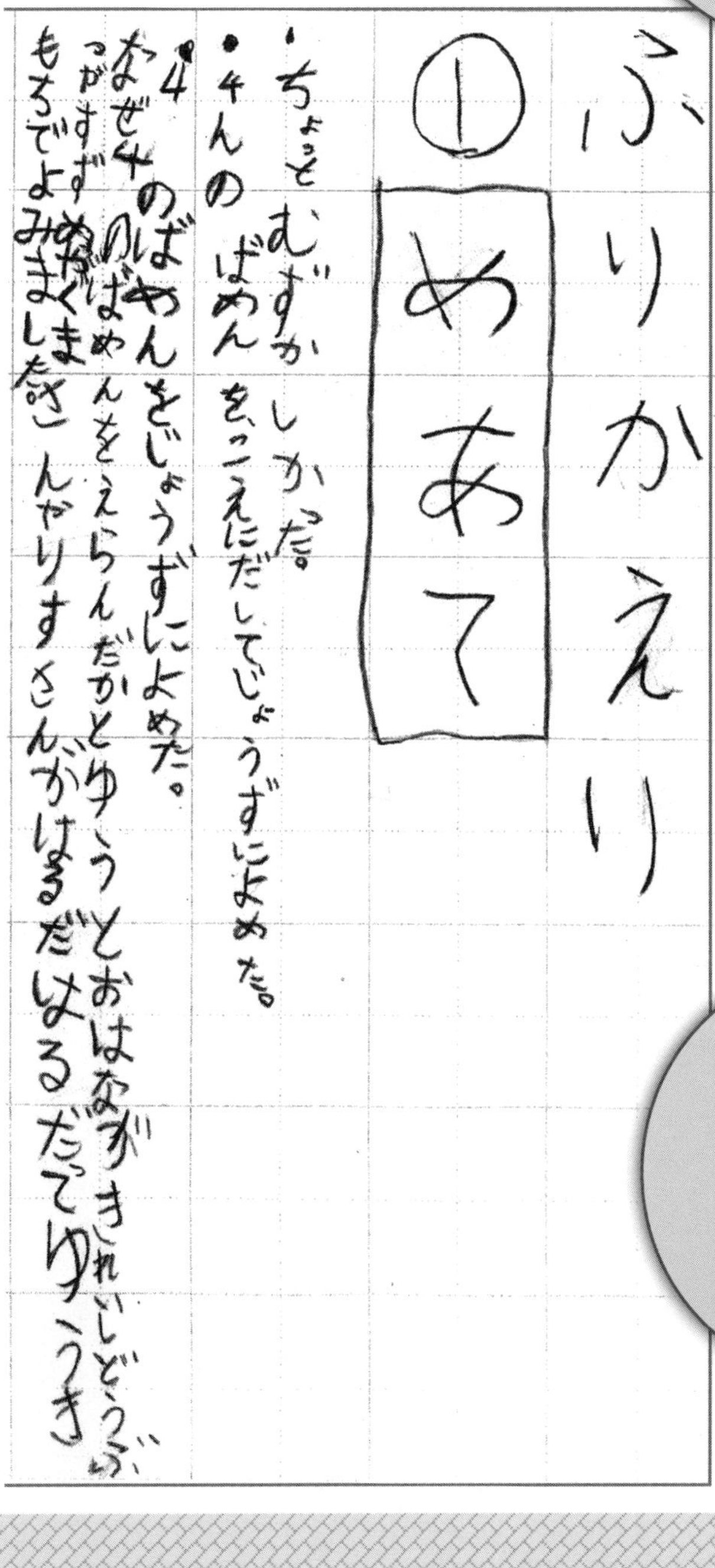
ふりかえり
①めあて
・ちょっとむずかしかった。
・4んの ばめん をこえにだしてじょうずによめた。
・4 なぜ4のばやんをじょうずによめた。
つがすずめ なぜ4のばめんをえらんだかとゆうとおはなずきれいどうぶ
もちでよみましたさんやりすさんがはるだはるだってゆうき

●深い学び

選んだ理由を書く

好きな場面として選んだ理由を自分の言葉で書くことができている。

「つけたい力」において書いた「くまさんのきもちになってよむ」ができたかふり返らせる。

②　つけたちから

くまさんのきもち
・なんだろうというきもちに
なって、おんどくできた（１ばめん）
・４ばめんのくまさんのはる
きもちをかんがえてよんだ。
・くまさんだけでなく、りすさん
のきもちもかんがえて、よめた。

●深い学び

挿絵を手がかりに読み取る

「４ばめんのくまさんのきもちをかんがえてよんだ。」とあるように、挿絵を手がかりとして、色彩豊かな場面の読み取りや、場面を対比して捉えることができるようになっている。

●対話的な学びから深い学びへ

対話によって成り立っている

他者との交流を通して、くまさんだけでなく、りすさんの気持ちも考えることができるようになり、この物語はくまさんとりすさんの会話によって成り立っていることに気づいている。

2 1年生

「くじらぐも」（光村図書・一年下）

ポイント

好きな場面を音読するために音読のコツを生み出し深い学びへと導く

【一次①】学習のゴールを決め、音読のコツを思い出そう

学習の流れ

【一次】
①ゴールの確認と音読のコツの想起
②学習計画の作成

【二次】
①②③④⑤各場面で工夫して読むところを見つける
⑥どの場面を音読するのかを決める

【三次】
①音読発表会
②ふり返り

学習活動、つまり最終的にどのような活動を行うかを「ゴール」という親しみやすい言葉を用いて共有した。

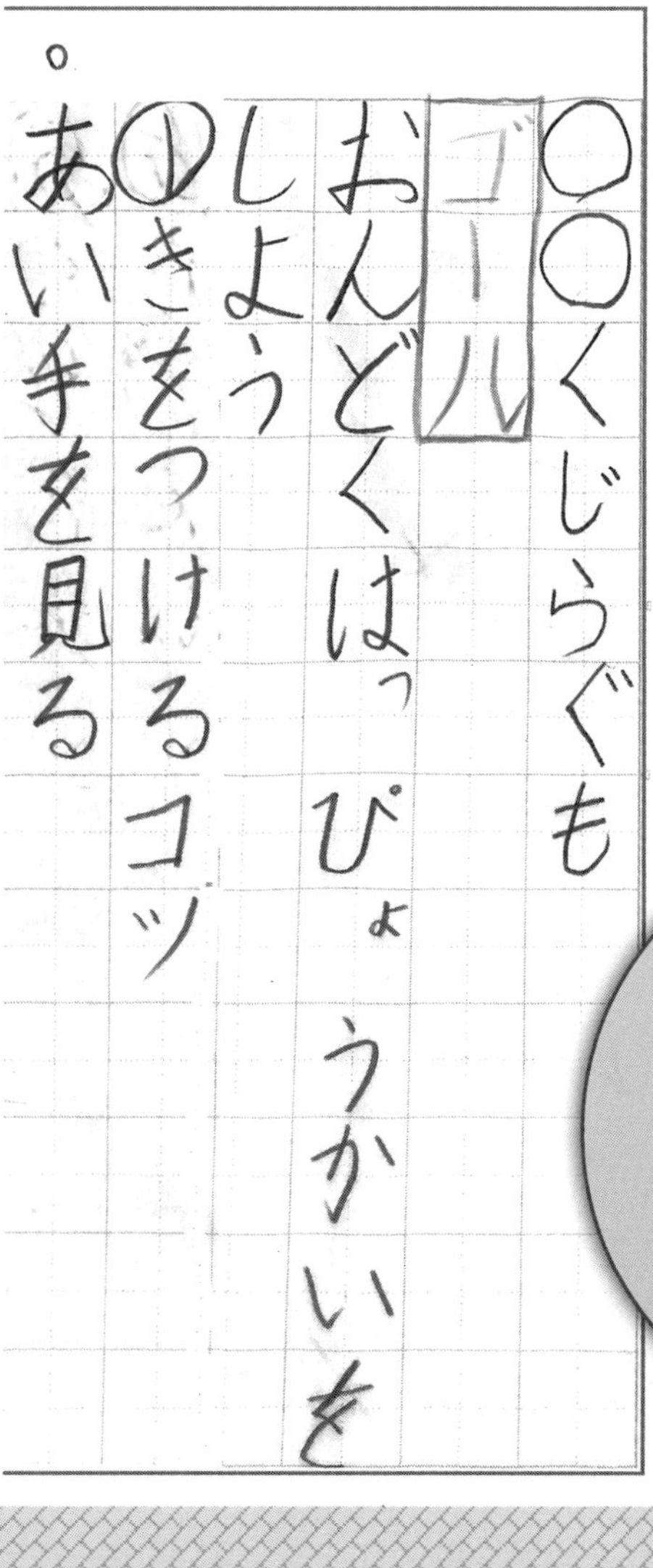
○○くじらぐも
ゴール
おんどくはっぴょうかいを
しよう
①きをつけるコツ
あい手を見る

●主体的な学び

言語活動の設定

教材の特質、児童の思いから言語活動を決めている。何のためにこの学習をするのかという目的意識をもたせる。

音読発表会をするために、子どもと話し合って、これまでの物語教材の学習における音読で使ってきたコツを箇条書きの形で想起させた。

●主体的な学び

さらに「くじらぐも」で使いたい音読のコツ

さらに、「くじらぐも」で使いたいコツを見つけている。
「つよさ」「リズム」「会話文」など。

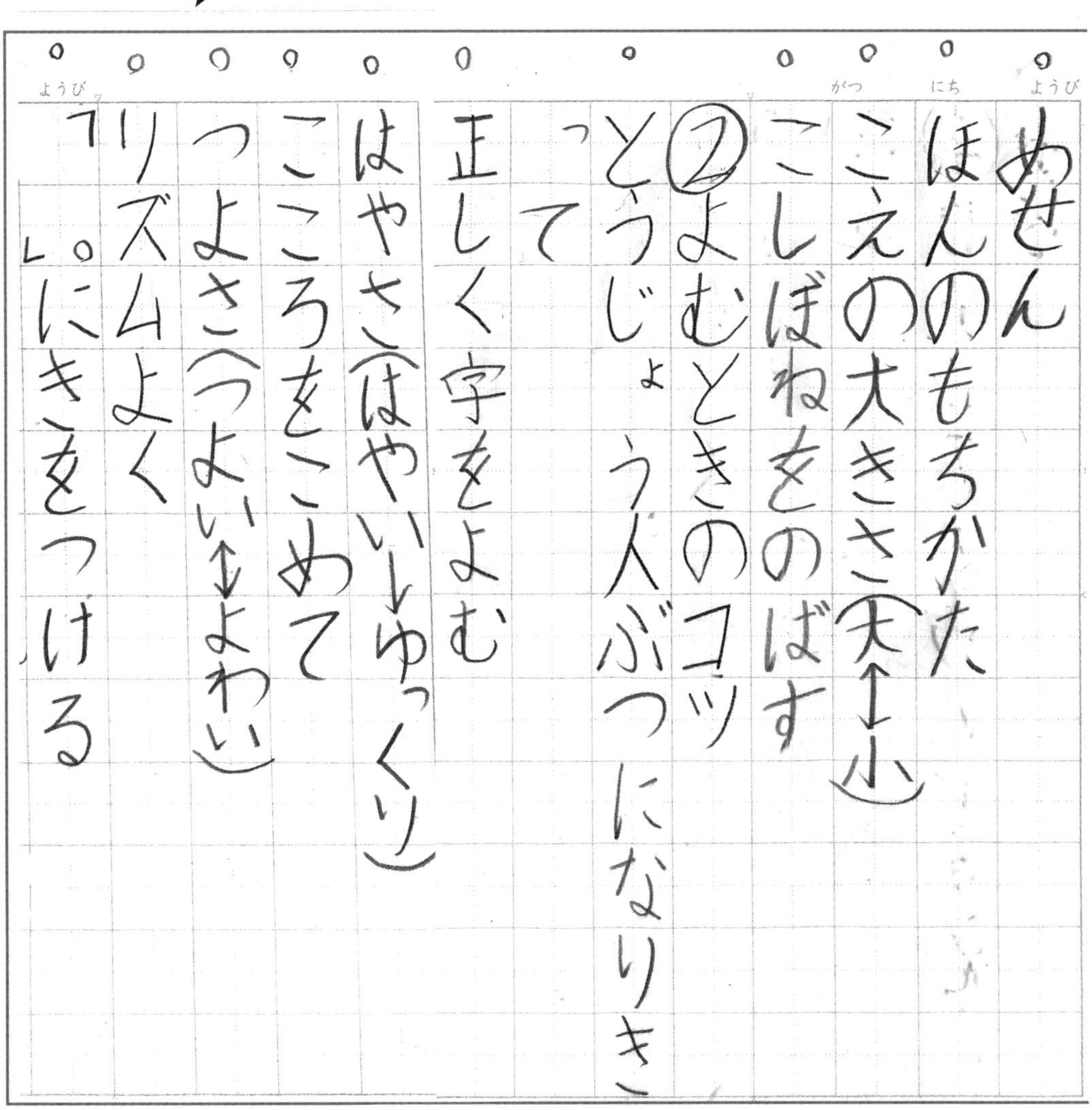
めせん
ほんのもちかた、
こえの大きさ(大↕小)
こしぼねをのばす
②よむときのコツ
とうじょう人ぶつになりきって
正しく字をよむ
はやさ(はやい↕ゆっくり)
こころをこめて
つよさ(つよい↕よわい)
リズムよく
「。」にきをつける

【一次②】学習計画を立てよう

まず、どんな学習をするかをノートに書かせた。その後、クラス全体で話し合って大まかな流れを決めた。

●主体的な学び

これまでの学びを生かして

一学期に学習した「おおきなかぶ」の時の学び「⑤どうさか」と「⑥一ばんおきにいりを見つける」を「くじらぐも」においても使ってみようとしている。

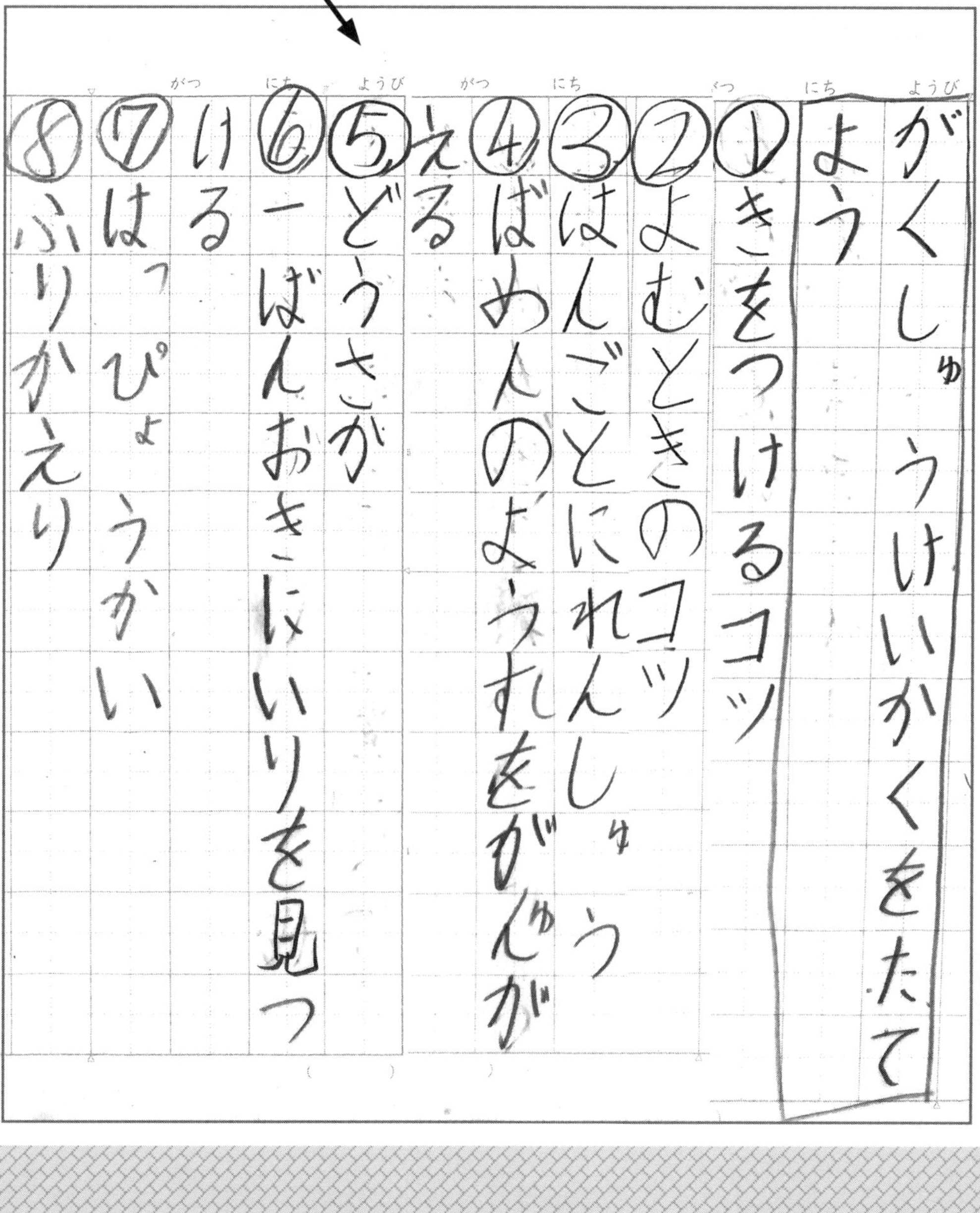
がくしゅうけいかくをたてよう
①きをつけるコツ
②よむときのコツ
③はんごとにれんしゅう
④ばめんのようすをがんがえる
⑤どうさが
⑥一ばんおきにいりを見つける
⑦はっぴょうかい
⑧ふりかえり

【二次④】 四場面で工夫して読むところを見つけ、練習しよう

「各場面で工夫して読むところを見つけよう」という音読活動によって、単元を貫いている。一年生ということを考えると、このように同じ言語活動を繰り返す方が効果的なことが多い。

●深い学び

繰り返しの言葉に気をつけて

繰り返しの言葉は、キーワードであることに気づき、表現を工夫しようとしている。

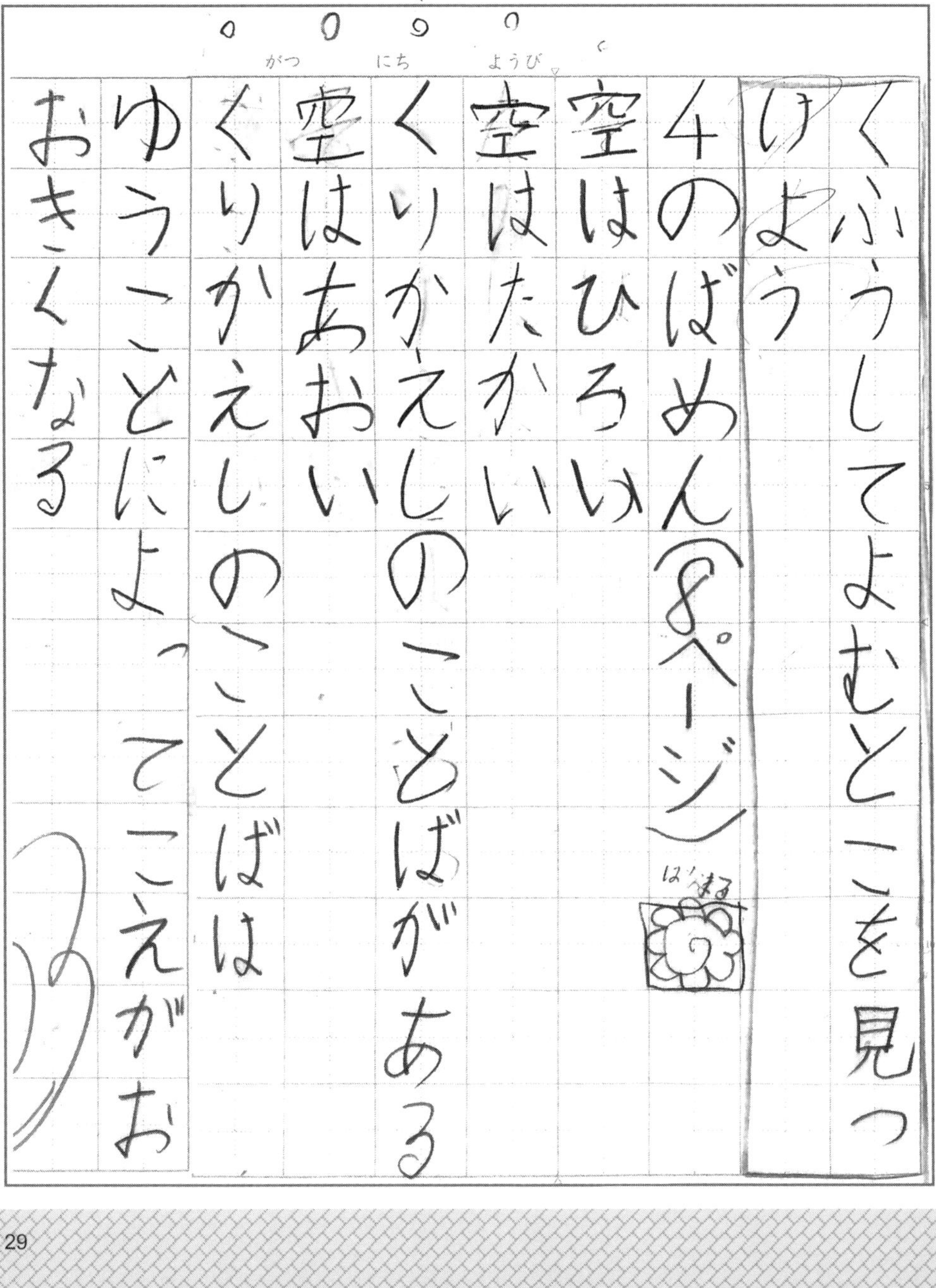

がつ
にち
ようび
くふうしてよむところを見つけよう
4のばめん(8ページ)
はなまる
空はひろい
空はたかい
くりかえしのことばがある
空はあおい
くりかえしのことばは
ゆうことによってこえがおおきくなる

【二次⑥】どの場面を音読するのかを決め、練習しよう

音読発表会に向けて、自分の好きな場面を選ばせた。その際、どんな工夫をしたいか音読のコツを書き込ませた。

●主体的な学び

表現の工夫

ここでは、くふうすることとして、「とうじょうじんぶつになりきって」というように、音読をしようとしている。

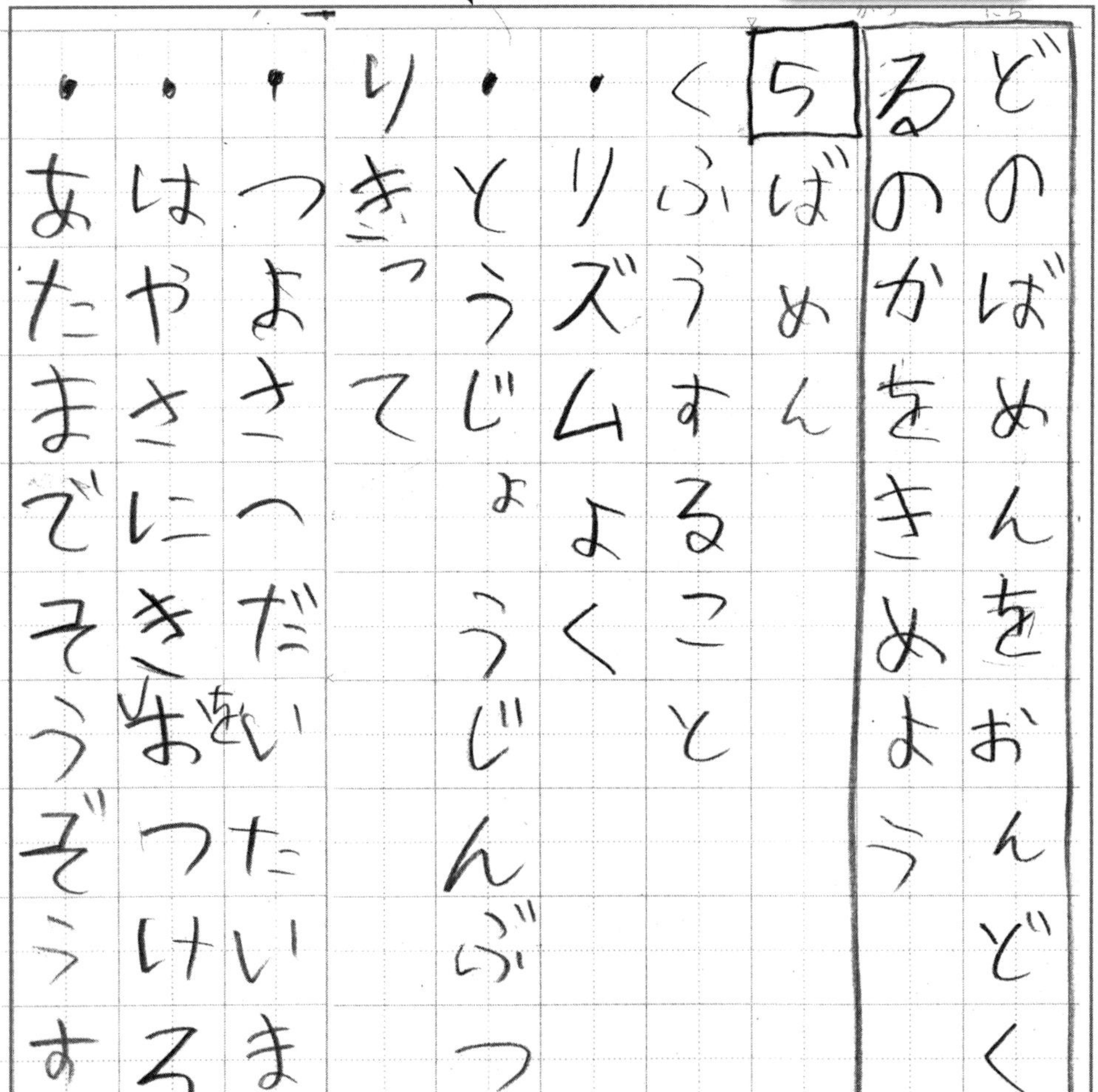
どのばめんをおんどくするのかをきめよう
5 ばめん
くふうすること
・リズムよく
・とうじょうじんぶつになりきって
・つよさへだいたいまんなかぐらい
・はやさにきをつける
・あたまでそうぞうする

【三次①②】音読発表会をして、単元をふり返ろう

めあて
くじらぐも
おんどくはっぴょうかいをしよう

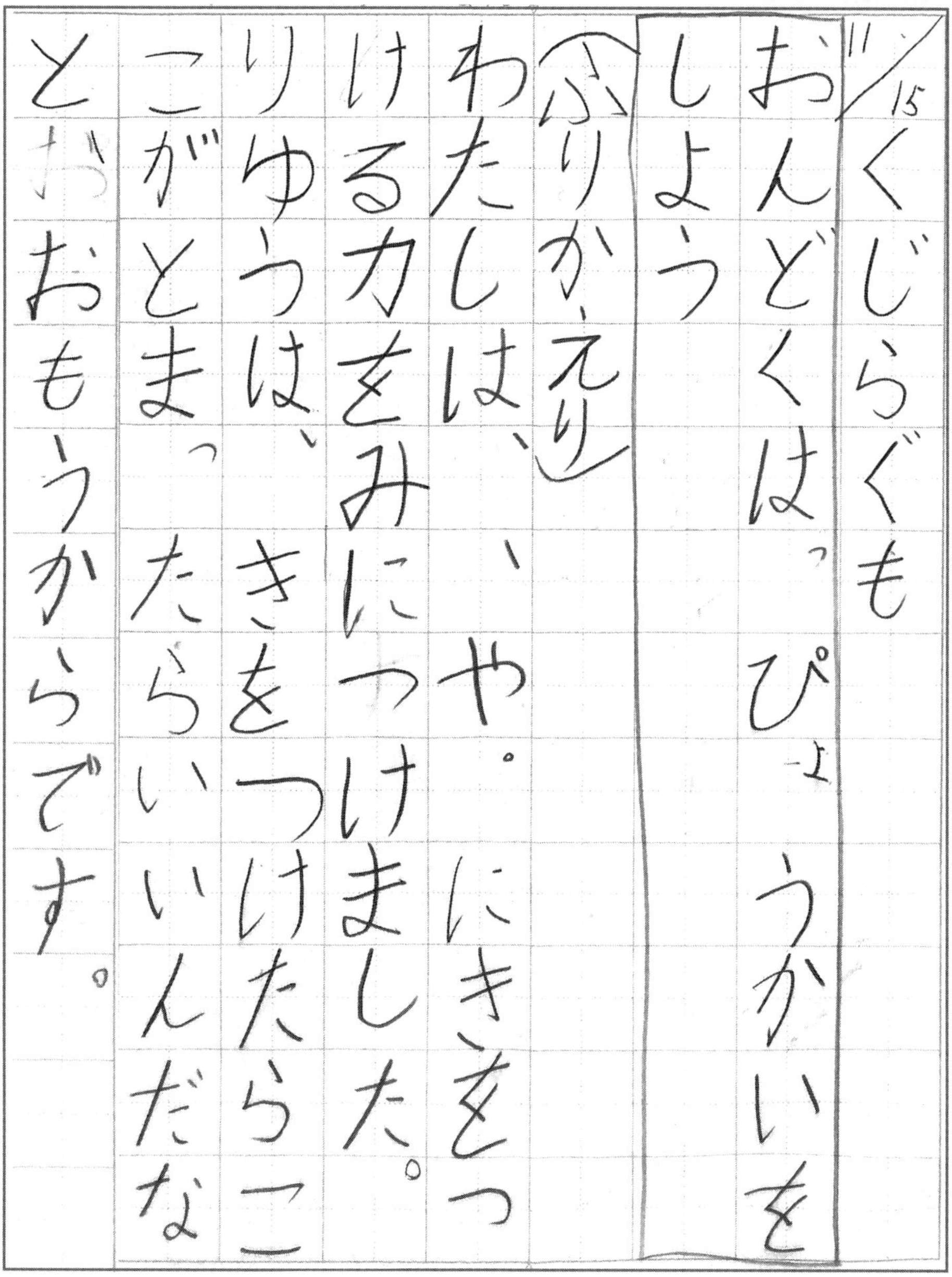
11/15
くじらぐも
おんどくはっぴょうかいを
しよう
(ふりかえり)
わたしは、、や。にきをつ
ける力をみにつけました。
りゆうは、きをつけたらこ
こがとまったらいいんだな
とおもうからです。

●主体的な学び

自分なりの理由の表示

音読発表会の後に「この単元において身につけた力」と「その理由」を書かせた。自分なりの理由を述べることができている。

3

1年生

「ずうっと、ずっと、大すきだよ」

（光村図書・一年下）

ポイント

お話紹介するためにお気に入りの本文とそのわけを書くことによって深い学びへと導く

【二次①】題名からわかることを話し合おう

「題名読み」により作品のテーマに関する読みを引き出した。

●対話的な学び

題名読み

このページにおいては、「題名読み」を行った。「このだいめいから……とわかります。」のように、自分の読みを表出させている。

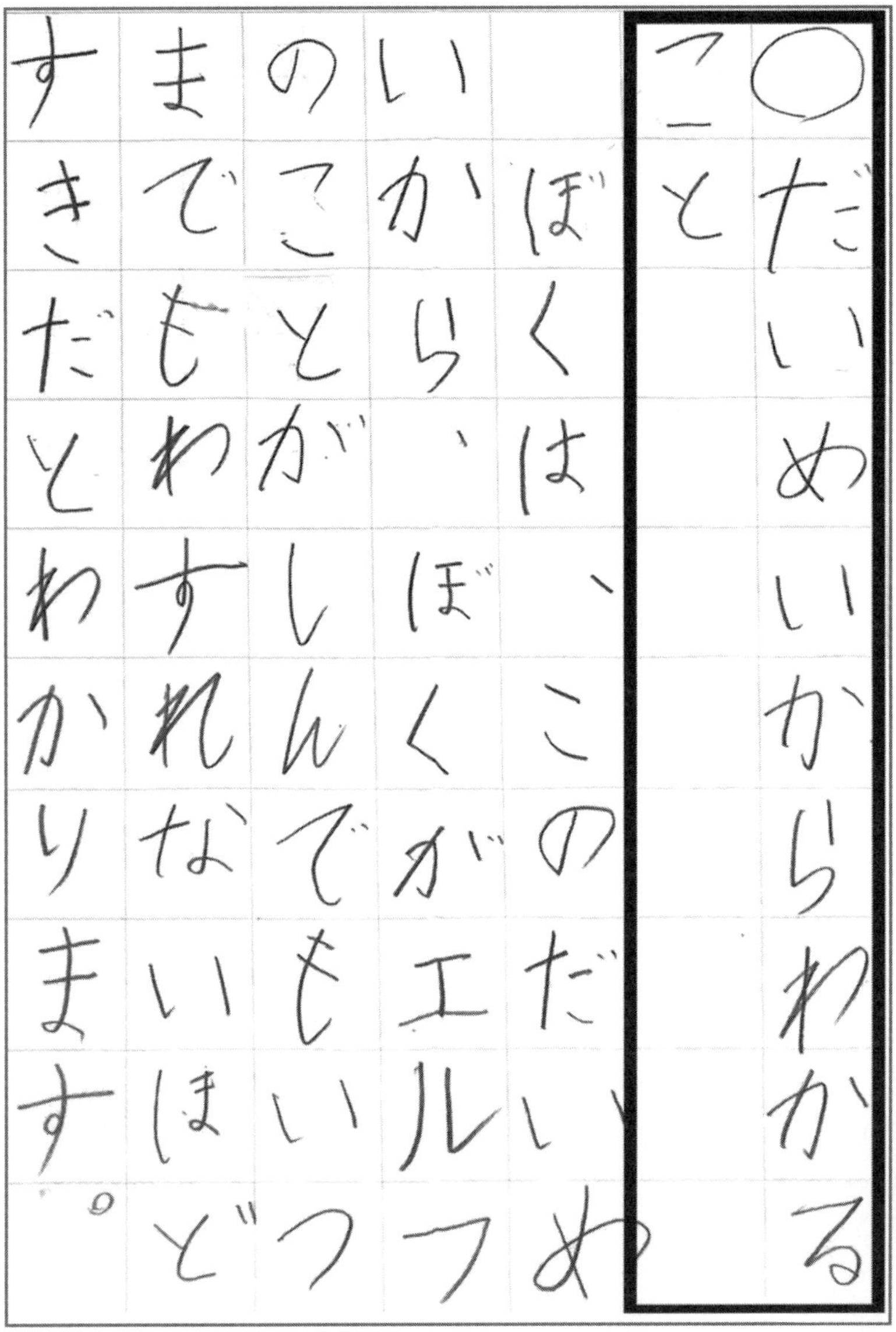

○だいめいからわかること
ぼくは、このだいめいから、ぼくがエルフのことがしんでもいつまでもわすれないほどすきだとわかります。

【二次②】第一場面のお気に入りの本文とそのわけを交流しよう

学習の流れ

【一次】
①つけたい力の確認
②学習計画の作成
【二次】
①題名からわかること
②お気に入りの本文とそのわけ　第一場面
③お気に入りの本文とそのわけ　第二場面
④お気に入りの本文とそのわけ　第三場面
⑤お気に入りの本文とそのわけ　第四場面
⑥お気に入りの本文とそのわけ　第五場面
【三次】
①お話紹介
【四次】
①身につけた力をふり返る

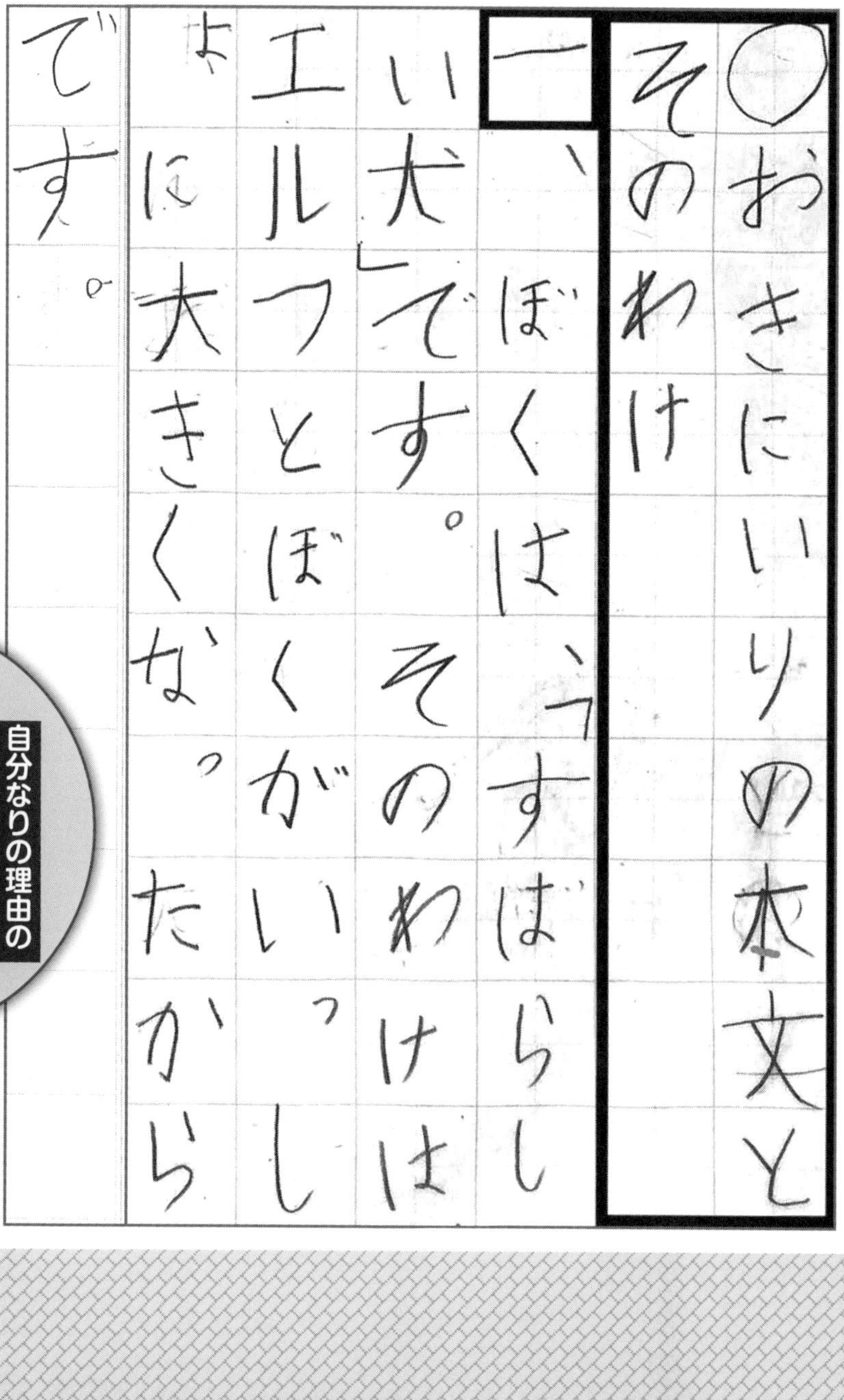

○おきにいりの本文と
そのわけ
一、ぼくは、「すはらし
い犬です」。そのわけは
エルフとぼくがいっし
よに大きくなったから
です。

第一場面について、「お気に入りの本文の引用とそのわけ」を書かせて交流させた。

●主体的な学び

自分なりの理由の表示

「そのわけは……からです。」という、自分なりの理由を述べる文体を使うことができている。

第四場面のお気に入りの本文とそのわけを交流しよう

●深い学び

お気に入りの本文が二つに

四場面についての「お気に入りの本文」について、「ずうっと大すきだよ。」と「エルフがしんでいた。」の二つを示している。読みが深まっている証拠と言える。

ステップを踏んで「お気に入りの本文」を増やしていく。

四 "ぼくは「ずうっと
大すきだよ。」がおきに
いりです。そのわけは、
エルフがしんでもず
うっと大すきよ。だから
です。
それから、「エルフ
がしんでいた。」がおき
にいりです。そのわけ
は、エルフがしんじゃ

「対話的な学び」は「おしゃべり対話」だけではなくテキスト（本文）との対話も含む。ここでもテキストとの対話を大切にした。

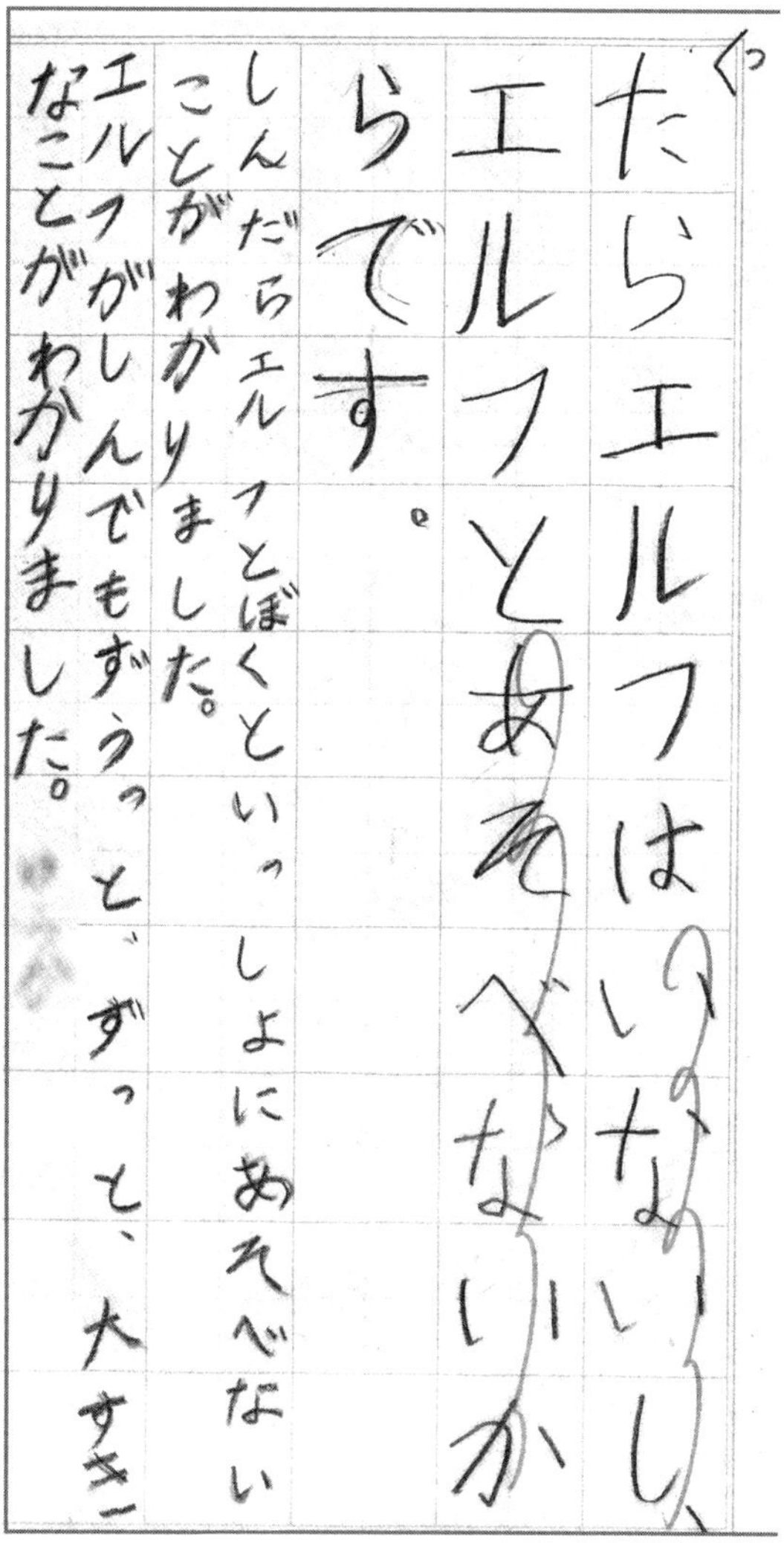
たらエルフはいないし、エルフとあそべないからです。

しんだらエルフとぼくといっしょにあそべないことがわかりました。エルフがしんでもずうっと、ずっと、大すきなことがわかりました。

●対話的な学びから深い学びへ

本文には書かれていないことを表出

「エルフがしんじゃったらエルフはいないし、エルフとあそべないからです。」というように、本文には書かれていないことを理由としてあげている。テキストと対話し、自分の中に豊かな読みを生み出していることがわかる。

●対話的な学びから深い学びへ

他者の生み出したテキストとの対話

学級内他者がこの記述を読み、「しんだらエルフとぼくといっしょにあそべないことがわかりました。エルフがしんでもずうっと、ずっと、大すきなことがわかりました。」と意見を寄せている。二つの「お気に入りの本文とそのわけ」を書いたことを、きちんと受けた意見となっており、「対話」が成立し、〈深い学び〉となっている。

【二次⑥】第五場面のお気に入りの本文とそのわけを交流しよう

第五場面についても、「お気に入りの本文とそのわけ」を書かせた。「引用」と「選んだ理由」を書かせた。

五、ぼくは、「なにをかってもまいばん」がおきにいりです。そのわけは、どうぶつかわいがって大すきだからです。

●主体的で対話的な学びから深い学びへ

言語活動を繰り返すことでテーマにつなげる

「お気に入りの本文とそのわけ」という言語活動を繰り返し行ったことによって、テーマを見つけるということができている。

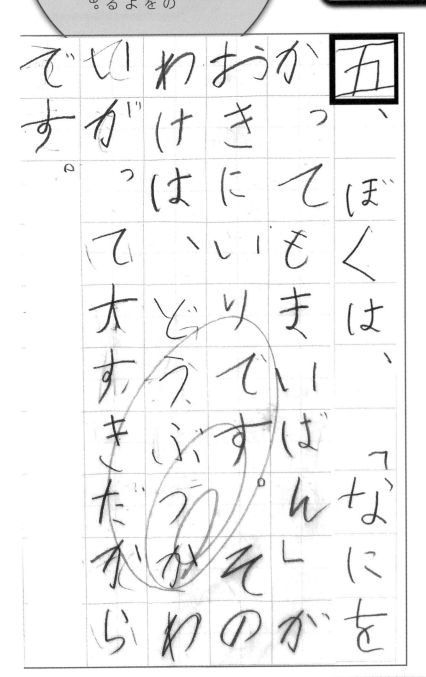

一年生ではあるが、「テーマ」という用語は教えておきたい。もちろん、「この作品（作者）が一番伝えたいこと」のように、言い換えることも重要である。

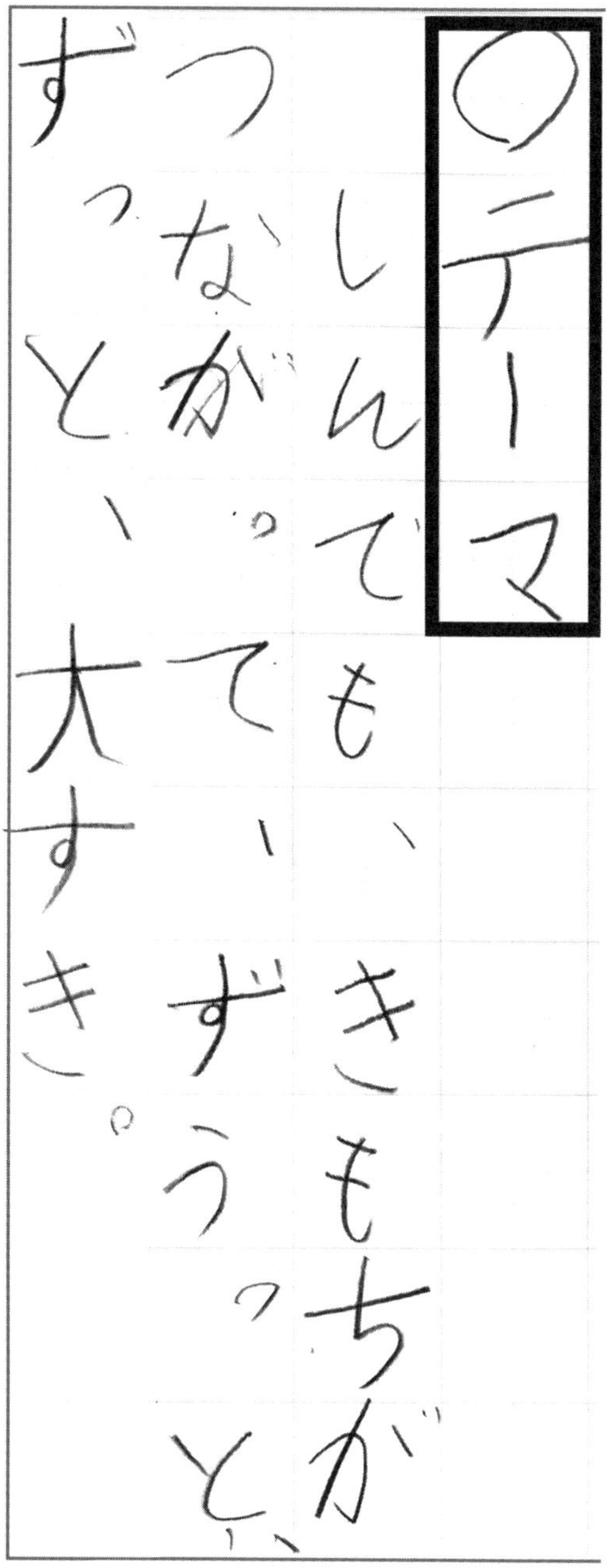
○テーマ
しんでも、きもちが
つながって、ずうっと、
ずっと、大すき。

●深い学び

エルフとぼくの関係からテーマへ

「しんでも」という（エルフに起きた）状況をふまえ、「きもちがつながって」という「エルフ」と「ぼく」の関係を書き、そしてこの作品の題目（の一部）である「ずうっと、ずっと、大すき」につなげている。

4
2年生

「スイミー」
（東京書籍・一年下／光村図書・二年上／学校図書・二年上）

ポイント
読み取ったことをもとにして、表現豊かな音読げきをすることにより深い学びに導く

【一次②③】つけたい言葉の力を話し合い、自分たちで学習活動を決めよう

まず「ひとり学習」で読み取り、それを「みんな学習」で友だちと交流し読み深める。深まった内容をノートに書き込ませる。それを教師が一覧にまとめ、子どもたちが活用することにより質の高い読みを生み出すことをねらった。

●主体的な学び

身につけたい力を設定する

「りかいする力、はっ見する力」などを書いている。さらにそれらの力を使って、「気もちをくふうして読む」や「はっぴょうしたりする力」もつけていきたいと書いている。

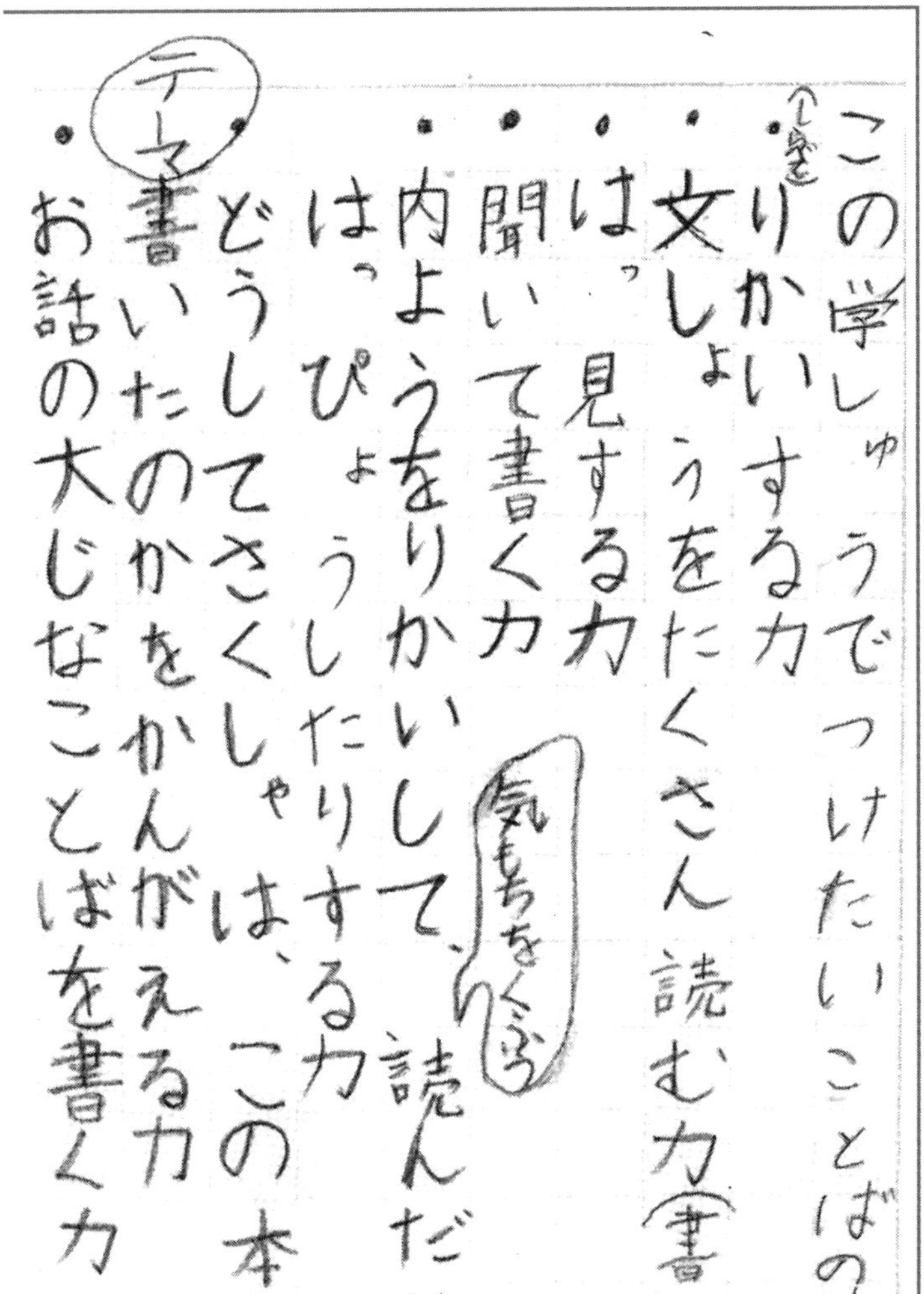
この学しゅうでつけたいことばの力
・りかいする力
・文しょうをたくさん読む力（書く）
・はっ見する力
・聞いて書く力
・内ようをりかいして、読んだり、（気もちをくふう）
はっぴょうしたりする力
・どうしてさくしゃは、この本を書いた（テーマ）のかをかんがえる力
・お話の大じなことばを書く力

●主体的な学び

テーマにせまる

「どうしてさくしゃは、この本を書いたのかをかんがえる力」と作品のテーマに迫りたいという意欲が表現されている。「テーマ」という用語が赤字でメモされ、おさえられている。

学習の流れ

【一次】
①題名からわかること
②**つけたい力の確認**
③**学習計画を立てる**
【二次】
①**ひとり学習から課題を生み出す**
②**友だちとの対話（みんな学習）で、課題について意見交流をする**
※**場面ごとに①②を繰り返す**
【三次】
①音読げきをする
【四次】
①**身につけた力をふり返る**

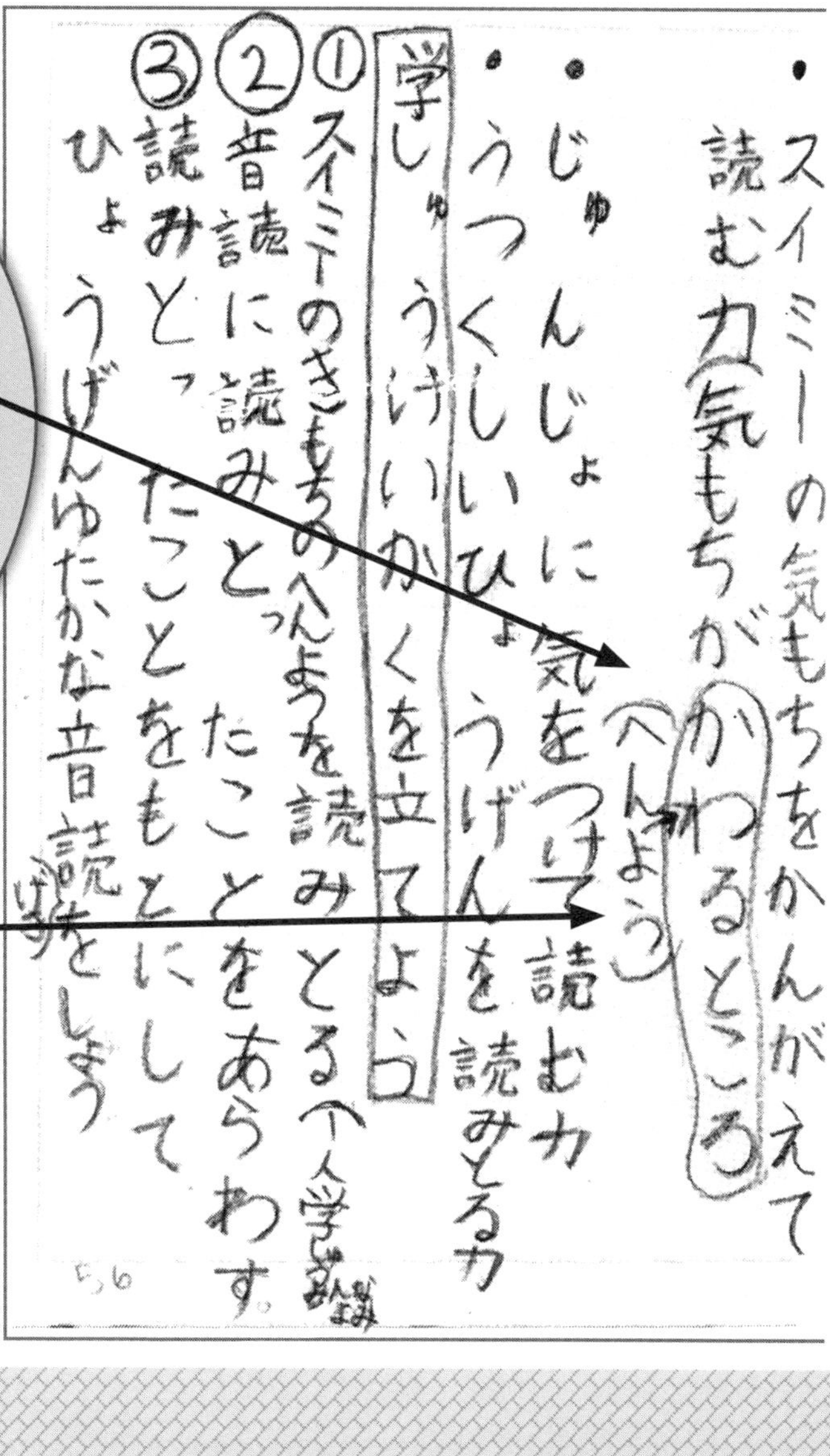
・スイミーの気もちをかんがえて読む力（気もちがかわるところ）（へんよう）
・じゅんじょに気をつけて読む力
・うつくしいひょうげんを読みとる力
学しゅうけいかくを立てよう
①スイミーの気もちのへんようを読みとる（一人学び）
②音読に読みとったことをあらわす。（みんな学び）
③読みとったことをもとにしてひょうげんゆたかな音読げきをしよう

●対話的な学び

他者の意見を取り入れる

「スイミーの気もちをかんがえて読む力」（気もちがかわるところ）が大切であることを覚えていた児童からの意見が出たので、赤字でメモしている。赤字や吹き出しには、自分で書いたつけたい力に加えて、友だちからの意見をメモしたものを書いている。

（へんよう）という用語は、二年生には高度であるが、子どもたちの実態に応じて用いている。

【二次①】 ひとり学習で課題を生み出し、読み取ったことを友だちと交流する　一場面

二年生で「ひとり学習」に初めて取り組ませた。何を書けばよいのか困っている子どももいたが、赤字で書き込まれている他者からの意見や考えが、アドバイスになり、よりレベルの高い課題を見つけることにつながった。

●対話的な学び

一人学びの成果を交流する

「すごい広いのかな」「すごくわくわくしてたと思います。」のように吹き出しで叙述から読み取ったことを真っ黒になるほど書き込んでいる。そこへ友だちが赤字で自分の意見や考えを書き込んでいる。

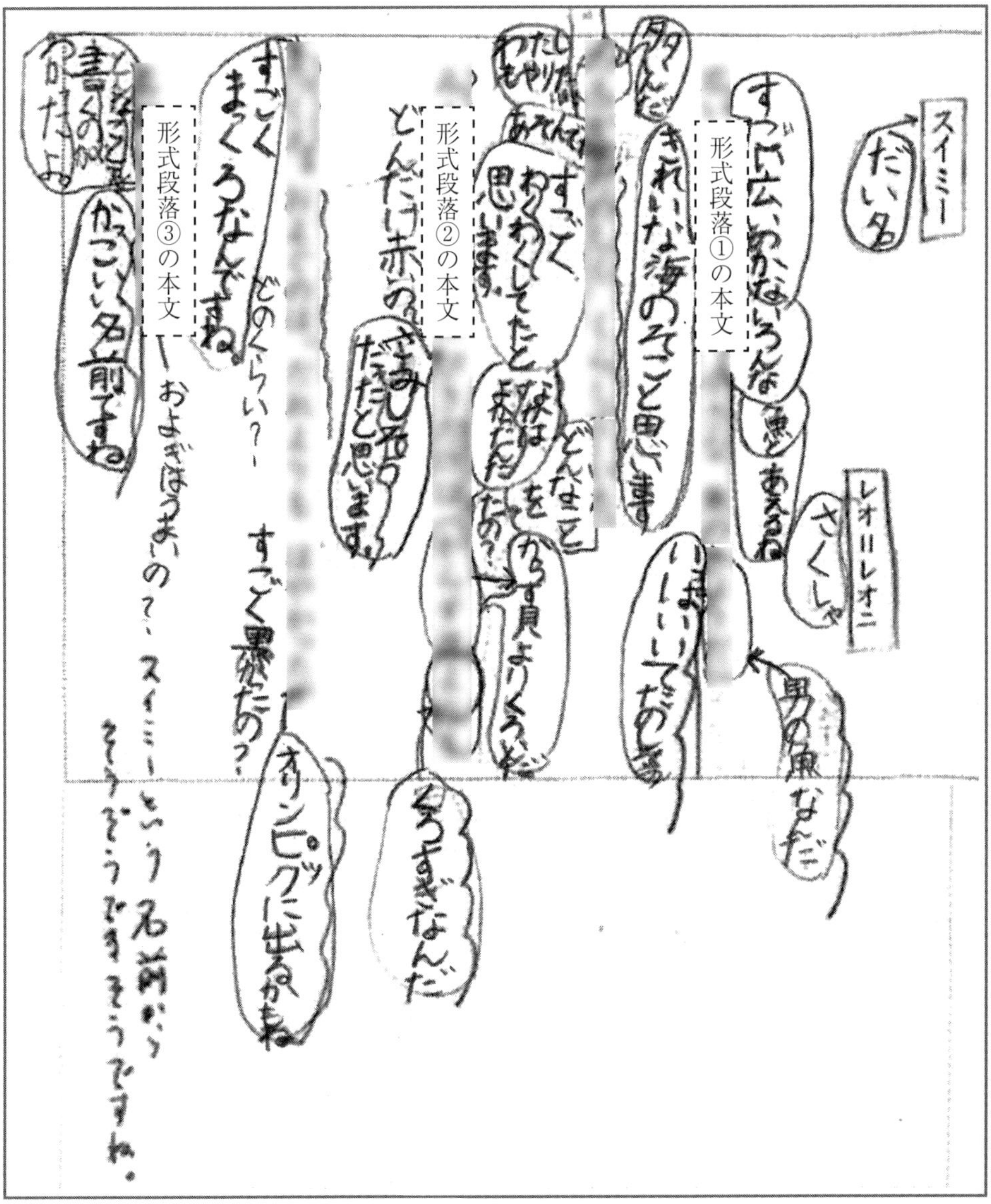

スイミー
レオ＝レオニ
形式段落①の本文
形式段落②の本文
形式段落③の本文

●主体的な学び

みんなで考えたいことを共有する

☒は、次時の「みんな学習」で「くわしく考えたいこと」、つまり、学びの課題を書き出している。

●対話的な学び

重要な意見に赤線

傍線は、一覧を一読した際に、重要だと考えた意見や考えに引いたものである。「一ぴきだけまっくろは、ふあんな気持ちだと思う」というところは、後の「みんな学習」で意見交流をする課題となった。

⑤
・広い海…いっぱい魚がいる。ぼうけんできる。
・みんなとたのしく　あそんでいたと思う。
・いっぴきだけくろい…かわいそう。
・だれよりもはやい…きょうだいのだれよりも。だから、うれしいきもちだと思う。
・スイミーは、かんたんな名前　スイムはおよぐ
・スイミーは、子どもっぽいかんじ。
☒広い海のどこかに

⑧
・どこまでも行ける海の中じゃないのかな。
・きょうだいが多い。海の中でおにごっこ。
・一ぴきだけまっくろは、ふあんな気持ちだと思う。
・スイミーってたぶん男の子。かわいい名前
☒広い海のどこかに／たのしくくらす

「みんな学習」について
①「ひとり学習」一覧を一読したあと、多くあげられていた課題について意見交流・話し合いをする。
②「みんな学習」で話し合う課題が、お話全体を貫く課題になっていく。

【二次②】「みんな学習」で課題について話し合う　一場面

場面ごとにふり返りを書かせた。「〇〇さんのはっぴょうで…」というように友だちの発表を受けて自分の考えをしっかりと書けている。自分の気づきの中になかったことを友だちが気づかせてくれたことで、この児童の読みは確実に深まっていったといえよう。

●対話的な学びから深い学びへ

話し合いで深まった考えをふり返る

スイミーは、泳げるという自信と一匹だけみんなとは違うという疎外感をもっていたという意見がでた。この混ざり合った感情を、「ぐるぐるまわって（い）るところ」や『赤毛のアン』（L・M・モンゴメリ著）のアンが感じた自分だけ違うという思い」とにていることに気づいたと書いている。

回ばめんで考えたこと。

みんなで話しあってわかったこと。

さんの「一しょにくらしていた。」というところでたぶん、「くらしていた。」でわかったと思います。よく見つけたと思いました。さんのはっぴょうで、ぐるぐるまわってるところと赤毛のアンににているのに気づかなかったけど、さんの

●深い学び

一場面をふり返る

スイミーについてまとめた考えを書いている。一場面全体からスイミーの外見の特徴、スイミーの感情の揺れなどをつかんで書くことができている。

●対話的な学びから深い学びへ

学びの深まりを自覚する

自分の気づきが○○さんの発表からである、と自分の学びが深まったことを書いている。

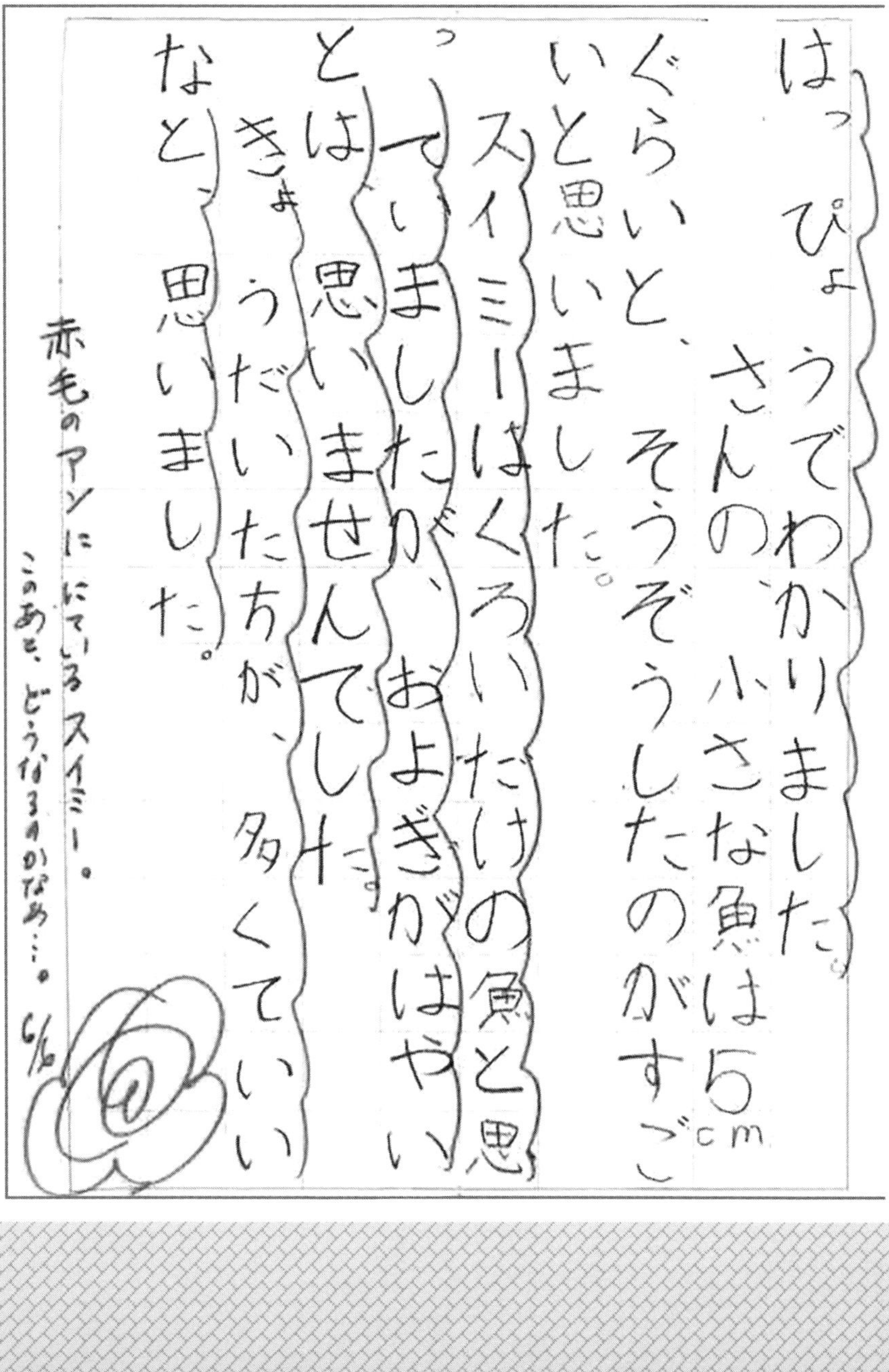

はっぴょうでわかりました。
さんの小さな魚は5cm
ぐらいと、そうぞうしたのがすご
いと思いました。
スイミーはくろいだけの魚と思
っていましたが、およぎがはやい
とは思いませんでした。
きょうだいたちが、多くていい
なと思いました。
赤毛のアンににているスイミー。
このあと、どうなるのかなあ…。
6/6

「ひとり学習」から「みんな学習」への一サイクルごとのふり返りを書く時間は、次時に考えをつなげる大切な時間といえる。

【二次②】「みんな学習」で課題について話し合う　五場面

スイミーは、リーダーとしての役割を果たしながらも、気持ちはみんなと同じ一匹の魚なんだ、ということが「みんな学習」で話し合われた。その後、ふり返りを書かせた。「(スイミーは) リーダーだけど、みんなと同じかんじにやっていると、思います。」と書いている。

●深い学び

テーマを読み取る

テーマ（さくしゃがスイミーでつたえたかったところ）は、「スイミーの気もちがすこしずつせい長したところだ」と書いている。

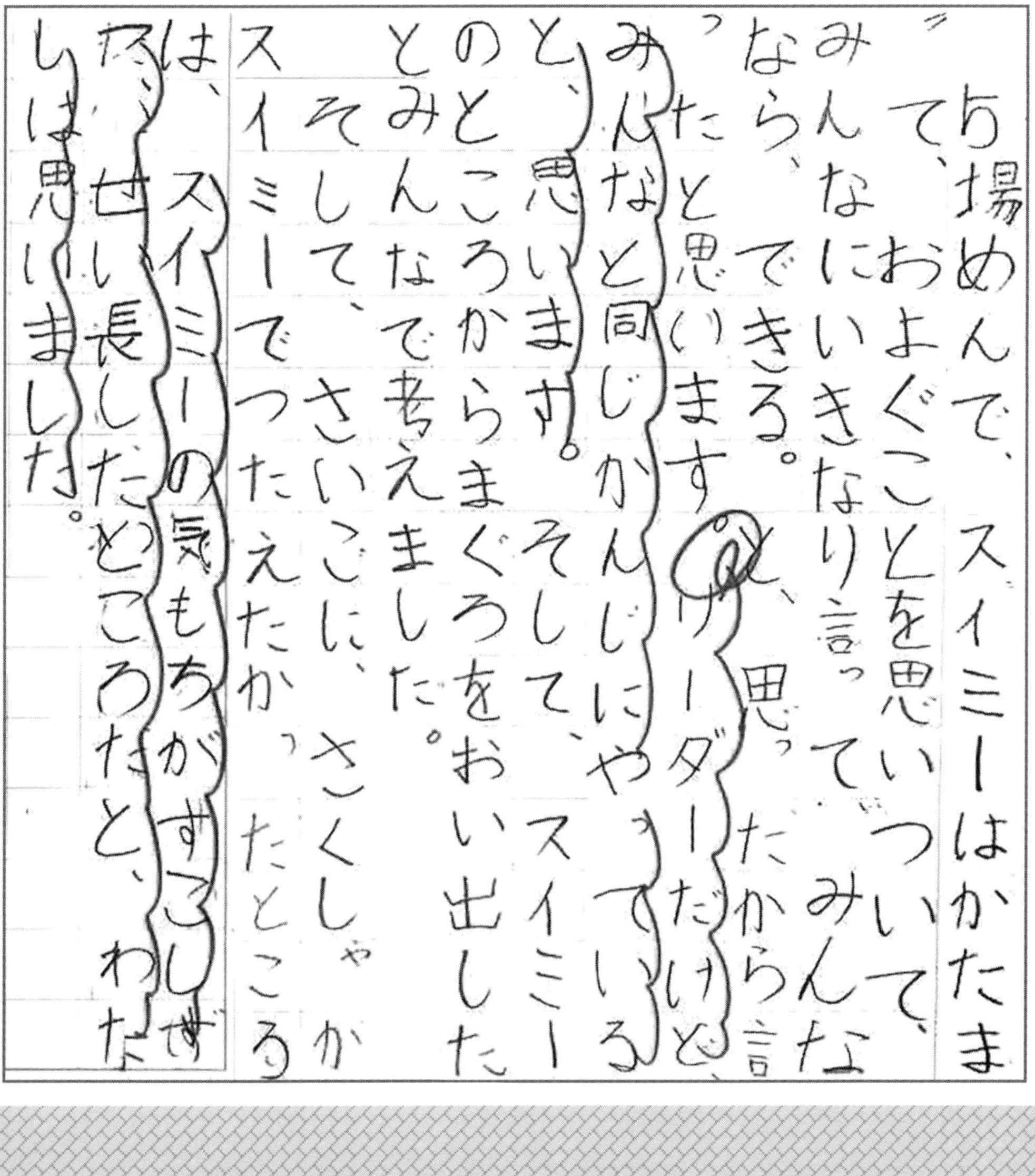
5場めんで、スイミーはかたまって、およぐことを思いついて、みんなにいきなり言って、みんなならできる。と、思ったから言ったと思います。リーダーだけど、みんなと同じかんじにやっていると、思います。そして、スイミーのところからまぐろをおい出したとみんなで考えました。そして、さいごに、さくしゃがスイミーでつたえたかったところは、スイミーの気もちがすこしずつせい長したところだと、わたしは思いました。

【四次①】身につけた力をふり返ろう

「ひとり学習」と「みんな学習」において深まった読みをもとに、音読劇に挑戦した。自分が表現したいと思う場面を選び（複数可）場面ごとに練習を重ねて音読劇発表をした。音読劇の後、ふり返りカードを書かせ身につけた力を自覚させた。

●深い学び

学びの深まりを自覚する

「二年生になってくふうもするようになった。だけど今回はくふうをしながらうごきやこえをかえていてすごい。」と自分をほめて評価している。次の学びにつなげるために、「つぎにやってみたいこと」を最後に書いている。

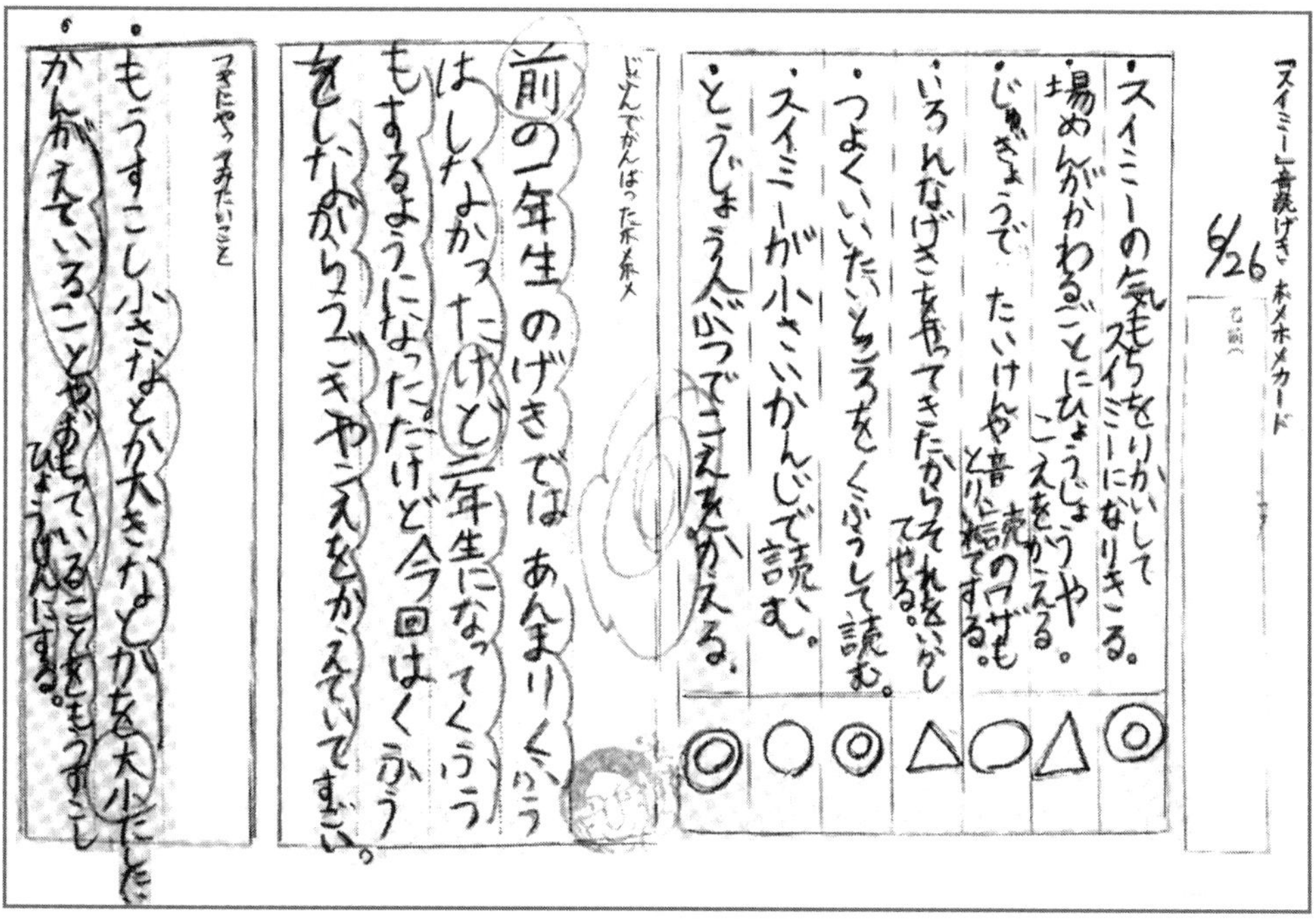
「スイミー」音読げき ホメホメカード 6/26 名前

・スイミーの気もちをりかいしてスイミーになりきる。 ◎
・場めんがかわるごとにひょうじょうやこえをかえる。 △
・じゅぎょうで たいけんや音読のワザもとり入れてする。 ◯
・いろんなげきをみてきたからそれをいかしてやる。 △
・つよくいいたいところをくふうして読む。 ◎
・スイミーが小さいかんじで読む。 ◯
・とうじょう人ぶつでこえをかえる。 ◎

じぶんでがんばったホメホメ

前の一年生のげきではあんまりくふうはしなかったけど二年生になってくふうもするようになったけど今回はくふうをしながらうごきやこえをかえていてすごい。

つぎにやってみたいこと

もうすこし小さなとか大きなとかを大小たとかんがえていることやおもっていることをもうすこしひょうげんにする。

学んだことをもとにして子どもが評価項目を作成し、自己評価をした。次の学びにつながる「つぎにやってみたいこと」も記述させた。学びを自分→学習班→学級に広げ、共有することでより質の高い深い学びに変容させることができた。

5

2年生

「お手紙」

（教育出版・一年下／三省堂・二年／東京書籍・二年上／光村図書・二年下／学校図書・二年下）

※令和二年版では、東京書籍・二年下

ポイント

読み取ったことをもとに音読げきブックトークへとつなげ深い学びへと導く

【一次①】つけたい言葉の力を話し合い、自分たちで学習活動を決めよう

学習の流れ

【一次】
①つけたい言葉の力の確認・学習活動の決定
②学習計画の作成

【二次】
①題名・あらすじ・感想
②設定場面　第一場面の二人の気持ちを読み取る
③展開場面　第二場面の二人の気持ちを読み取る
④山場　第四・五場面の二人の気持ちを読み取る
⑤テーマを考える　第五場面

【三次】
①音読げきブックトークをする

【四次】
①身につけた力をふり返る

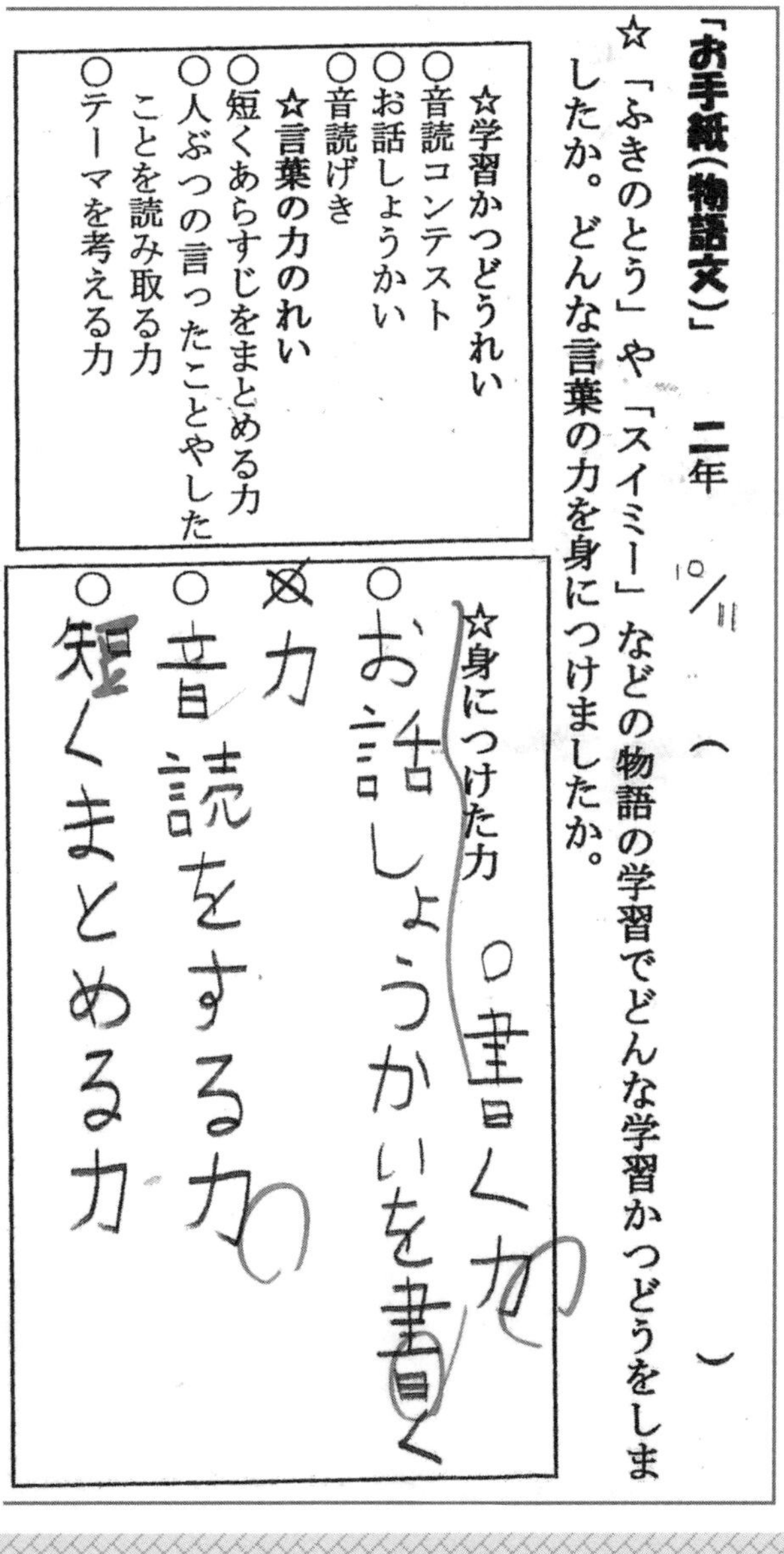

「お手紙（物語文）」　二年（　　）　10/11

☆「ふきのとう」や「スイミー」などの物語の学習でどんな学習かつどうをしましたか。どんな言葉の力を身につけましたか。

☆学習かつどうれい
○音読コンテスト
○お話しょうかい
○音読げき
☆言葉の力のれい
○短くあらすじをまとめる力
○人ぶつの言ったことやしたことを読み取る力
○テーマを考える力

☆身につけた力
○お話しょうかいを書く
○書く力
⊗力
○音読をする力
○短くまとめる力

既習の「学習かつどうれい」や「言葉の力のれい」を提示し、2年生の子どもにも考えられるようにヒントを与えている。

●対話的な学び

目に見える形に

自分が「つけたい言葉の力」を目に見える形にしている。それをもとに、クラス全体で話し合った。

●主体的な学び

ふさわしい言語活動を

「身につけたい言葉の力」を実現するために、これまでに取り組んできたブックトークをしたいと書いている。

最初に見つけたテーマとテーマを見つけた叙述を根拠として書かせる。そして、なぜそれがテーマだと思うのか、自分の考えを書かせる。学習後のテーマと比べて、読みが深まったことを実感させるためである。

★「お手紙」でどんな言葉の力を身につけたいですか。三つ以上、書きましょう。

① もっと書く力

② テーマを考える力

③ くふうして読む力

④ くふうする力

☆どんな学習活動をしたいですか？

ブックトークをしたい。

☆作者の伝えたいと思うこと(テーマ)は、どんなことだと思いますか。お話のどこから見つけましたか。なぜそう思いますか。

・ずばりテーマは、（友だちを大切にする。）

・ここから分かったよ(本文の引用)

かえるくんが家に帰りがまくんに手紙を書くところの本文

・なぜかというと、

友だちがいやになってしまうから。

【一次②】学習計画を立てよう

2年生であっても10月ともなると自分たちで学習計画を立てることは、可能である。教師は子どもたちと話し合いながら、学習計画を立て、クラス全員で共有する事が大切である。

日付を書くこと、めあてを書くこと。すっきりと読みやすく書くことなどは、低学年のうちにしっかりと身につけさせたい基礎的な技能である。

●主体的な学び

目的的に読む

二次は、「音読げきブックトークをするために、『お手紙』を読む。」と目的的に読むことを意識している。

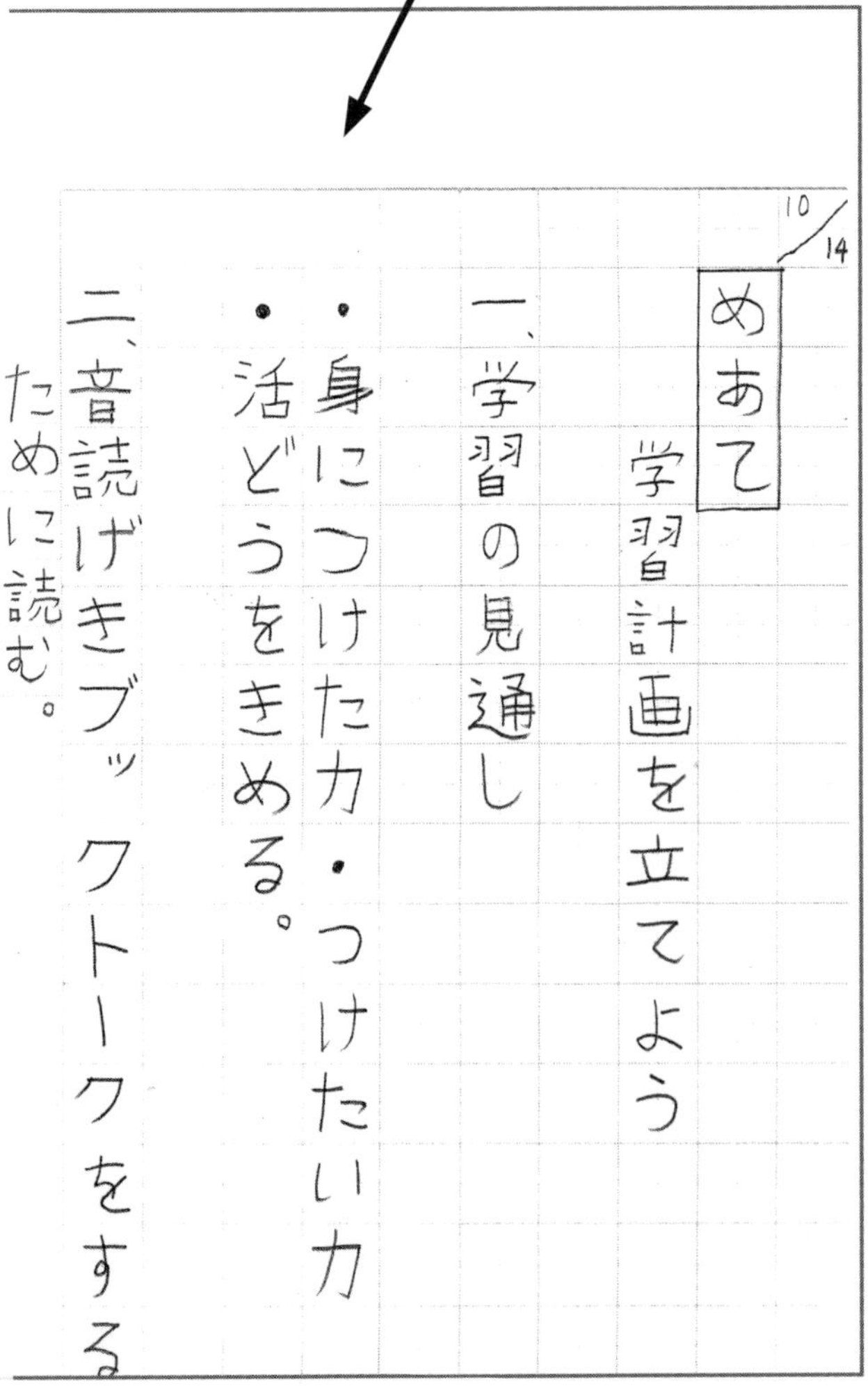

10/14
めあて
学習計画を立てよう
一、学習の見通し
・身につけた力・つけたい力
・活どうをきめる。
二、音読げきブックトークをする
ために読む。

●主体的で対話的な学び

「お話を読むワザ」を活用

これまでにみんなで創り出した「お話を読むワザ」を活用して、「お手紙」を読み取る。ワザを「・」を使って箇条書きにしている。ワザの順番がほぼわかっていることに注目したい。

●主体的な学び

既習の学習での学びを使って

ふきのとうで音読げきをしていることを想起し、書き加えている。

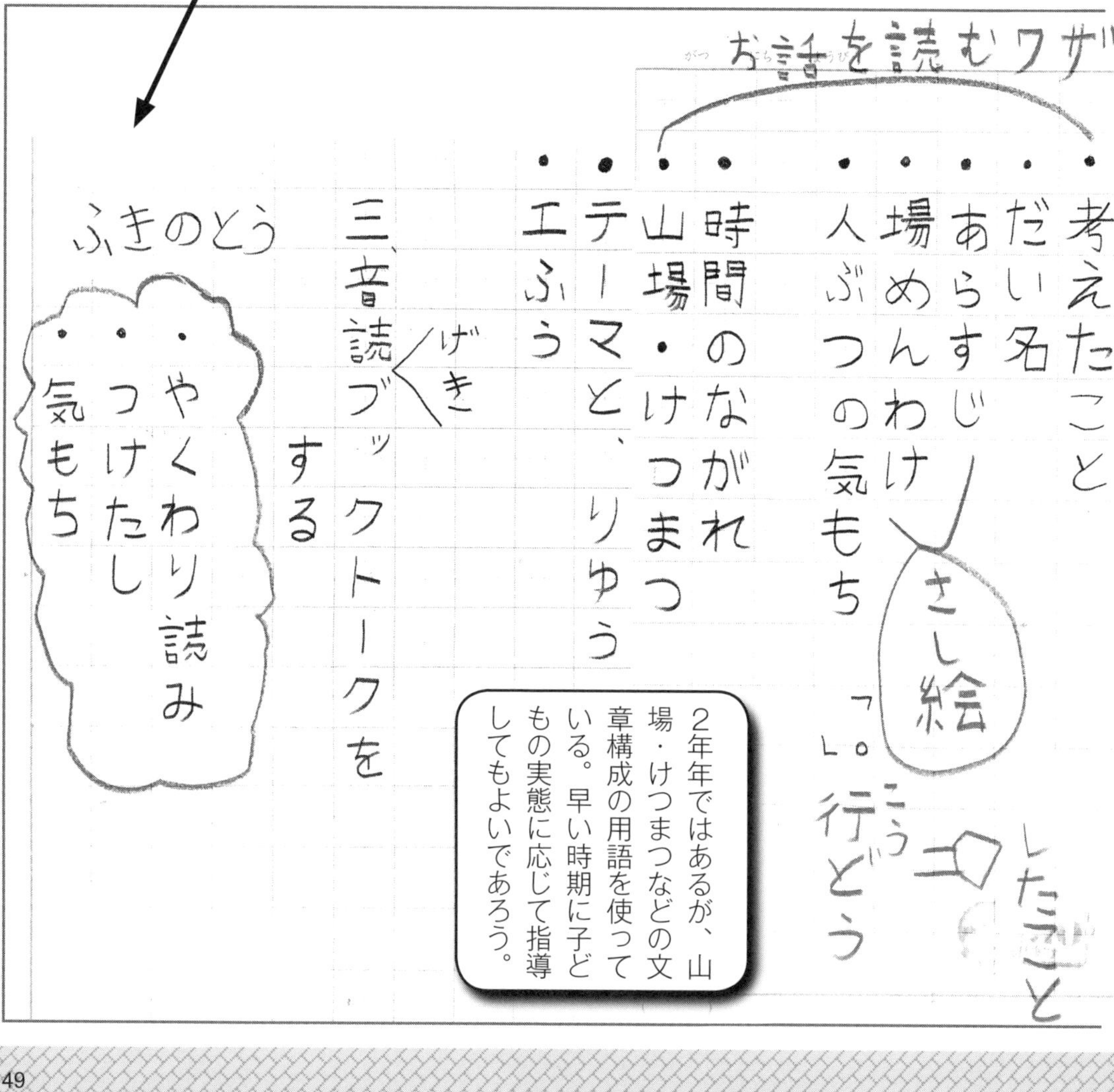

2年年ではあるが、山場・けつまつなどの文章構成の用語を使っている。早い時期に子どもの実態に応じて指導してもよいであろう。

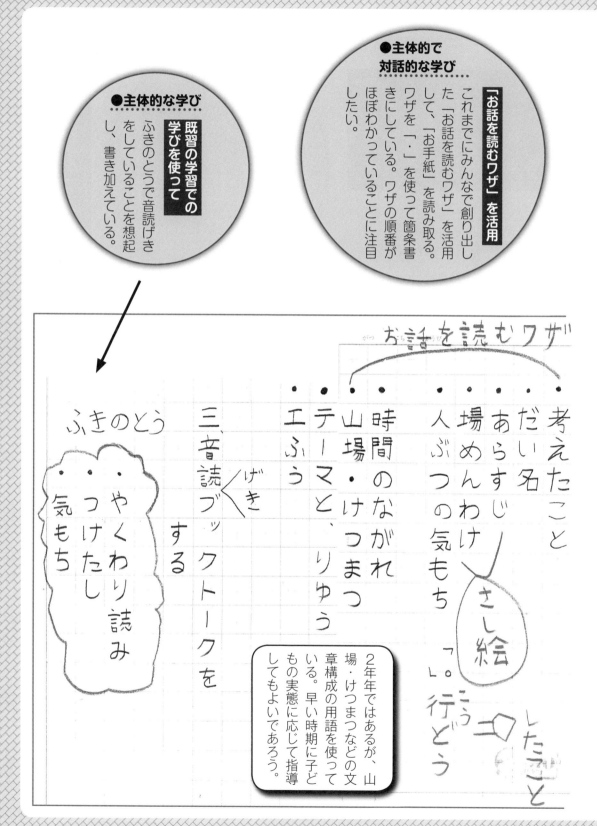

【二次④】山場の二人の気持ちを読み取って、音読で表現しよう

●主体的な学び

本文を引用し音読のワザを書き込む

一学期から音読のワザを生み出し目に見える形にして活用している。音読の工夫をしたい本文を引用し、その中にワザを書き込んでいる。

【音読のワザ　例】

○間の取り方
○声の大きさ・小ささ
○高い・低い
○明るい・暗い
○かなしそうに・うれしそうに　など

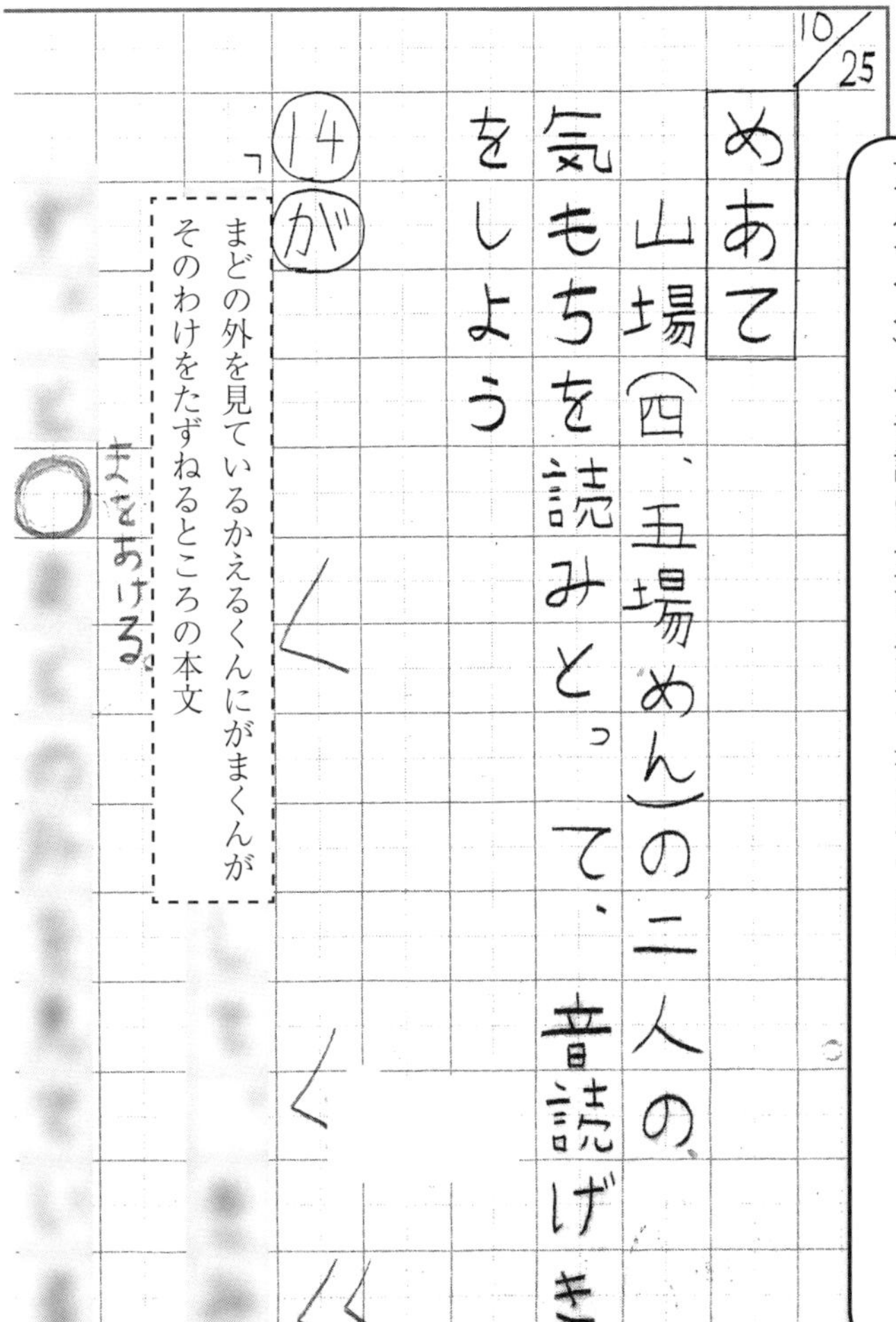
10/25
めあて
山場(四、五場めん)の二人の気もちを読みとって、音読げきをしよう
⑭
㋕
まをあける。
まどの外を見ているかえるくんにがまくんがそのわけをたずねるところの本文

音読劇にするためには、読み取った気持ちを音読に生かすことが目標になる。ここでは、音読記号を活用している。
⑭→段落番号
㋕は、かえるくん
㋕は、がまんくんのこと
工夫して読みたい本文を引用して一行あけて書かせた。行間に間の取り方（＜≪）や音読の工夫を赤字で書かせている。

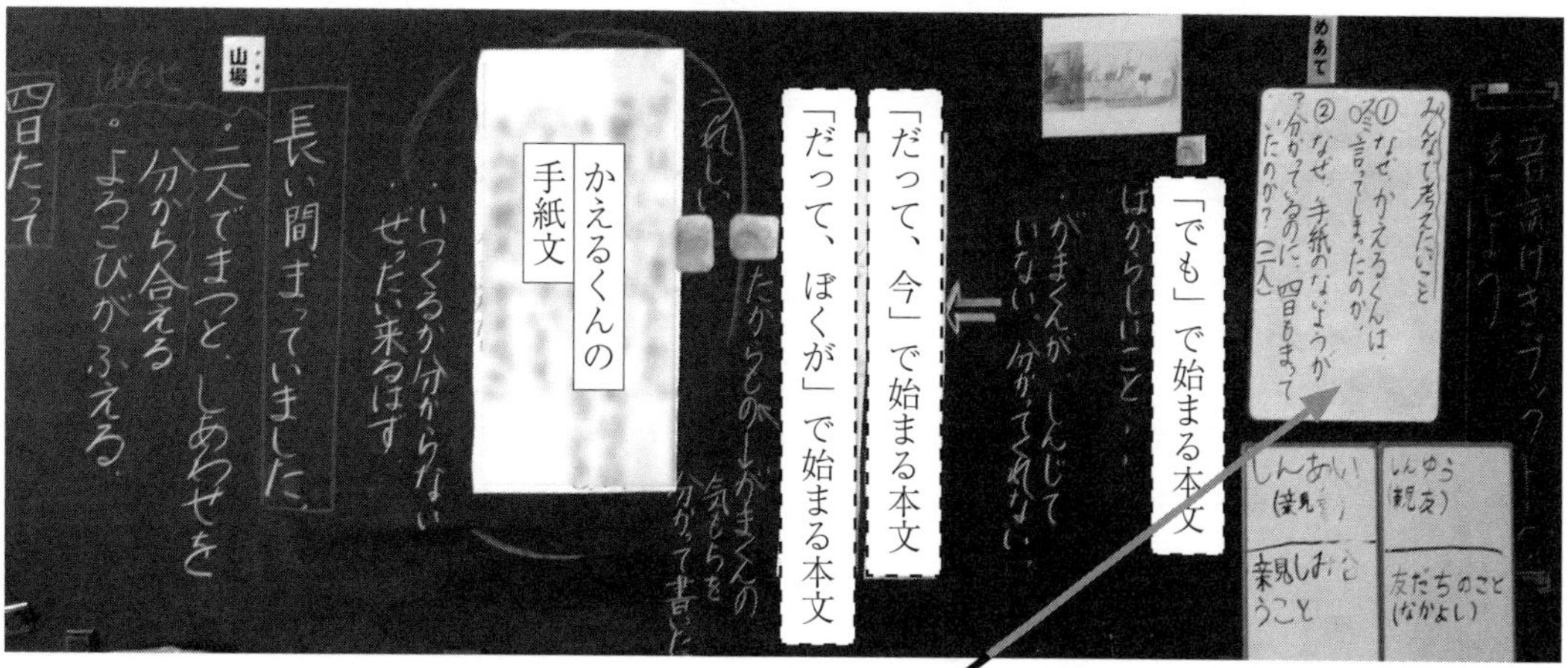

みんなで考えたいこと「①なぜ、かえるくんは、言ってしまったのか。」について、かえるくんの気持ちを音読を通して読み取り、読み取ったことをまた音読で表現する学習である。

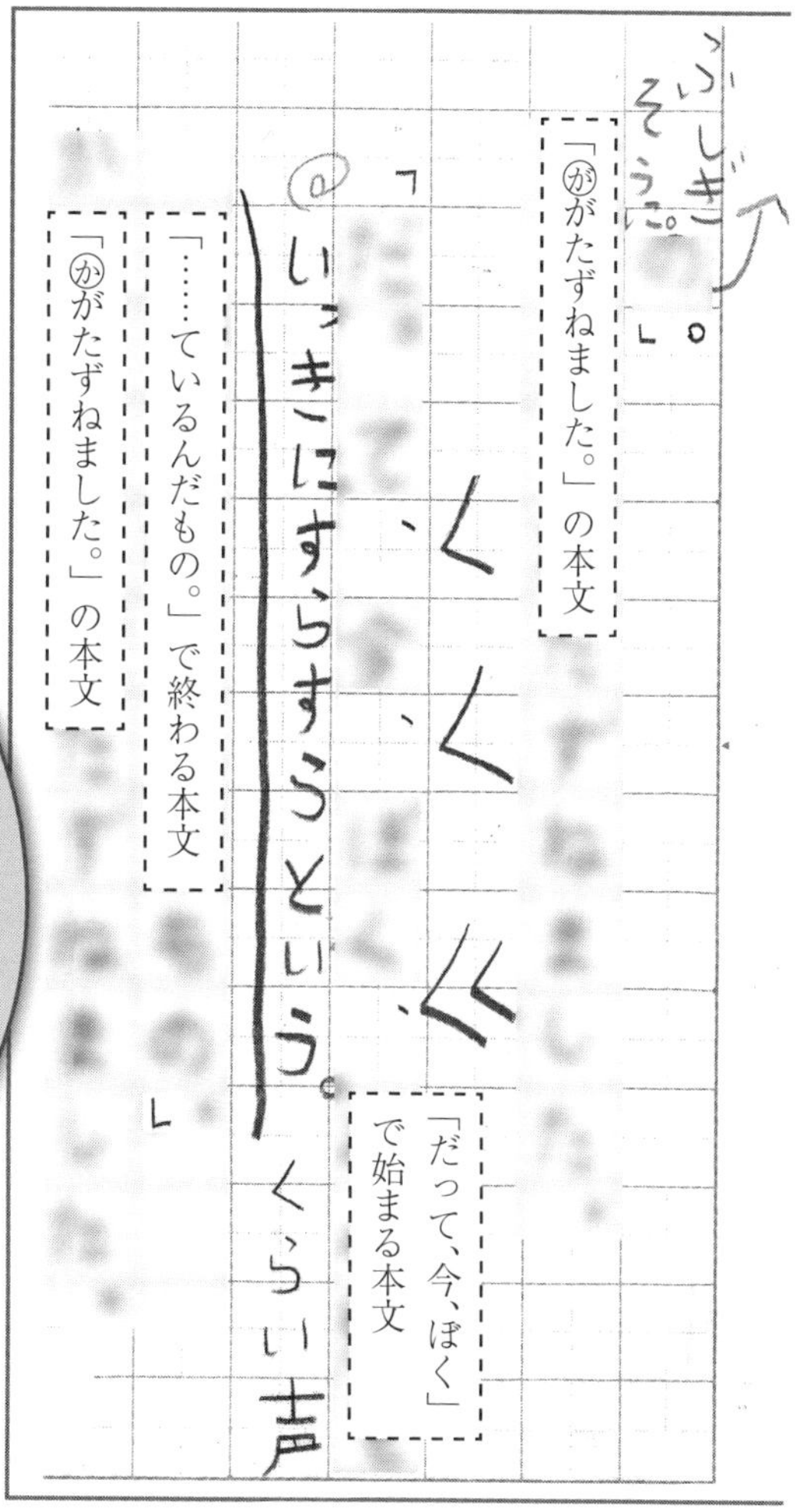

●深い学び

音読から読解へ、読解から音読へ

「だって（間）、今（間）、ぼく（間）、お手紙をまっているんだもの。」と傍線を添えている。そこに「いっきにすらすらという。」と書いているように、もうがまんできなくなって、言ってしまったかえるくんのがまくんを思う気持ちが深く読み取れている。

【二次⑤】「お手紙」のテーマを考えよう

二学期には、15マスノートをゆったりと使い、自分の考えを読み直したり、友だちの意見を書き加えたりできるようにしたいものである。

めあては、赤◎で示し、考えは、「・」を使って箇条書きにしている。大変、わかりやすいノートになっている。

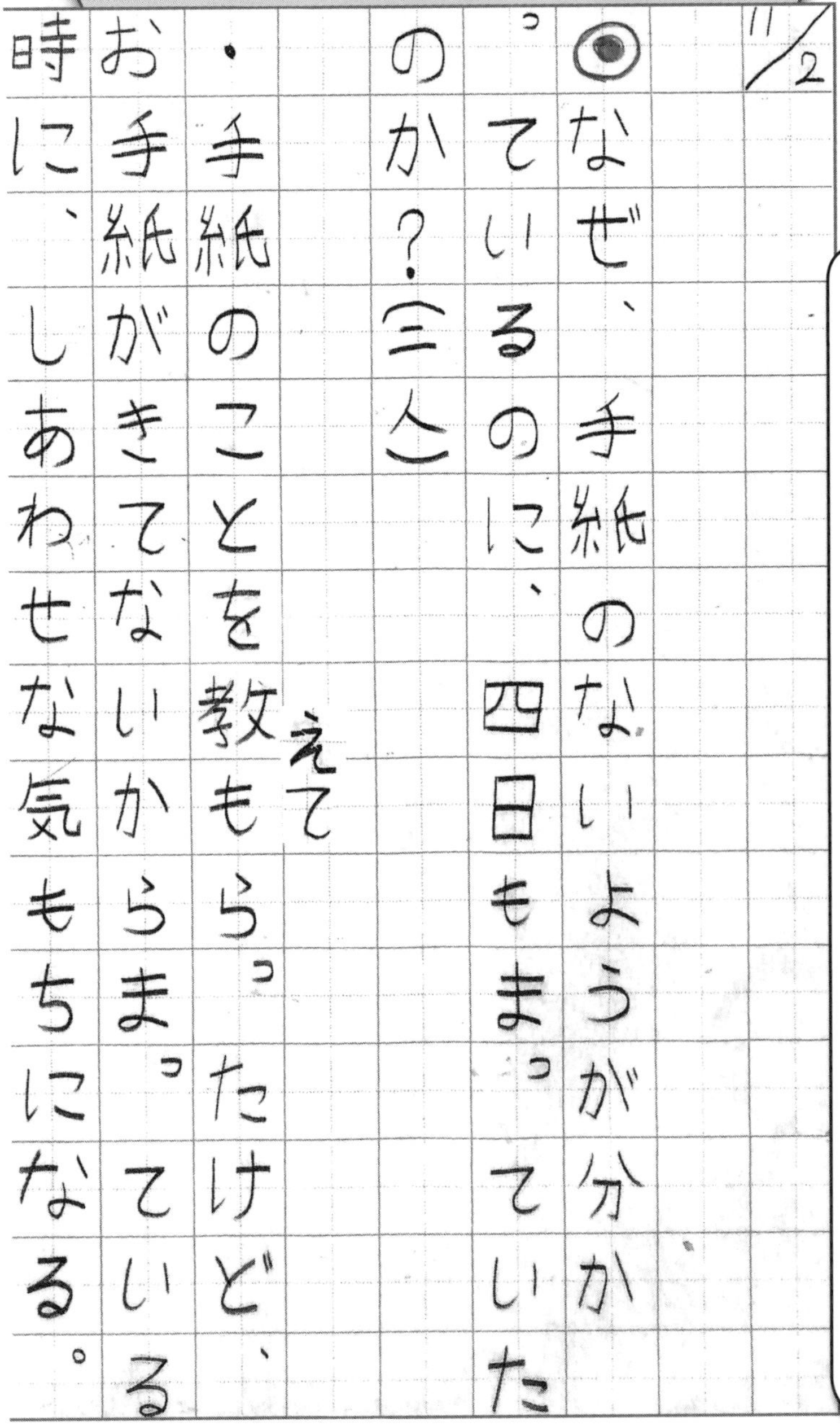

11/2
◎なぜ、手紙のないようが分かっていたのに、四日もまっていたのか？（三人）
・手紙のことを教えてもらったけど、お手紙がきてないからまっている時に、しあわせな気もちになる。

●深い学び

読みの課題を解決してテーマにせまる

「②なぜ、手紙のないようが分かっているのに、四日もまっていたのか？」というはじめの感想から作った「読みの課題」について考えることは、テーマを見つけることにつながる。

「まっている時に、しあわせな気もちになる」ときちんと捉えている。

・二人でまっていると、しあわせがいっぱいだし、手紙をもらうのがはじめてだから、いっしょにまっている。

●深い学び

多読の成果がテーマに生きる

「お手紙」のお話が入っている「ふたりはともだち」を読んでいるので、「一人より二人で待つ方が幸せ」であること。さらに、がまくんがはじめて手紙をもらうというこれまでの学習を受けて、いっしょに喜びを共有したいかえるくんの気持ちを読み取っている。

●深い学び

題名はテーマを表す

もう一度題名について考えさせたとき、「手紙は人と人をつなぐもの」という意見が出た。題名は、テーマを表すということも学んだ。

「『お手紙』をいっしょに待つことで友だちのよさを感じ、親友といっしょにいることは幸せな時間」というテーマを見つけた。ゴールとして、「音読げきブックトーク」をして朗読会で全校に発表した。その後、身につけた言葉の力をふり返り、さらに次の単元でつけたい力を確認させた。

6

2年生

「わたしはおねえさん」

（光村図書・二年下）

ポイント

登場人物と自分を比べ人物へのメッセージを書くことにより深い学びへと導く

【一次①】 題名からわかることを話し合おう

まず題名から受けるイメージと自分の体験から持つイメージを書かせた。その後、友だちと意見交流して考えを膨らませたものを箇条書きでまとめさせた。

題名と作者を書かせ、「物語」や「作者」という用語を教えた。

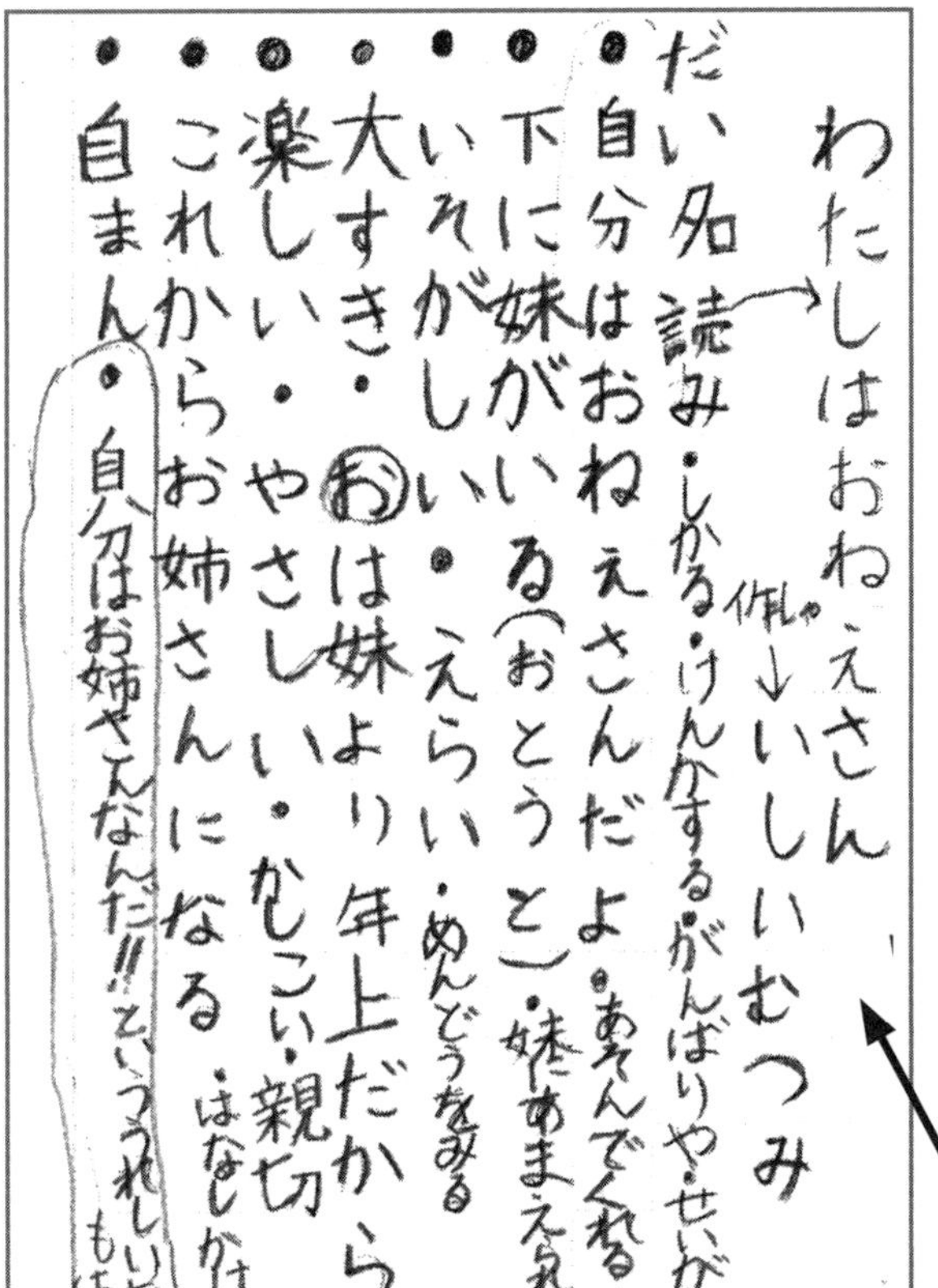

わたしはおねえさん
作しゃ いしいむつみ
だい名 読み・しかる・けんかする・がんばりや・せいが高い
●自分はおねえさんだよ・あそんでくれる人
●下に妹がいる(おとうと)・妹をあまえられる
●いそがしい・えらい・めんどうをみる
●大すき・おは妹より年上だから
●楽しい・やさしい・かしこい・親切・はなしかけ
●これからお姉さんになる
●自まん・自分はお姉さんなんだ!!というれしい気もち

学習の流れ

【一次】
①題名からわかること
②つけたい力の確認
③学習計画を立てる

【二次】
①お話の人物と自分を比べて読む　一場面
②お話の人物と自分を比べて読む　二場面
③お話の人物と自分を比べて読む　三場面

【三次】
①すみれちゃんへメッセージを書く

【四次】
①身につけた力をふり返る

●対話的な学びから深い学びへ

多様なイメージを

①自分の生活体験から得られるイメージ、②一般的に捉えられる「お姉さん」のイメージ、③『わたしはおねえさん』という表現から生まれるイメージを友だちと交流することにより豊かに書いている。

【一次②③】つけたい言葉の力を話し合い、自分たちで学習活動を決めよう

どのような言葉の力をつけたいのかを子どもたちとともに「目当て」として設定した。すみれちゃんと自分を比べて読み、自分が「お姉さん」になってすみれちゃんにメッセージを送るという学習活動を設定した。

●主体的な学び

具体的な学び方を

目当ての中で特に大切にしたい学び（くらべて）に二重線を引いている。さらに比べるとはどうすることかを具体的に書いている。特に「人とのちがい」を線で囲んでいる。

●主体的な学び

主人公の人柄

比べるために事件の起こる前のすみれちゃんの人柄を叙述をもとに捉えている。

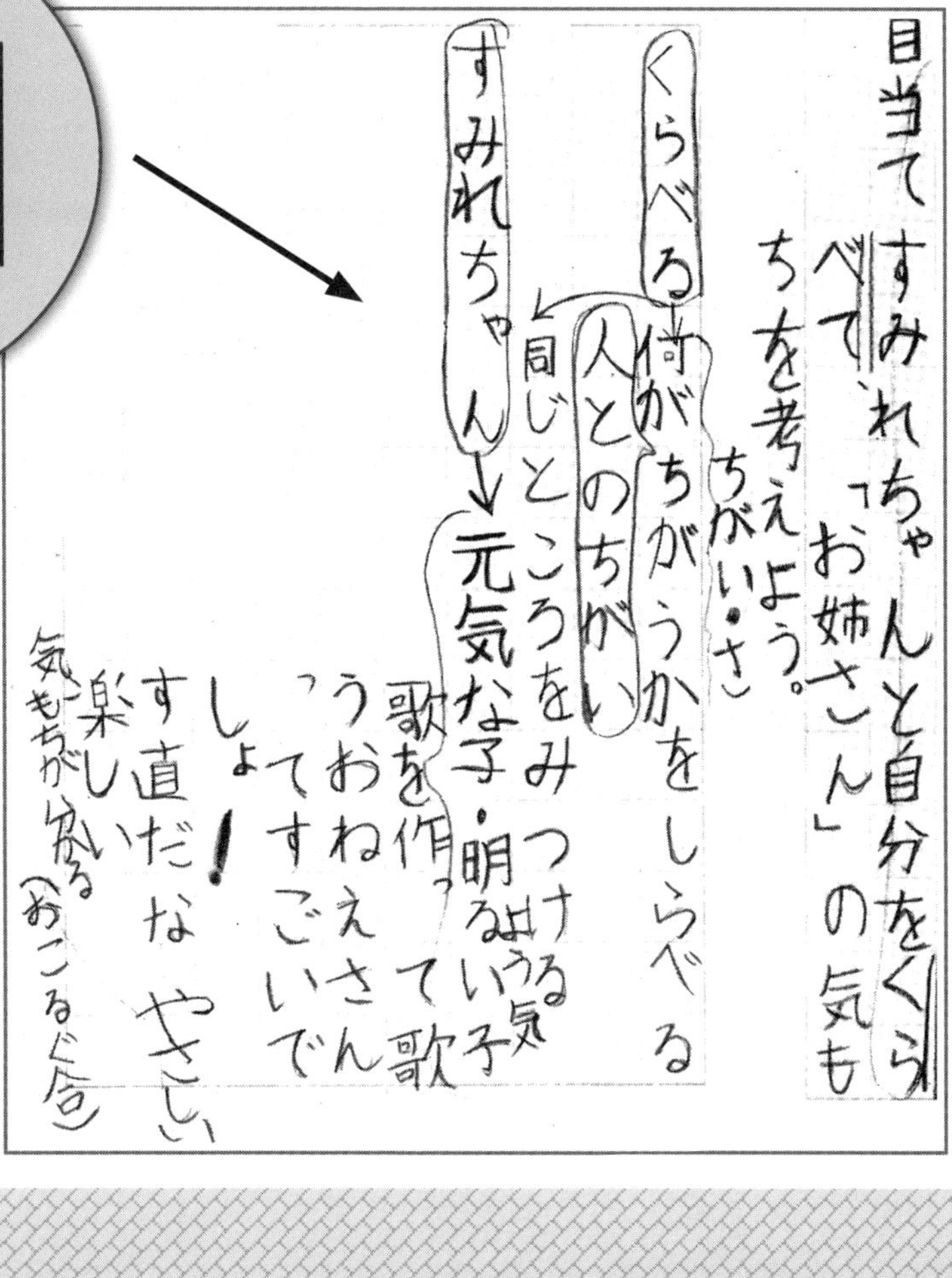

目当て すみれちゃんと自分をくらべて「お姉さん」の気もちを考えよう。
ちがい・さ
くらべる→何がちがうかをしらべる
人とのちがい
同じところをみつける
すみれちゃん→元気な子・明るい子
歌を作って歌うおねえさんってすごいでしょ！
す直だな やさしい
楽しい
気もちが分かる（おこるなど）

【二次①】お話の人物と自分を比べて読む　一場面

子どもたちから「この本文からみんなで考えたいことがある」と意見が出される。その場面をノートに書き写し、どんな状況なのかをノートに整理している。助けが必要な児童にはグループで考えさせている。

p.56というようにページを書かせている。ローマ字は習っていないが、低学年からページを書かせたい。

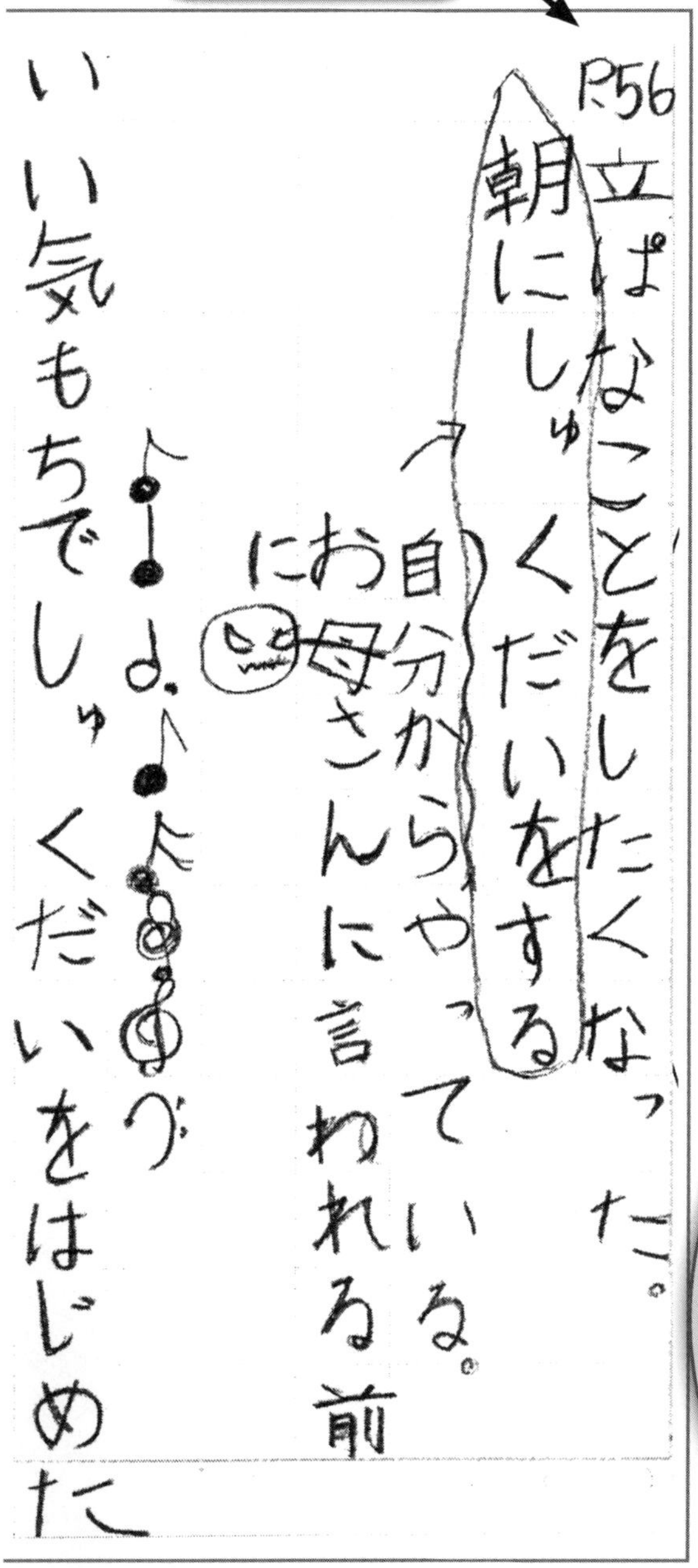
P56
立ぱなことをしたくなった。
朝にしゅくだいをする
自分からやっている。
お母さんに言われる前
いい気もちでしゅくだいをはじめた

●主体的な学び

自分のことばで言いかえて

叙述の中から、「立ぱなことをしたくなった」と「朝にしゅくだいをする」を選んでいる。「自分からやっている」や、「お母さんに言われる前に」という記述は、すみれちゃんの行為を自分のことばで言いかえることができている。共感的に読んでいることがわかる。

すみれちゃんの気もちを叙述をもとに読み、自分の経験と比べさせた。さらに、友だちと意見を交換することにより新しい気づきが生まれており、読みを深めていることがわかる。

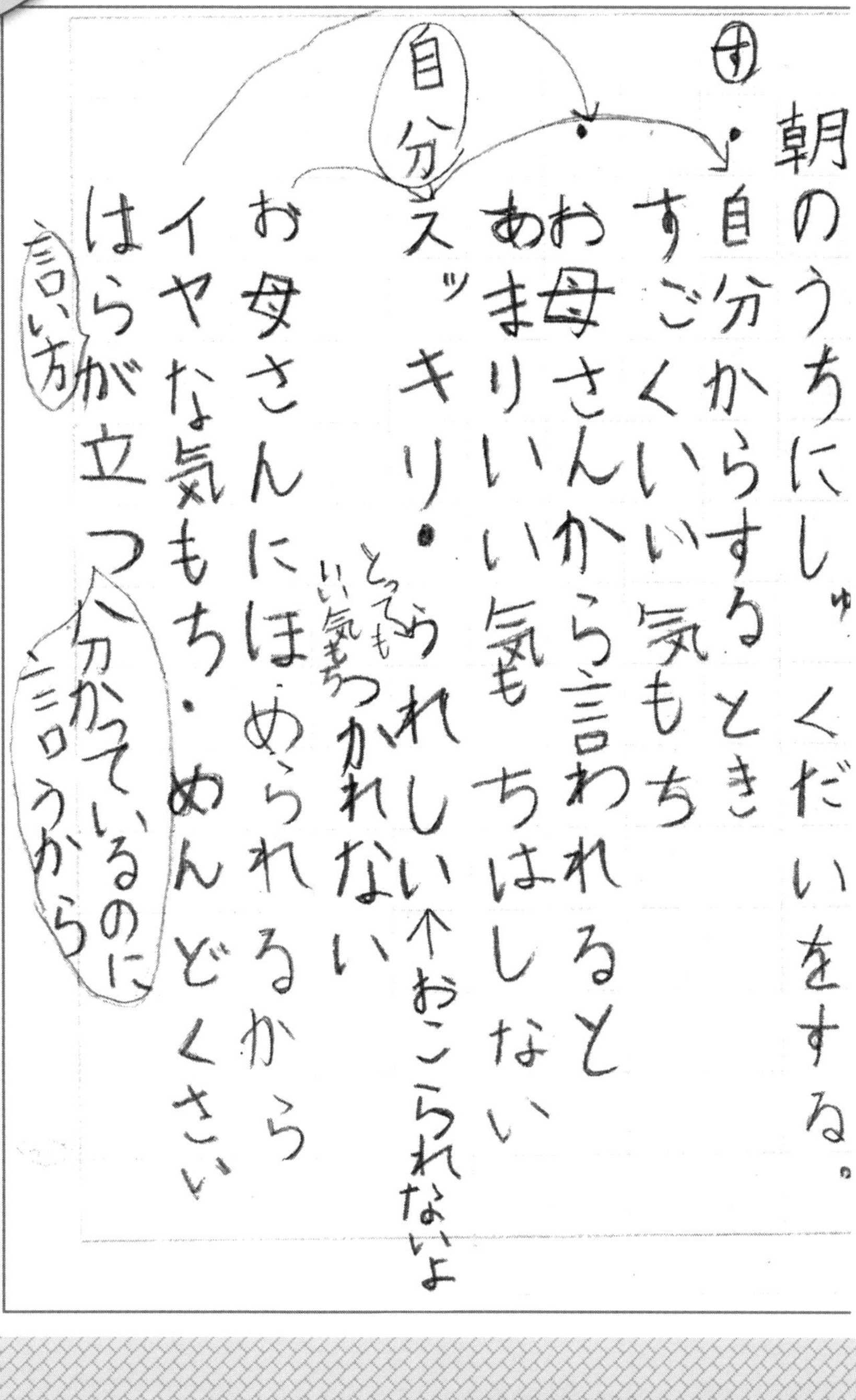
㋜
朝のうちにしゅくだいをする。
・自分からするとき
すごくいい気もち
・お母さんから言われると
あまりいい気もちはしない
自分
スッキリ・うれしい↑おこられないよ
とってもいい気もち
つかれない
お母さんにほめられるから
イヤな気もち・めんどくさい
はらが立つ
言い方
分かっているのに言うから

●深い学び

友だちの意見を取り入れて

㋜は本文の叙述、自分は自分がすみれちゃんだったら、と想像して心内語として書いている。赤字は、友だちと意見を交換し、友だちの意見から取り入れたいものを書いている。

【二次②】お話の人物と自分を比べて読む　二場面

「課題となる叙述」を赤字で、時間の順序を矢印で示させた。さらにお話の展開を短い文でまとめて書かせた。

「言われないで宿題をやったときの気持ちと反対に、言われてから宿題をやるときの気持ちはどんなだろう。」と発問し話し合わせた。自分の体験から、後者の気持ちに共感でき「今、やろうと思っていたのに。」という言葉が出された。それを赤字で書かせた。

今、やろうと思っていたのに～～
べん強のと中で(す)は、コスモスに
水やり行きました。
その間にじけんが!!
十月の日曜日の朝、かりんちゃん
が(す)(姉)のノートに(じゅくだいノート)
らくがきをした。

●深い学び

簡単にまとめる

お話の展開を、カッコ内の補足説明、その間にじけんが!!も含めて簡単にまとめている。

「もう、かりんたら、もう。」「半分ぐらい……。」の叙述から、すみれちゃんの気持ちと自分の気持ちを比べて考えさせる。

●主体的な学び

共感的に読む

表現されている気持ちを自分の体験と比べて、自分の言葉で説明しようとしている。

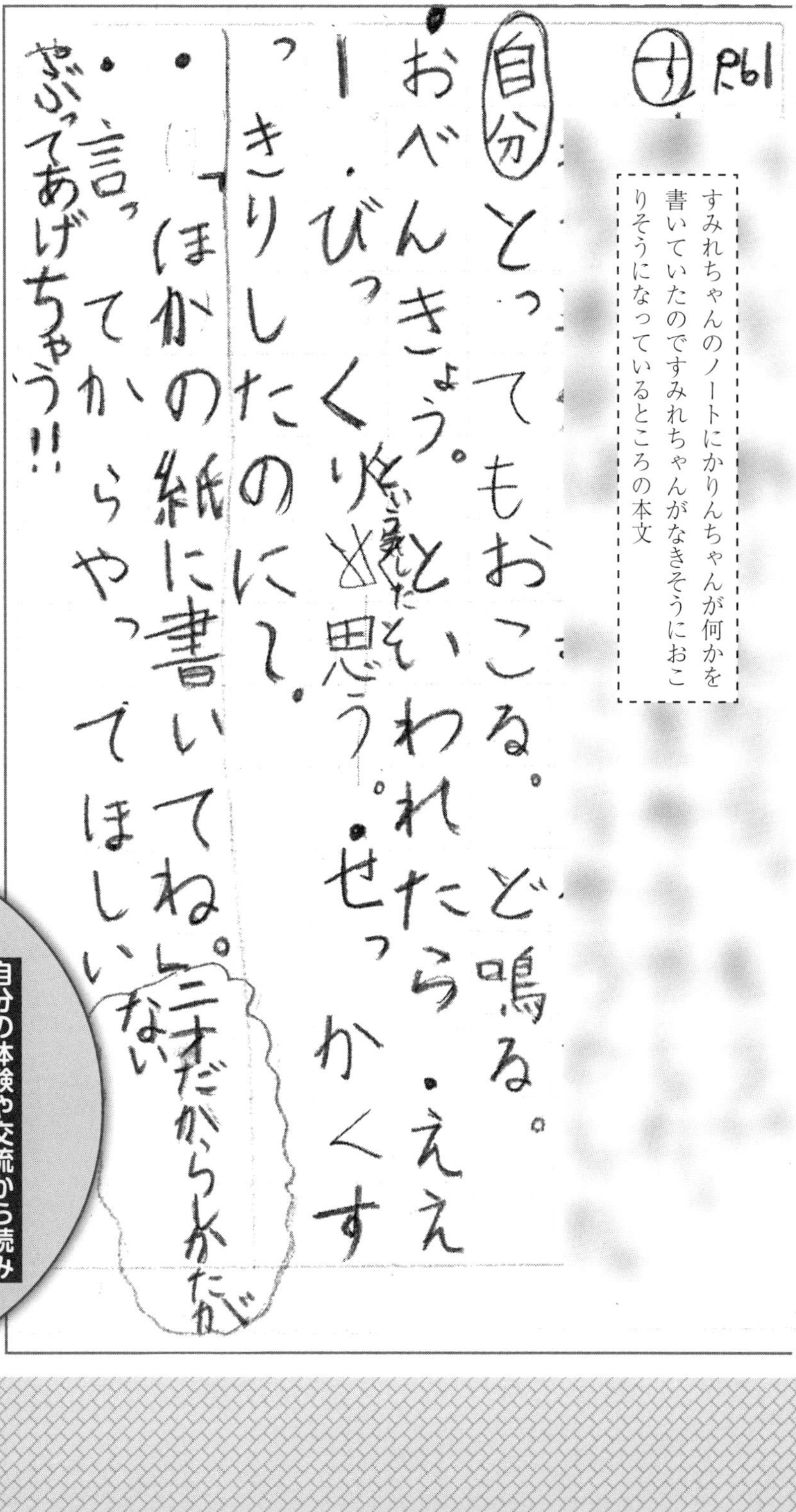

す P61
・自分 とってもおこる。ど鳴る。
おべんきょう。といわれたら ・ええ
・びっくりと思う。・せっかくす
っきりしたのに。
・ほかの紙に書いてね。二才だからしかたがない
・言ってからやってほしい
やぶってあげちゃう!!

すみれちゃんのノートにかりんちゃんが何かを書いていたのですみれちゃんがなきそうにおこりそうになっているところの本文

書き直す時は、消しゴムを使わないで＝＝で消して横に書かせるとよい。

●対話的な学びから深い学びへ

自分の体験や交流から読み深める

複雑な気持ちを書き出しながら、お姉さんとして、気丈にふるまいたいという思いも書いている。「怒りたい」「泣きたい」「でもゆるしたい」という気持ちを自分の体験や友だちの経験から読み深めている。

【二次③】お話の人物と自分を比べて読む　三場面

「あはは。」「……ぐちゃぐちゃの絵が……。」の叙述から、すみれちゃんの気持ちと自分の気持ちを比べて考えさせる。

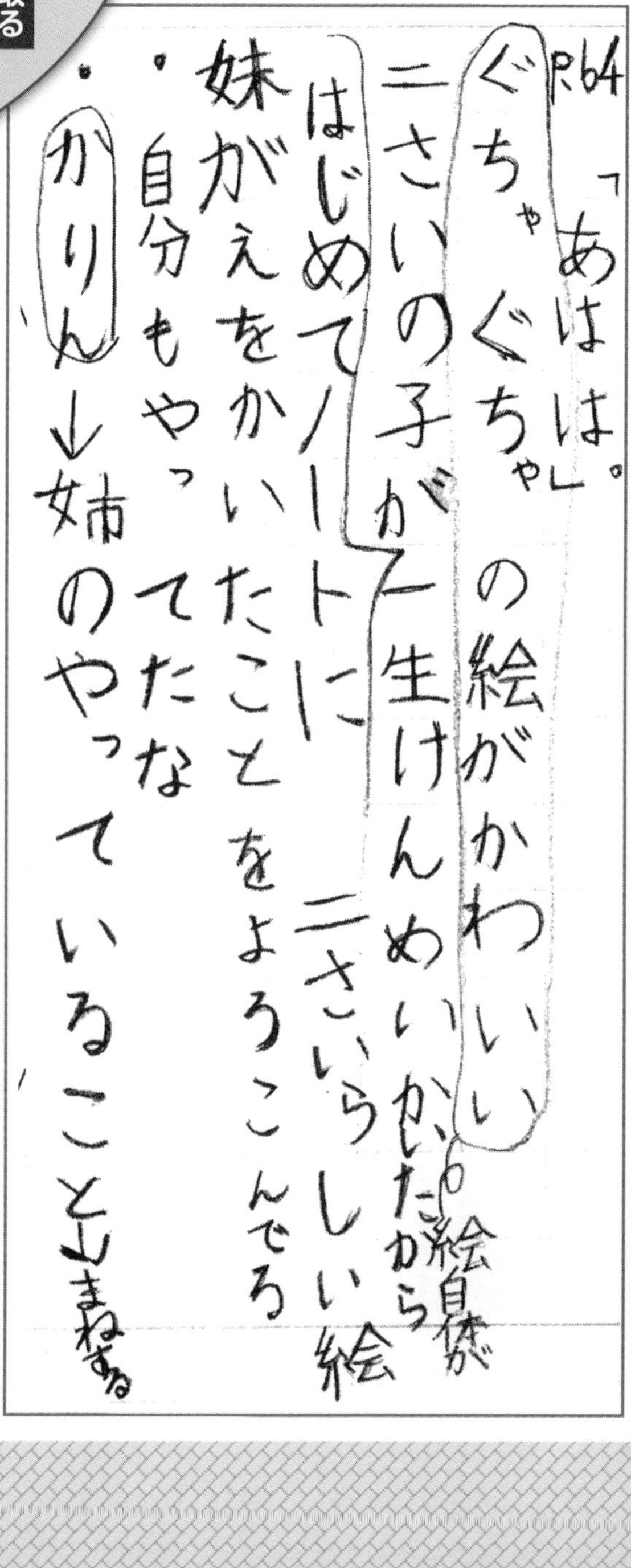
P.64
「あはは。」
ぐちゃぐちゃの絵がかわいい。絵自体が
二さいの子が一生けんめいかいたから
はじめてノートに　二さいらしい絵
妹がえをかいたことをよろこんでる
・自分もやってたな
・かりん↓姉のやっていることをまねする

●深い学び

お姉さんの複雑な気持ちを読み取る

①ぐちゃぐちゃの絵がかわいい（絵自体が）②二さいの子がはじめてノートに一生けんめいかいたから（二さいらしい絵）③妹がえをかいたことをよろこんでいると複雑な気持ちを読み取っている。さらに、すみれちゃんが妹の行為の意味を考え、やさしく受け入れていることを読み取っている。この読み取りを題名の「わたしはおねえさん」とつなげたい。

【三次①】お話の中の人物（すみれちゃん）へメッセージを書く

●深い学び

これからの自分のあり方を考えて

すみれちゃんの行為のすごさを褒めている。自分にもそのような体験はあるけれど、まだまだ、母に言われることの方が多いことをすみれちゃんと比べて述べている。「わたしも」という書きぶりに、自分と比較している様子が表現されている。最後に「もっとすみれちゃんにみならわないと、だめだよね。」と、これからの姉としての、あり方にふれてメッセージを終えている。

二年生のすみれちゃんへ

しゅくだいを早くする。と自分で気づくのはすごいね。わたしもやろうときがあるけど、ほとんどは、母に言われているんだ。

妹が、らく書きしたのに、おこるのをがまんするなんて、えらいね。わたしだったら、すごくおこっているところだよ。わたしは、もっとすみれちゃんにみならわないと、だめだよね。本当にすみれちゃんはすごくてえらいね。

二年生の　より

自分とくらべて、くわしく書けたね!!

7
3年生
「きつつきの商売」
（光村図書・三年上）

ポイント
音読を工夫するために丁寧に場面を読み取らせ深い学びへと導く

【一次①】 つけたい言葉の力を話し合い、自分たちで学習活動を決めよう

学習の流れ

【一次】
①**つけたい言葉の力を確認し、学習活動（めあて）を決める**
②学習計画の作成

【二次】
①**場面設定の確認**
②場面の様子を丁寧に読み取る　第一場面
③**場面の様子を丁寧に読み取る　第二場面**

【三次】
①**音読発表会をする**

【四次】
①**身につけた力をふり返る**

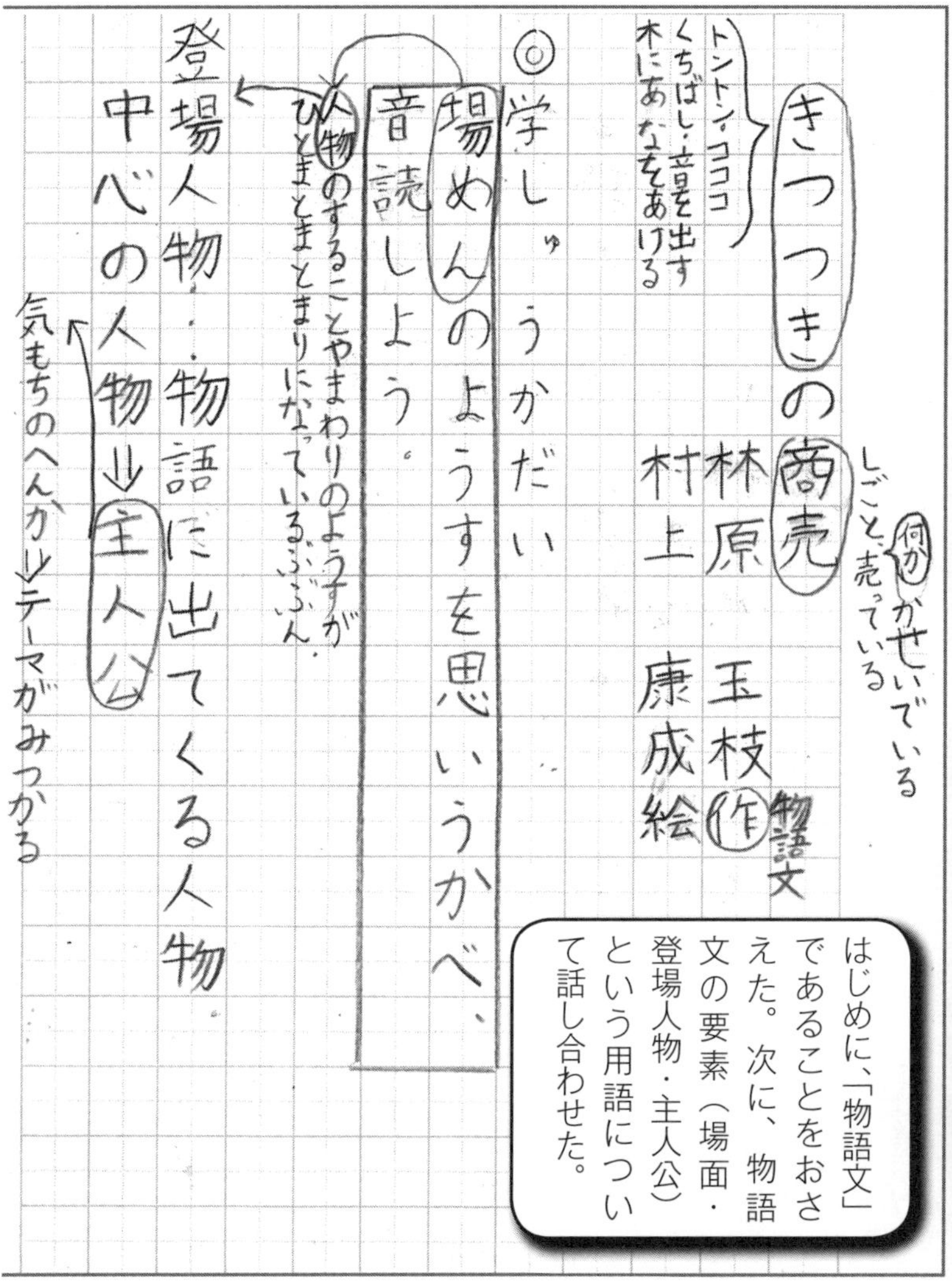

きつつきの商売
林原玉枝 作
村上康成 絵
物語文
何か しごと、売っている
かせいでいる
トントン・コココ
くちばし・音を出す
木にあなをあける
◎学しゅうかだい
場めんのようすを思いうかべ、
音読しよう。
人物のすることやまわりのようすがひとまとまりになっているぶぶん
登場人物…物語に出てくる人物
中心の人物⇒主人公
気もちのへんか⇒テーマがみつかる

はじめに、「物語文」であることをおさえた。次に、物語文の要素（場面・登場人物・主人公）という用語について話し合わせた。

「場面」という言葉を「登場人物のしたこと（行動）や言ったこと（会話）」という言葉を使って言い表すようにした。何をもとに「場面」の様子を思い浮かべさせるかを明確にし、読み取り方を確認した。

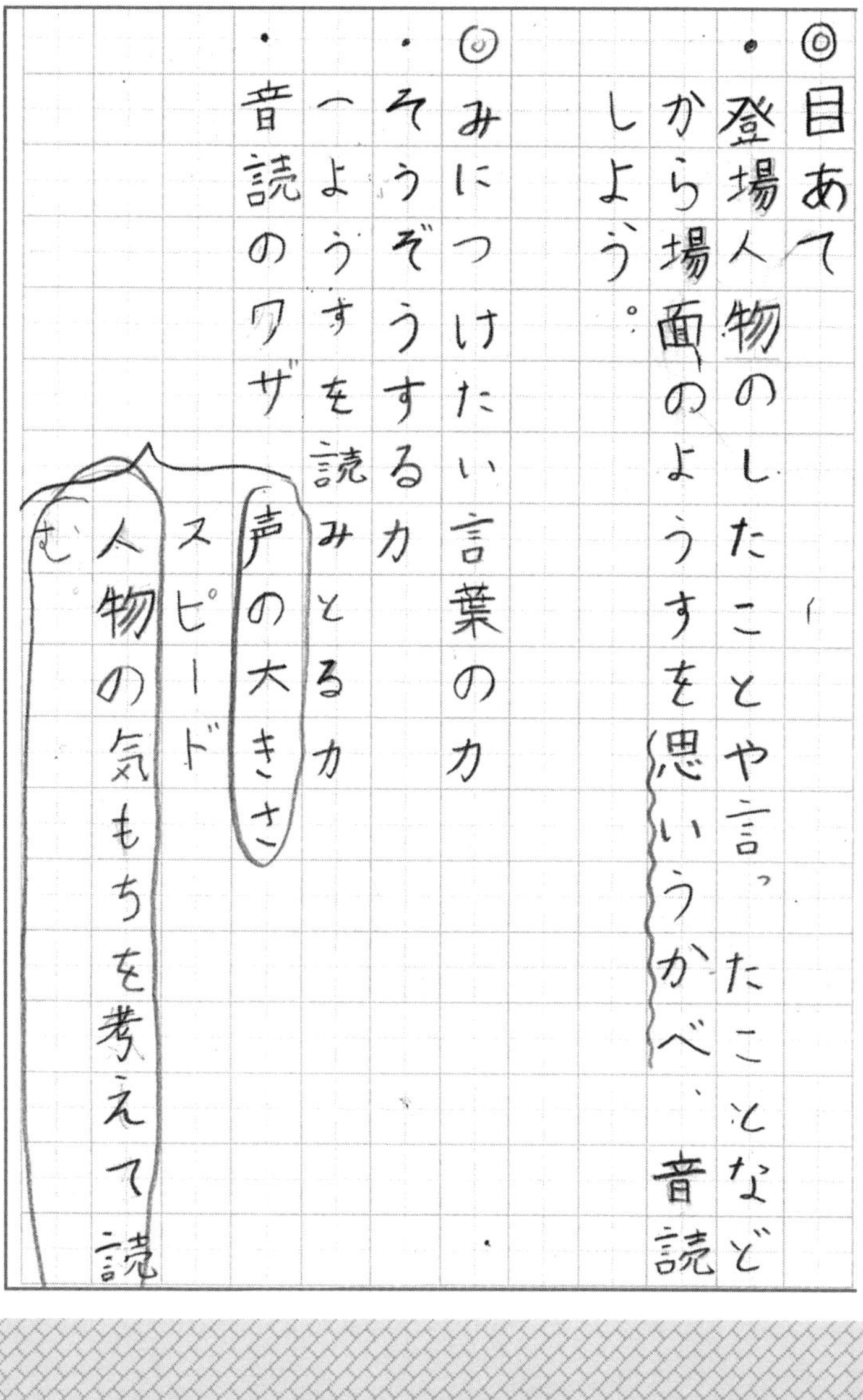

◎目あて
・登場人物のしたことや言ったことなどから場面のようすを思いうかべ、音読しよう。
◎みにつけたい言葉の力
・そうぞうする力
「ようすを読みとる力
・音読のワザ
声の大きさ
スピード
人物の気もちを考えて読む

音読のワザの中で、特に大事なものを確認した。「声の大きさ」という技能的なものだけでなく、「人物の気もちを考えて読む」という内容に関する項目をあげている。

●主体的で対話的な学び

身につけたい力を設定する

今までに身につけた「音読の力」を思い出し、交流した。そして、本単元で身につけたい「音読の力」を一人ひとりが設定している。

【二次①】場面の設定を確認しよう

物語全体の時・場所・人物が説明されるところという「設定」の役割を確認したい。

●主体的な学び

設定を捉える

自分で場面設定（登場人物・時・場所）を書いている。

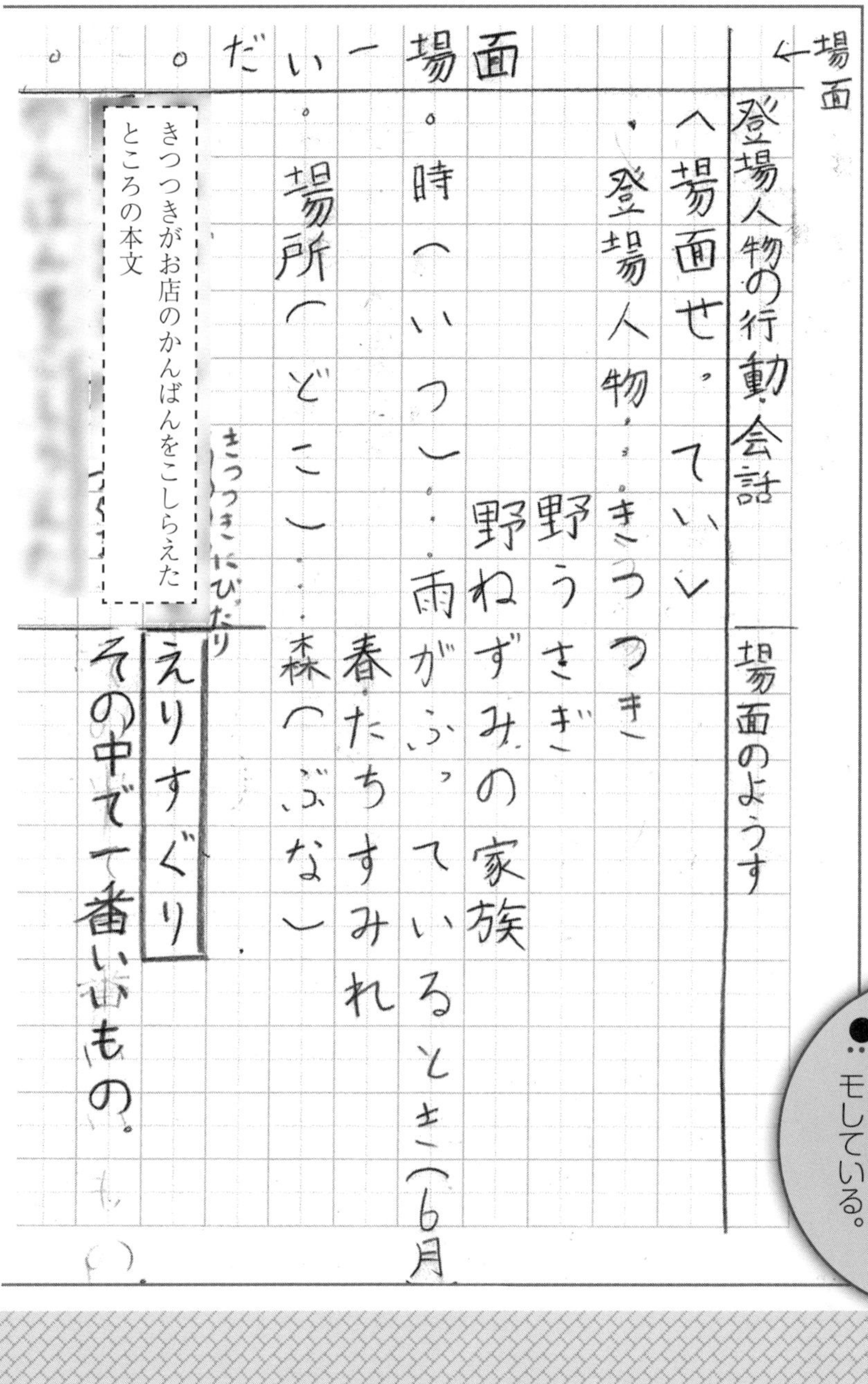

←場面
登場人物の行動会話
場面のようす
だい一場面
〈場面せってい〉
・登場人物：きつつき
野うさぎ
野ねずみの家族
・時（いつ）…雨がふっているとき（6月）
春たちすみれ
・場所（どこ）…森（ぶな）
きつつきにぴったり
えりすぐり
その中で一番いいもの。

きつつきがお店のかんばんをこしらえたところの本文

●主体的な学び

辞書で調べる

わからない言葉に出会ったら、辞書を引き、メモしている。

「きざんだ」という叙述を読み取り、実際に動作化させたり、絵に表現させたりした。それにより、きつつきの行動を具体的に思い浮かべることができるようにした。

●対話的な学び

疑問を伝える

教師と「どれでも百リル」の叙述から「動物の国のお金？500円？100円？10円？」と、自分の読みにおいて生じた疑問を書き込み、他者へ伝えている。

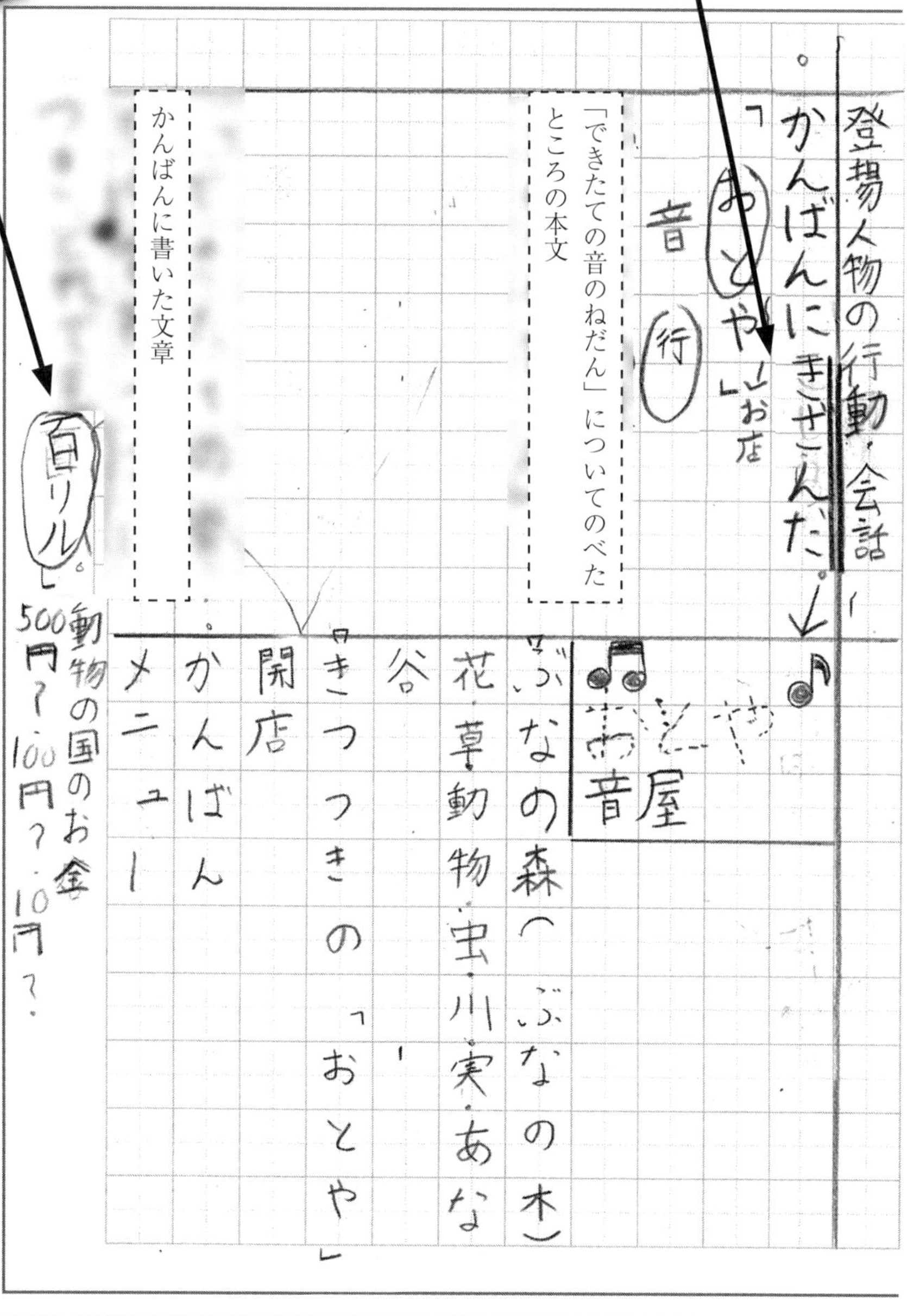

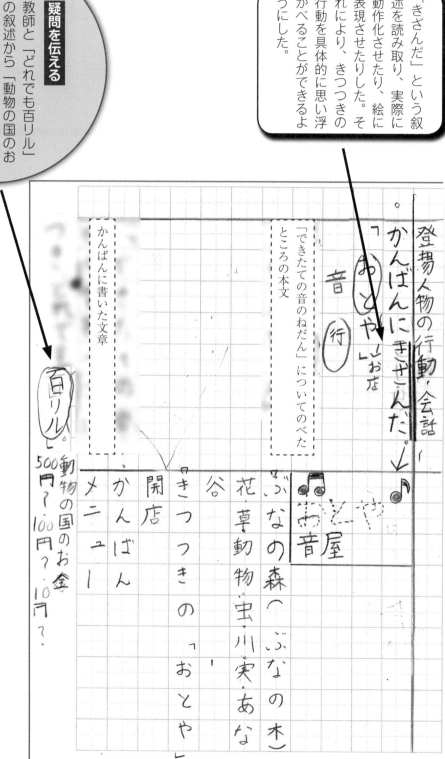

【二次③】第二場面の様子を丁寧に読みとり音読しよう

「シャバシャバ」などの擬音語について、何による音なのか自分の体験から想像を膨らませ自分の言葉で書かせた。そして、音が出ている様子をイメージしながら音読をさせた。

「いろんな音が聞こえてきたこと」についてのべたところの本文

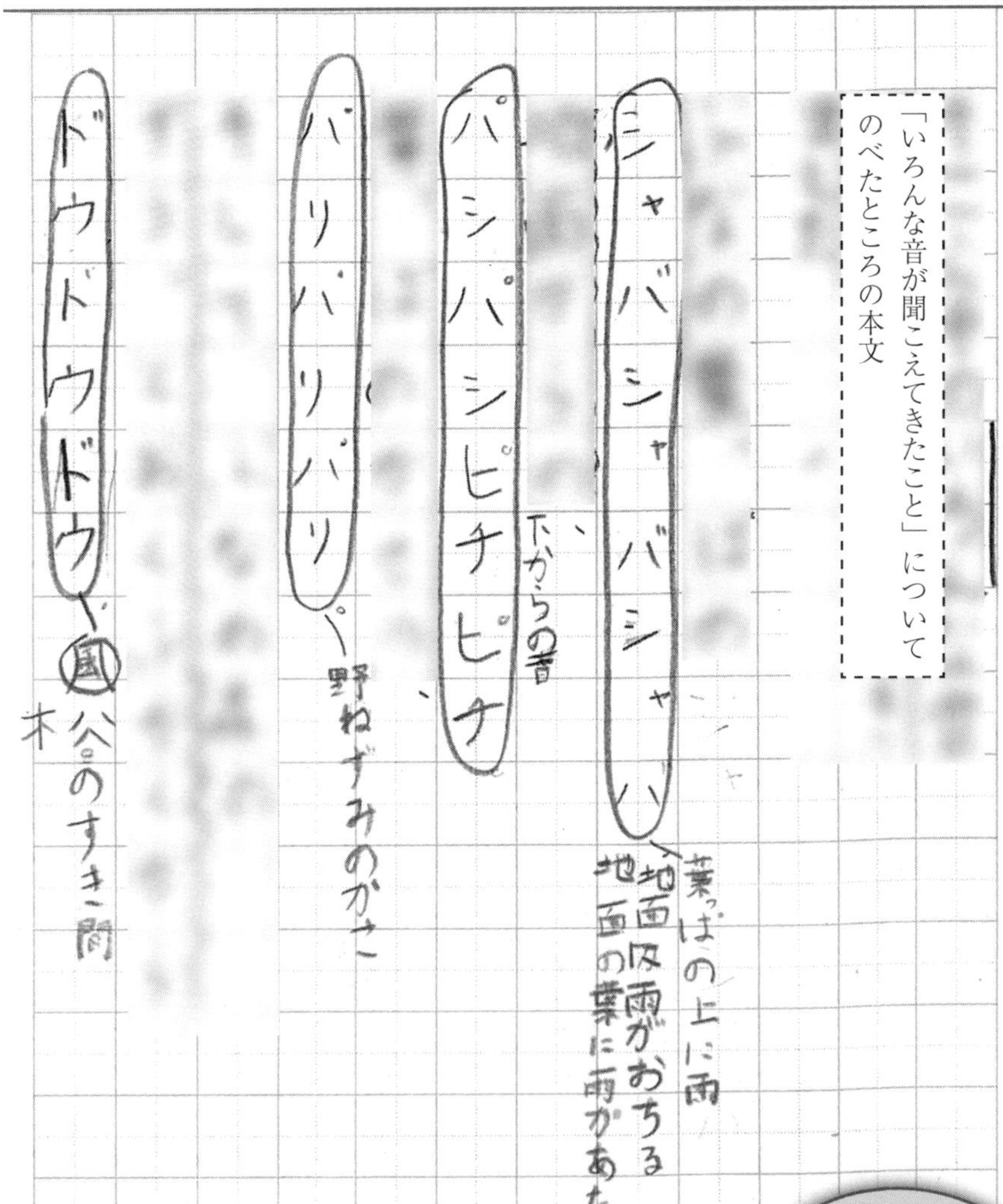

●主体的な学び

擬音語から様子を想像して

擬音語を赤で囲み、想像したことを赤字で書いている。

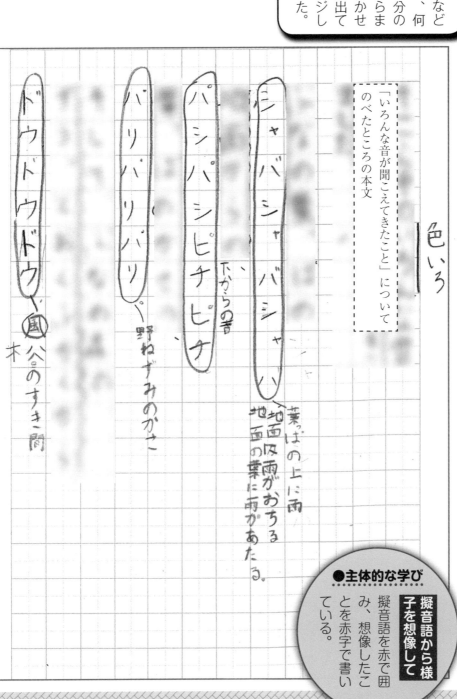

●主体的な学び

擬音語に着目して

「ザワザワザワ」という擬音語から「草むらに動物がいる?」と登場人物が、どこにいるのかを自分の言葉で書いている。

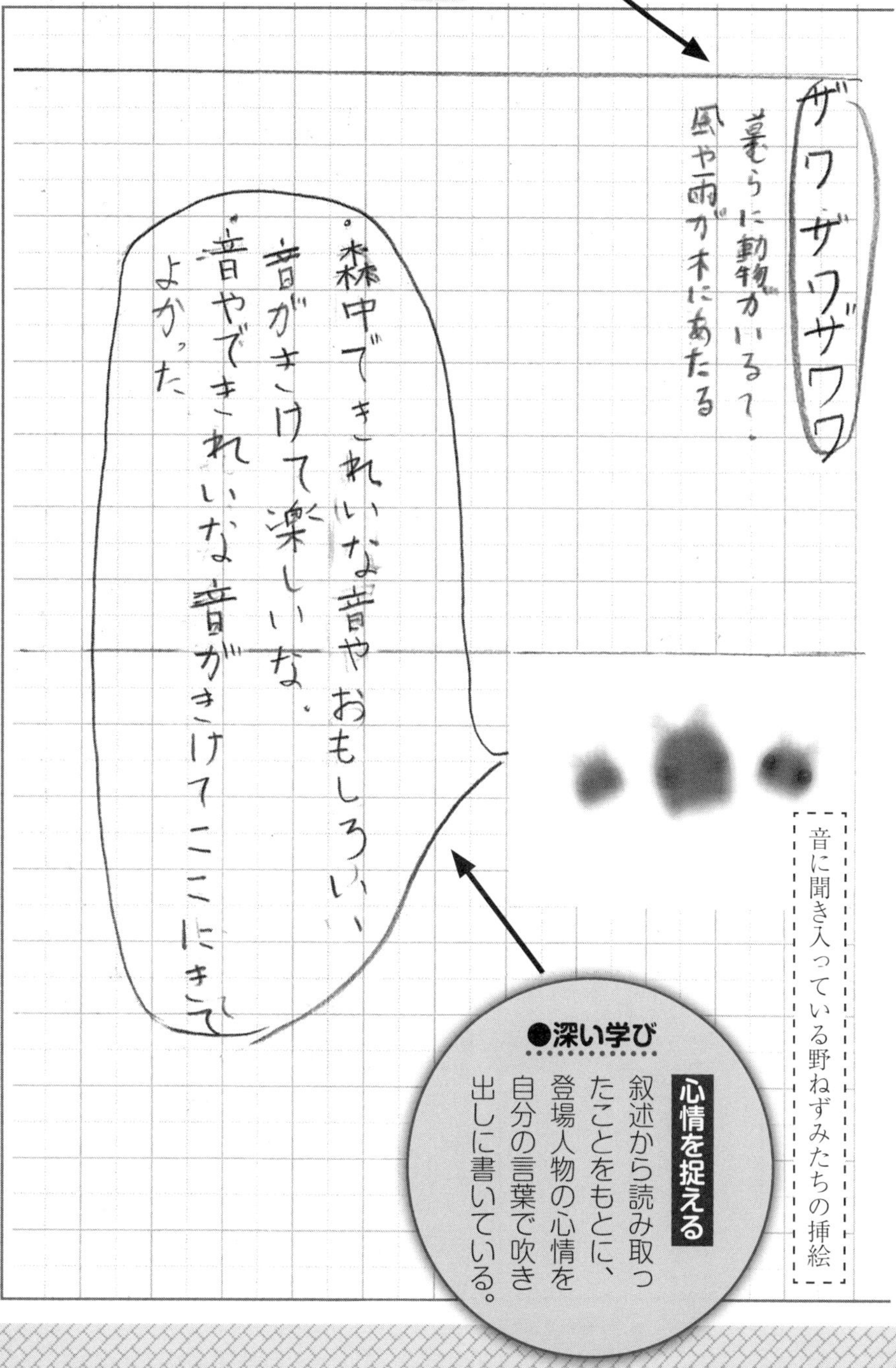

音に聞き入っている野ねずみたちの挿絵

●深い学び

心情を捉える

叙述から読み取ったことをもとに、登場人物の心情を自分の言葉で吹き出しに書いている。

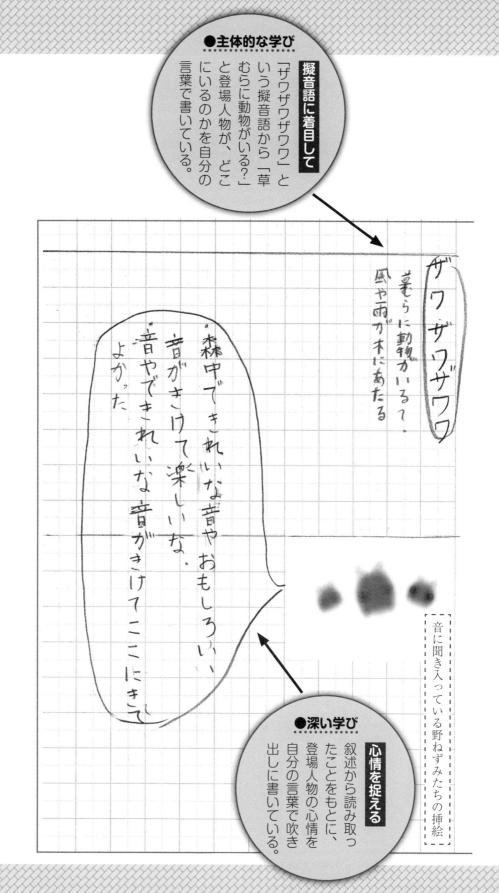

【三次①】【四次①】音読発表会を行い、身につけた力をふり返ろう

ほとんどの子どもが「ゆっくり」「はっきり」などの話し方の評価をしていた。「どの言葉にどんな工夫をしているので、こんな気持ちが伝わってきた」という評価の観点を明確に指示するべきであった。

きつつきの商売　音読発表会

友達のよかったところ　名前（　　）

はん	名前	よかったところ　伝わってきた様子や気持ち
1		ゆっくりわかりやすく読めていました。 はっきり聞きやすく読めていました。
1		わかりやすく読んでいました。 明るくはっきり読めていました。
2		はっきりとききやすい声で読めていました。 わかりやすく読んでいました。
2		やくの気もちになっていました。 間をあけてききやすく読めていました。

●対話的な学びから深い学びへ

音読発表会を開き交流する

友だちの音読を聞き、よかったところを自分の言葉で書いている。それらは、口頭で友だちに伝え、相互評価をしている。

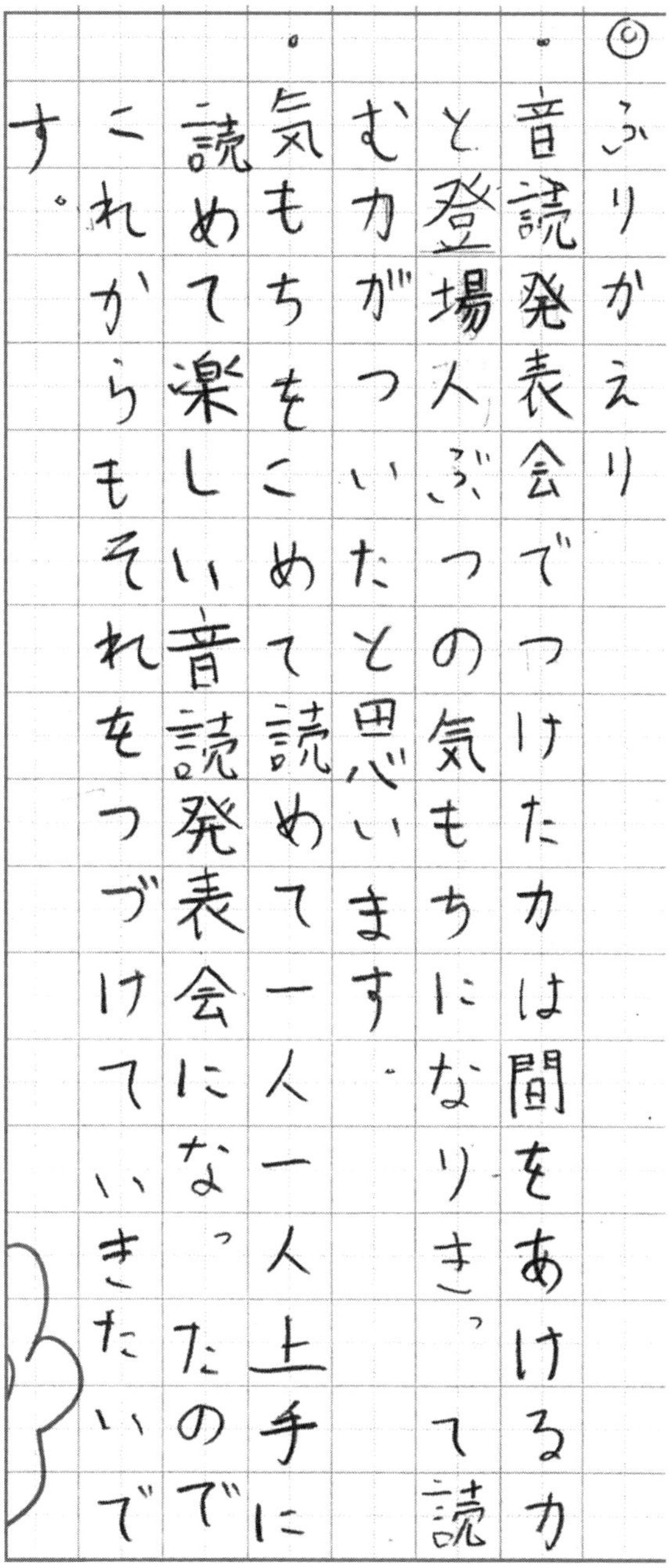
◎ふりかえり

・音読発表会でつけた力は間をあける力と登場人ぶつの気もちになりきって読む力がついたと思います。

・気もちをこめて読めて一人一人上手に読めて楽しい音読発表会になったのでこれからもそれをつづけていきたいです。

●深い学び

身につけた力をふり返る

「登場人ぶつの気もちになりきって読む力がついた」と書いている。身につけたい力として掲げていた「人物の気もちを考えて読む」が身についたことを、自分自身で認識できている。

●深い学び

次の学習への意欲をもつ

「気持ちをこめて読めて…これからもそれをつづけていきたいです」とあるように、本学習により音読に対する自信を高め、次への意欲をもつことができた。

8
3年生

「ちいちゃんのかげおくり」（光村図書・三年下）

ポイント
戦争や家族の絆について書かれた本をブックトークすることにより深い学びへと導く

【一次②】 みんなで考えたいことを出し合い、読みのめあてを作ろう

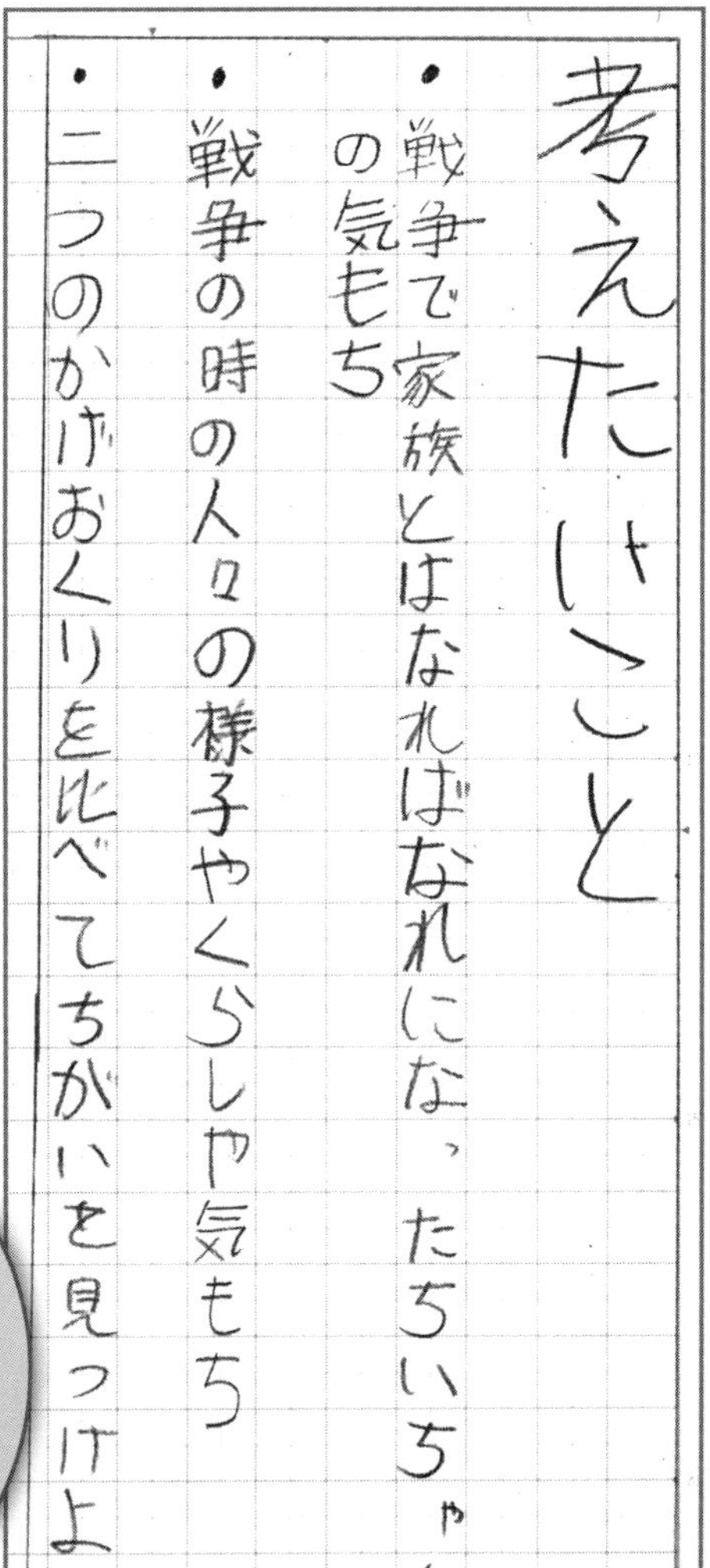
考えたいこと
・戦争で家族とはなればなれになったちいちゃんの気もち
・戦争の時の人々の様子やくらしや気もち
・二つのかげおくりを比べてちがいを見つけよう。

【他にも出た学習課題】
・戦争時代のことをしらべよう
・題名からわかることを話し合おう
・あらすじをとらえよう
・なぜ、お父さんは、かげおくりをしたの？
・作者の書きぶりのよさを見つけよう
・ちいちゃんがかげおくりをしたのはなぜだろう　など

「なぜかな」「みんなで考えたいこと」などをノートに書かせる。次にグループで交流し、解決できるものは解決させる。

●主体的で対話的な学び

学習課題を作り共有する
教師と子どもたちで「読みのめあて」をつくる。「めあて」は教室内に掲示し、共有する。

【二次②】場面の移り変わりと設定場面を読み取ろう

学習の流れ

【一次】

①つけたい力の確認

②みんなで考えたいことと学習計画の作成

【二次】

①題名からわかること

②場面の移り変わりと設定場面を読み取る

③④展開場面を読み取る（三・四場面）

⑤二つのかげおくりを比べて読む

⑥⑦六場面があるわけとテーマについて話し合う

【三次】

①「命」や「家族の絆」について書かれた本をブックトークする

【四次】

①身につけた力をふり返る

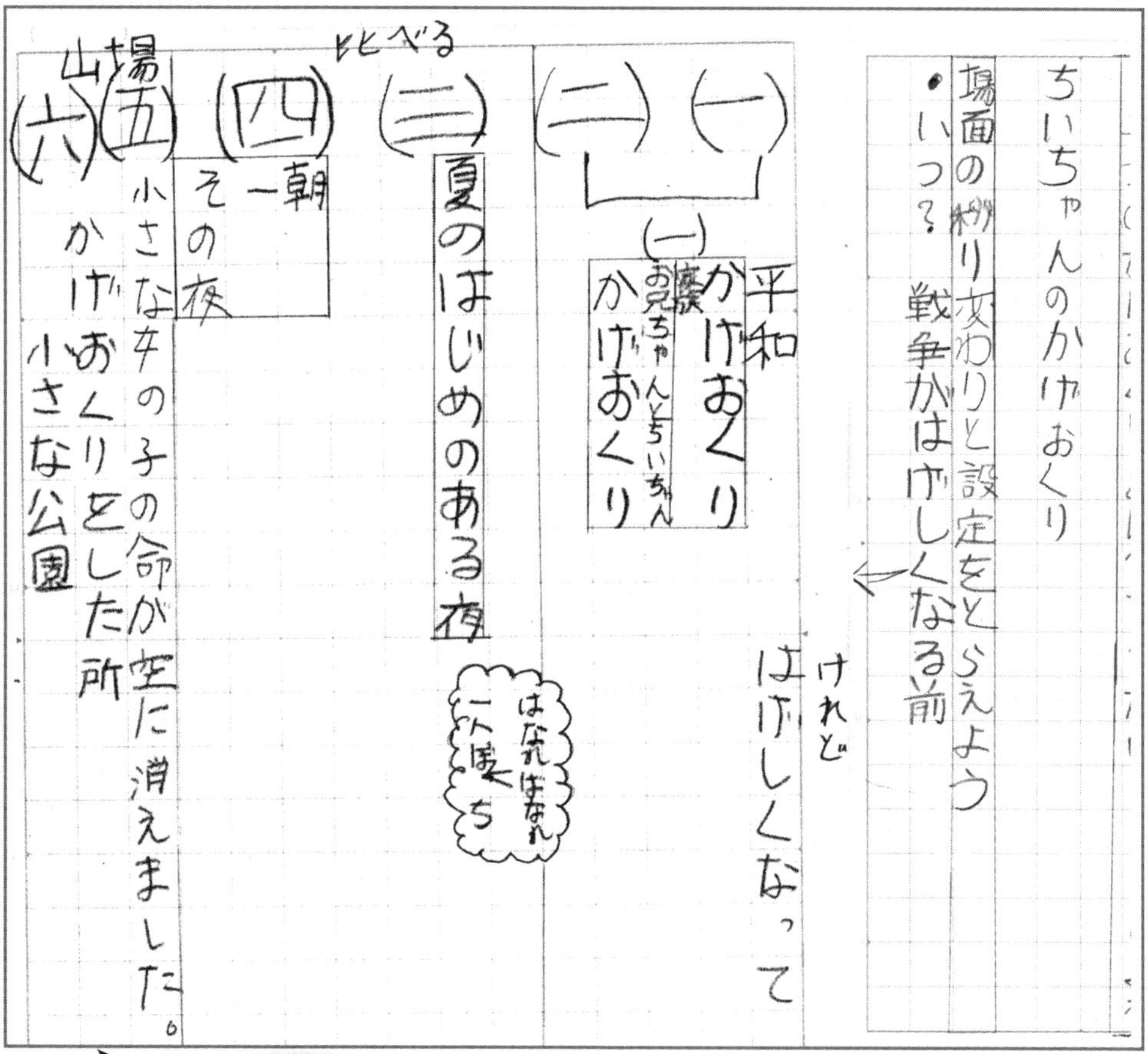

●主体的な学び

場面を大まかに捉える

設定・展開・山場を線で分けて文章全体の大まかな場面の移り変わりを捉えさせる。設定と山場場面のかげおくりを「比べる」と書いている。

●主体的な学び

テーマに関わるキーワード

かげおくりをした所が「小さな公園」になっているというテーマに関わるキーワードを書き抜いている。

【二次③④】二つの「かげおくり」の間にはどんな出来事があったのだろう（展開場面）

「時」「場所」「出来事」という観点を示した。特に「ちいちゃんのかげおくり」はこれらが次々と変化する物語である。物語の特徴をしっかりとおさえるためである。

さらに「失われたもの」という観点を加え「失われたもの」を考えさせることによって、戦争の悲惨さ・悲しさを捉えさせた。同時に、失われないものは、家族の絆であることにも気づかせた。

失われたもの

お父さん

↓

楽しい所の空＝家族みんなのかげおくり

↓

お母さん・お兄ちゃん

↓

家

設定・展開・山場・結末という構成を考えながら読んでいく。本時は、展開部（三・四場面）を読み取らせ、ちいちゃんの置かれた状況を捉えさせる。「心を打たれた文」を黒字で引用させ「そこからわかること」を赤字で書かせている。

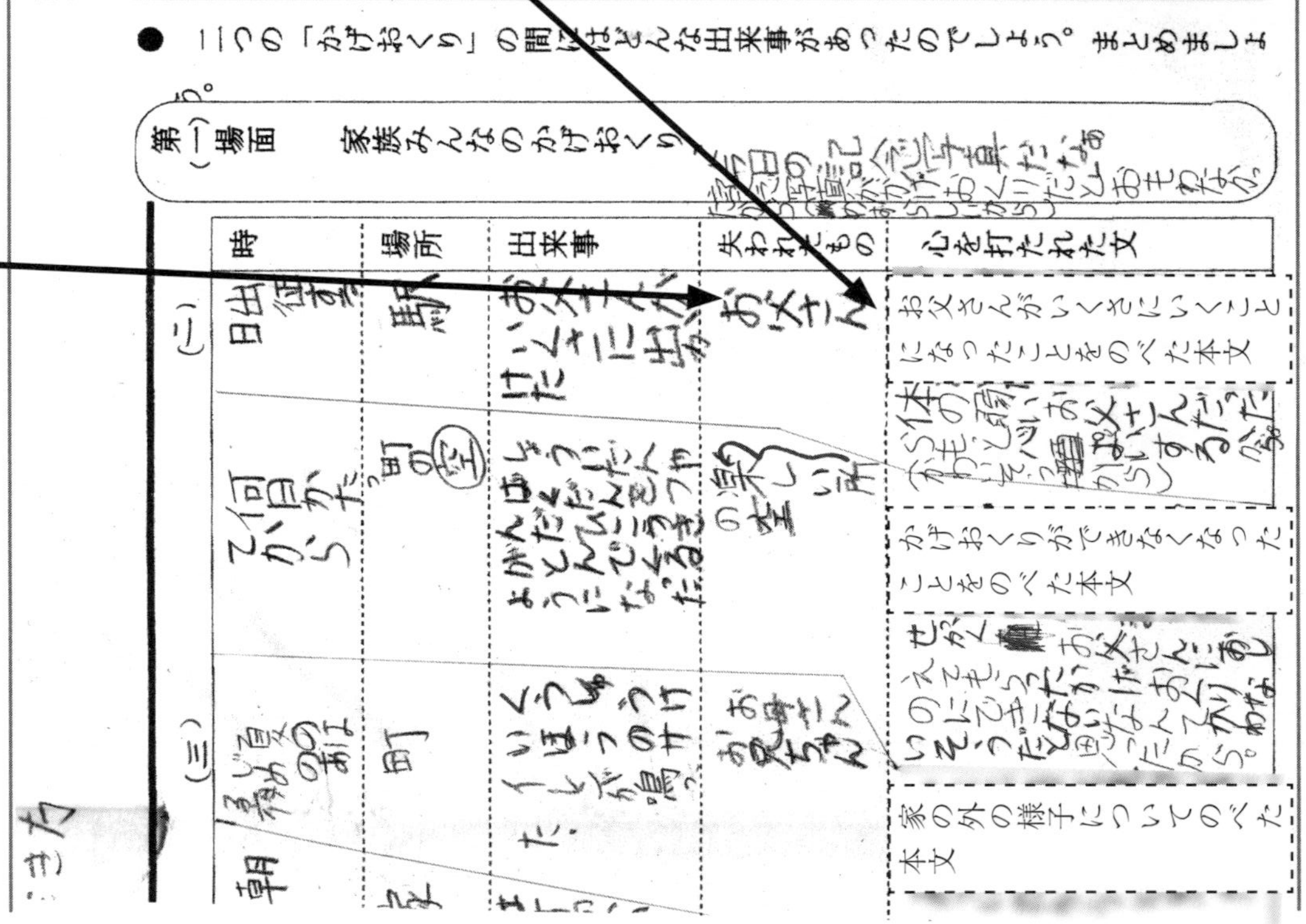
…き方

● 二つの「かげおくり」の間にはどんな出来事があったのでしょう。まとめましょう。

第（一）場面　家族みんなのかげおくり　記念写真だなあ

	時	場所	出来事	失われたもの	心を打たれた文
（二）	出征する日	駅	お父さんがいくさに出かけた	お父さん	お父さんがいくさにいくことになったことをのべた本文 体の弱いお父さんだったから心配するから。
	何日かたってから	町の空	しょういだんやばくだんをつんだひこうきがとんでくるようになった	楽しい所の空	かげおくりができなくなったことをのべた本文
（三）	夏のはじめのある朝	町	くうしゅうけいほうのサイレンが鳴った。	お母さん お兄ちゃん	せっかくお父さんにおしえてもらったかげおくりなのにできないなんてかわいそうだと思ったから。
	朝	家			家の外の様子についてのべた本文

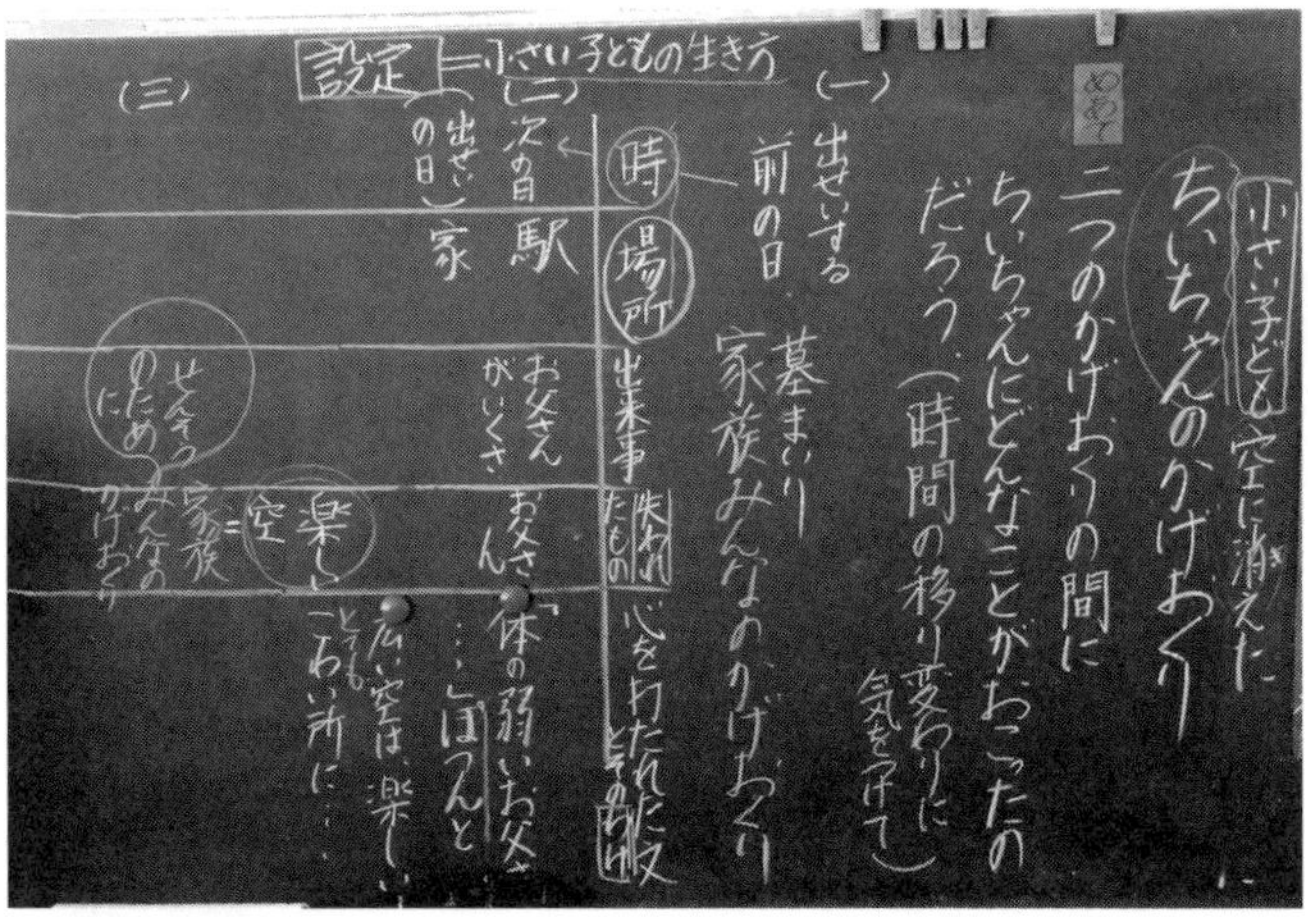

●主体的な学び

本文の引用とその理由

「心を打たれた文」（本文の引用を黒字）と「そこからわかること」「心を打たれた理由」（考えたことを赤字）は、必ずセットとなっている。

【本時の板書】（時間の移り変わりに気をつけて）という注意点を示している。次々と大切なものが失われていくことを捉えさせるためである。

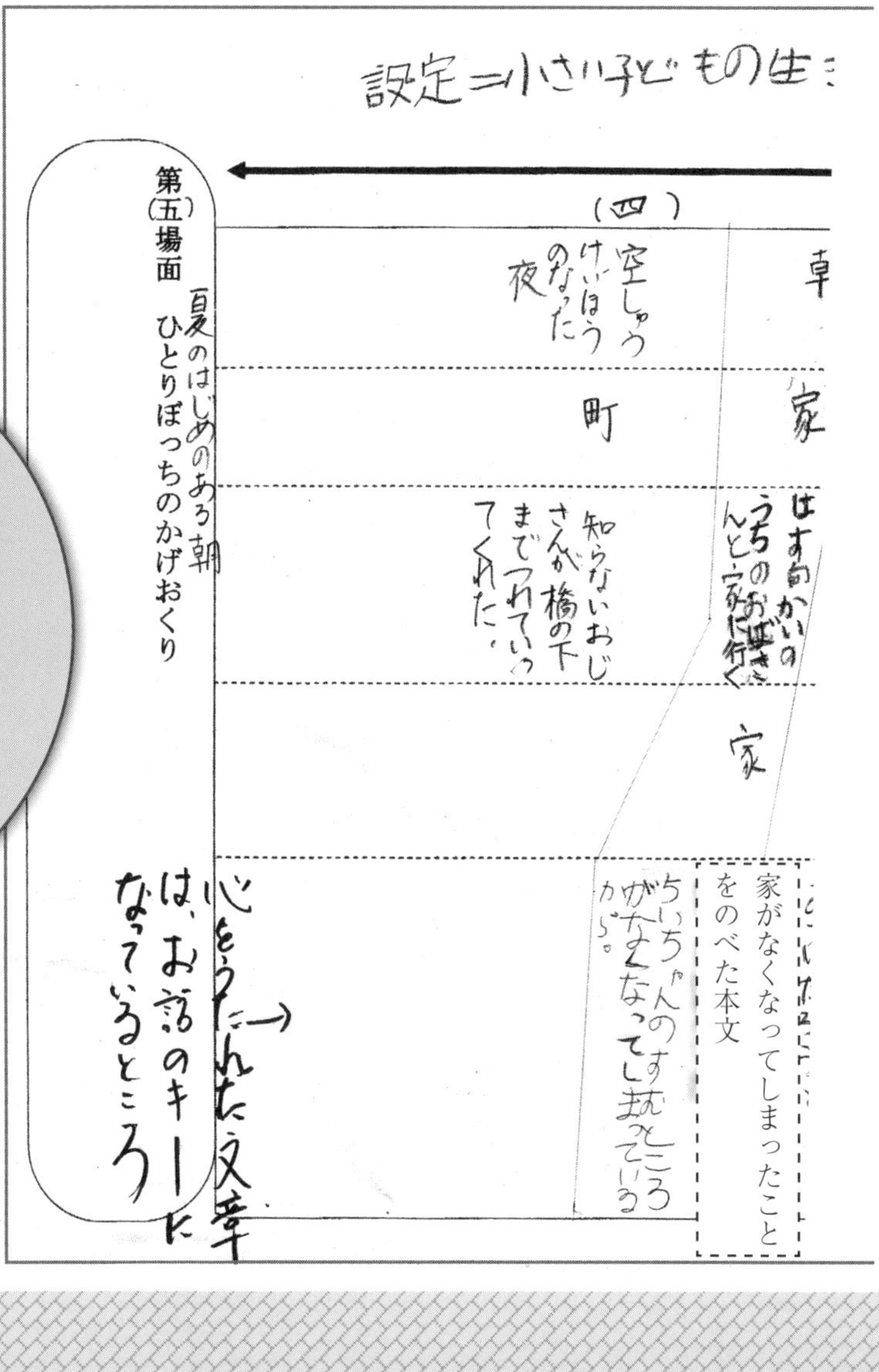

●深い学び

叙述から想像を膨らませて

「家はやけおちてなくなっていました。」本文の引用から「ちいちゃんのすむところがなくなってしまっているから。」というように書かれていないことにも想像を膨らませて読み取っている。

「心をうたれた文章は、お話のキーになっているところ」と教師の記述がある。こうした教師のメッセージも深い学びに誘うためには、大切な助言である。

【二次⑤】 二つのかげおくりを比べて読み、わかったことを話し合おう

二つのかげおくりの違いに気づかせることは、テーマを読み取るために重要である。同じところには（―）線、違うところには（＝）線を引かせ、わかったことを書き込ませた。

●主体的な学び

自分の考えをもつ

「家族でのかげおくりのとき、おにいちゃんのセリフが入っているけど、ひとりぼっちのときは、入っていない。」と現実の世界と虚構の世界の違いの叙述を根拠にあげて自分の考えをもつことができている。

●主体的な学び

二つのかげおくりを比べる

「本当の言葉」と「青空からふってきたことば」と違いを明確にしている。

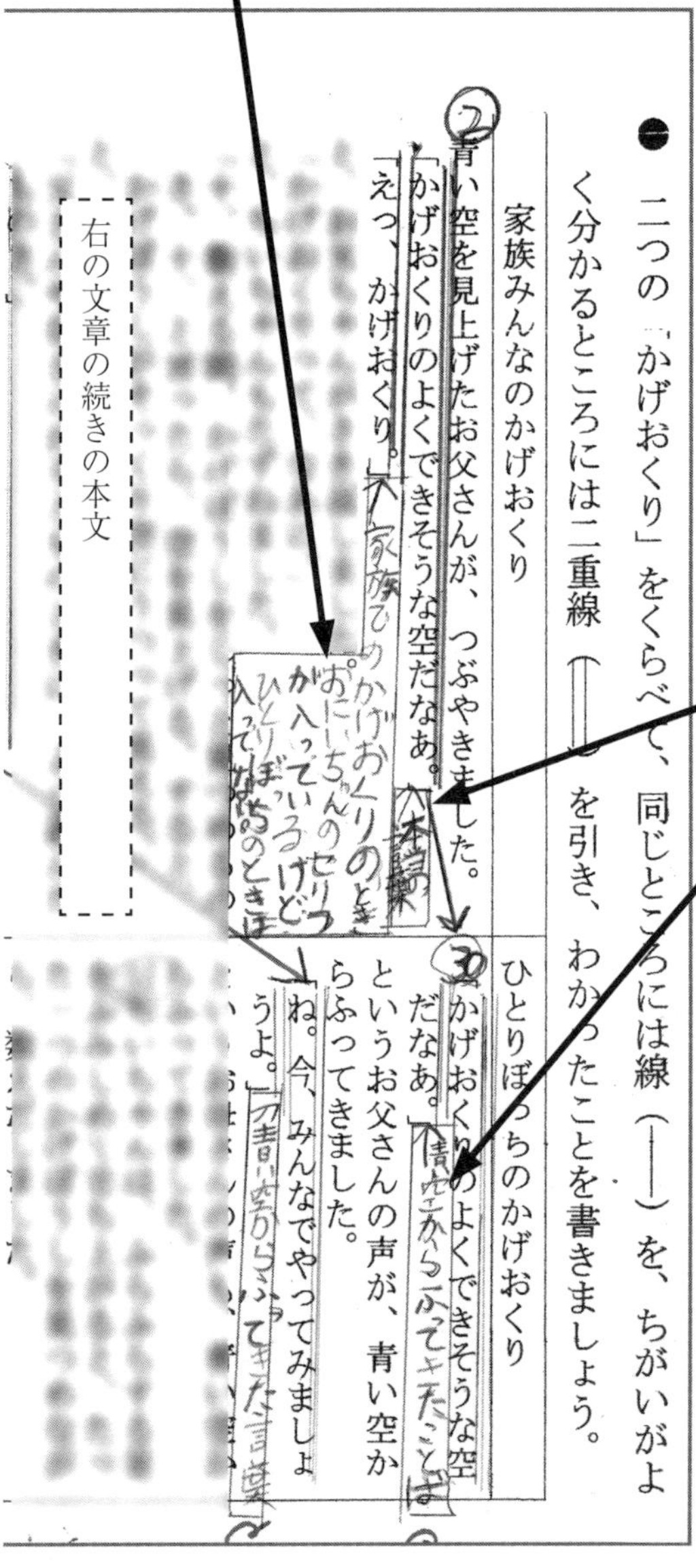

●二つの「かげおくり」をくらべて、同じところには線（―）を、ちがいがよく分かるところには二重線（＝）を引き、わかったことを書きましょう。

家族みんなのかげおくり

②青い空を見上げたお父さんが、つぶやきました。

「かげおくりのよくできそうな空だなあ。」

「えっ、かげおくり。」

ひとりぼっちのかげおくり

③かげおくりのよくできそうな空だなあ。

というお父さんの声が、青い空からふってきました。

「ね。今、みんなでやってみましょうよ。」

右の文章の続きの本文

本当の言葉
家族でのかげおくりのとき
おにいちゃんのセリフ
が入っているけど
ひとりぼっちのときは
入っていない
青空からふってきたことば
青い空からふってきた言葉

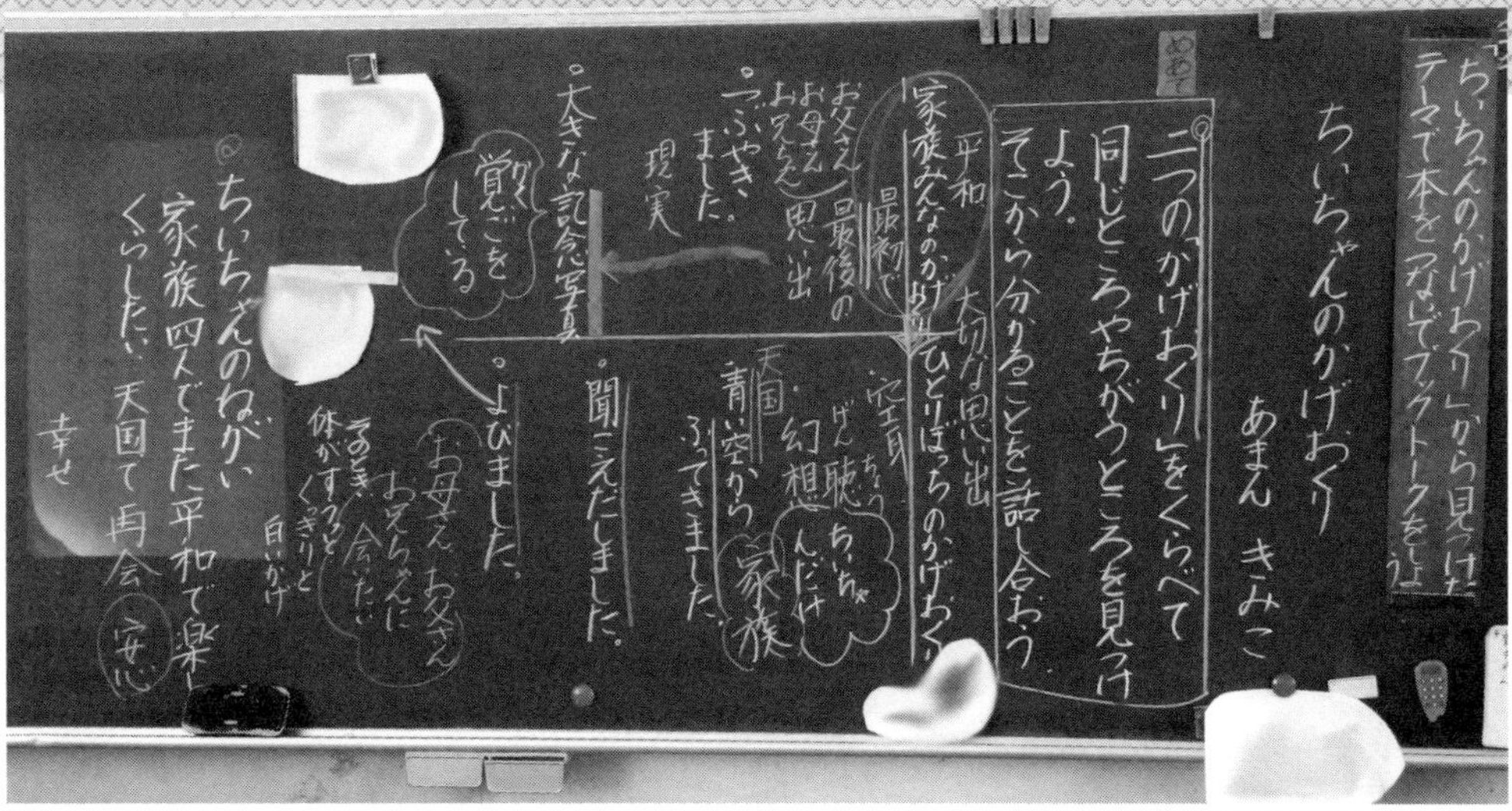

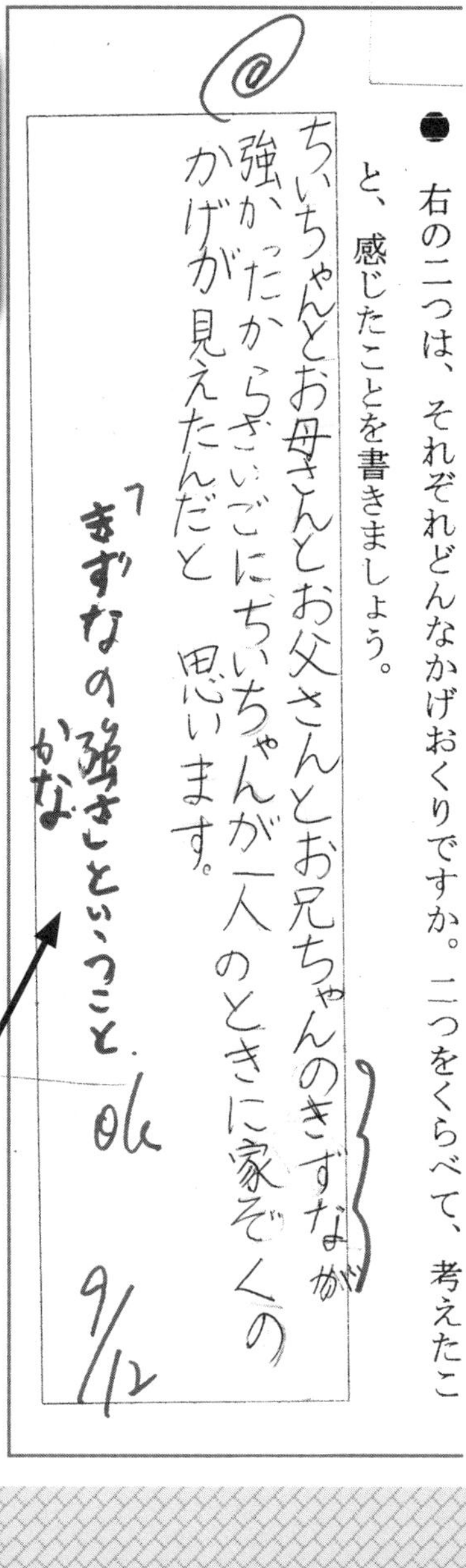
● 右の二つは、それぞれどんなかげおくりですか。二つをくらべて、考えたこと、感じたことを書きましょう。

◎ちいちゃんとお母さんとお父さんとお兄ちゃんのきずなが強かったからさいごにちいちゃんが一人のときに家ぞくのかげが見えたんだと思います。

きずなの強さということかな

OK

9/12

【本時の板書】
ノートと同じように上下に分けて、子どもたちから出た意見を整理している。比べてわかることとして「ちいちゃんのねがい・家族四人でまた平和で楽しくくらしたい。天国で再会、安心、幸せ」がこもったかげおくりだとまとめている。

●深い学び

違いから考えたことへ

比べて違いを見つけたことから、「ちいちゃんとお母さんとお父さんとお兄ちゃんのきずなが強かったから、さいごにちいちゃんが一人のときに家ぞくのかげが見えたんだと思います。」とさらに深く考えたことを書いている。

『「きずなの強さ」ということかな』と教師からの賛同のメッセージが添えられている。これをもとにグループ、さらに全体で話し合うことによってより深い学びへとつながる。

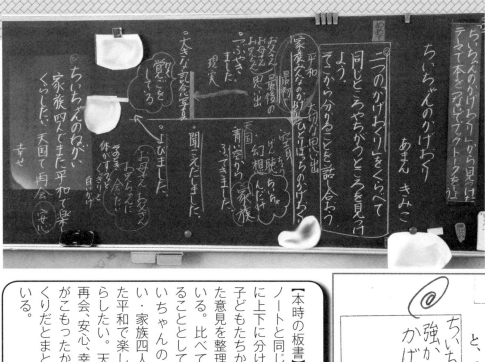

【二次⑥⑦】 六場面があるわけを話し合い、テーマを捉えよう

●深い学び

多読した戦争に関する本と比べて

「一つの花」の最後の場面で十年後のゆみこたちの暮らしを書いていることと比べている。文章の構成が似ていることに気づいている。戦争に関わる多読した本との共通点に目を向けている。交流することにより、さらに考えを深めている。

●対話的な学び

他者の意見を取り入れて

「昔、あっては、いけない戦争時代。あっては、いけない現実。だけど今の日本は、とてもしあわせなこと。ちいちゃんみたいな子には会ってはいけないから。」などと他者の意見を取り入れている。

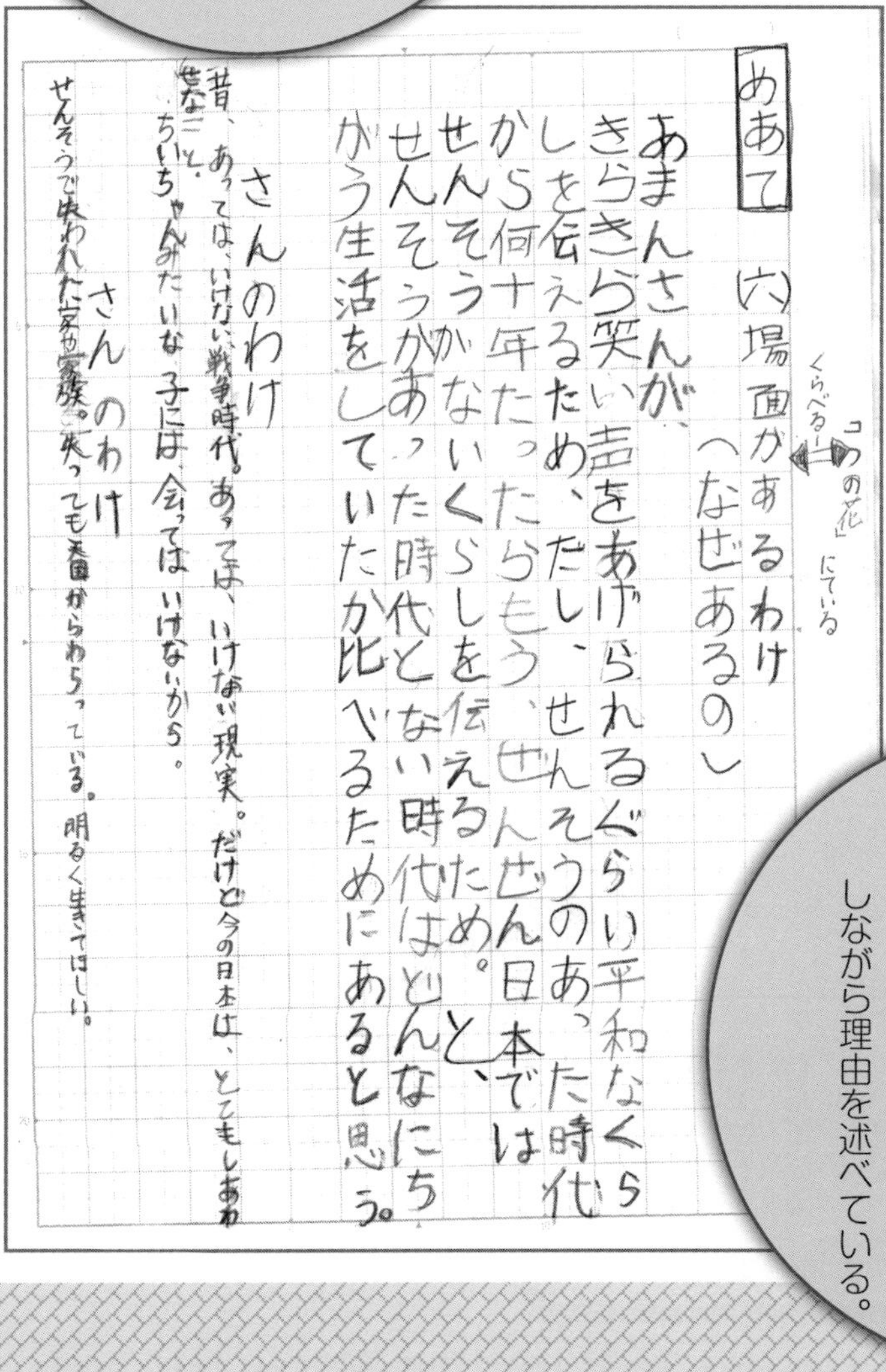
めあて 六場面があるわけ（なぜあるの）
くらべる 「一つの花」にている
あまんさんが、きらきら笑い声をあげられるぐらい平和なくらしを伝えるため、だし、せんそうのあった時代から何十年たったらもう、せんせん日本ではせんそうがないくらしを伝えるため。と、せんそうがあった時代とない時代はどんなにちがう生活をしていたか比べるためにあると思う。
さんのわけ
昔、あっては、いけない戦争時代。あっては、いけない現実。だけど今の日本は、とてもしあわせなこと。ちいちゃんみたいな子には会ってはいけないから。
さんのわけ
せんそうで失われた家や家族。失っても天国からわらっている。明るく生きてほしい。

●主体的な学びから深い学びへ

本文の引用とその理由

「きらきら笑い声をあげられるぐらい平和なくらしを伝えるため」「どんなにちがう生活をしていたか比べるためにあると思う。」と本文を引用しながら理由を述べている。

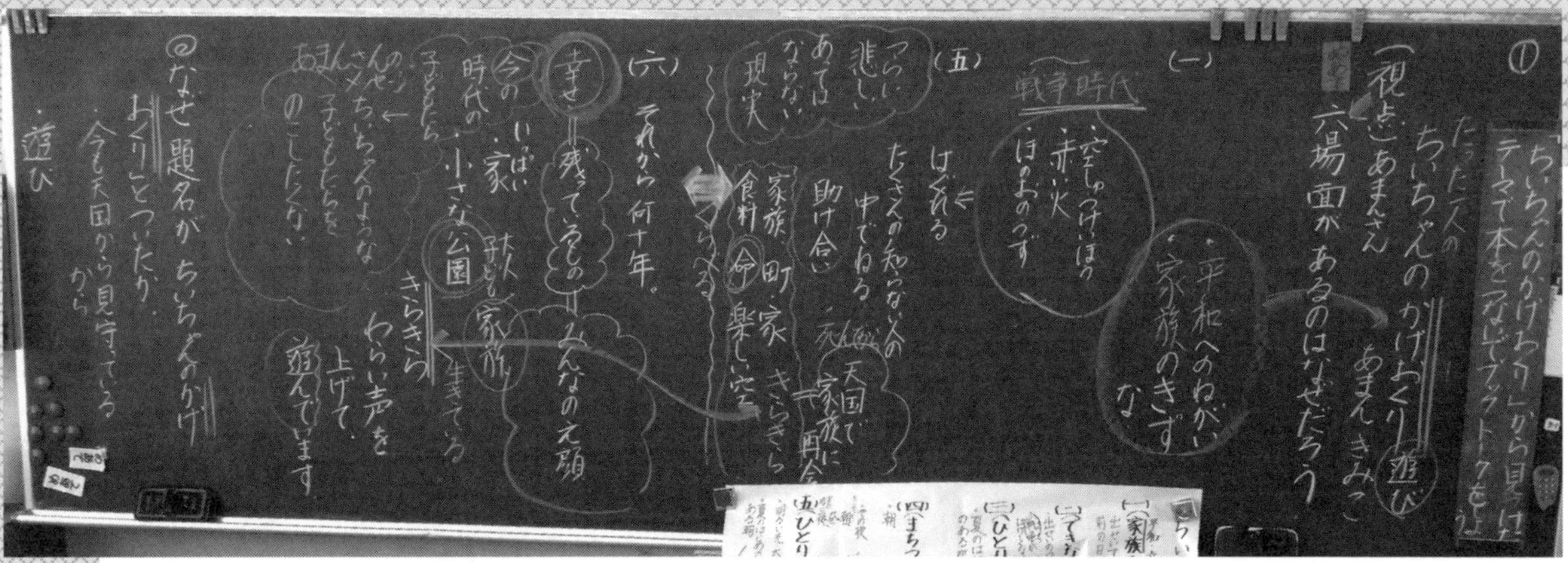

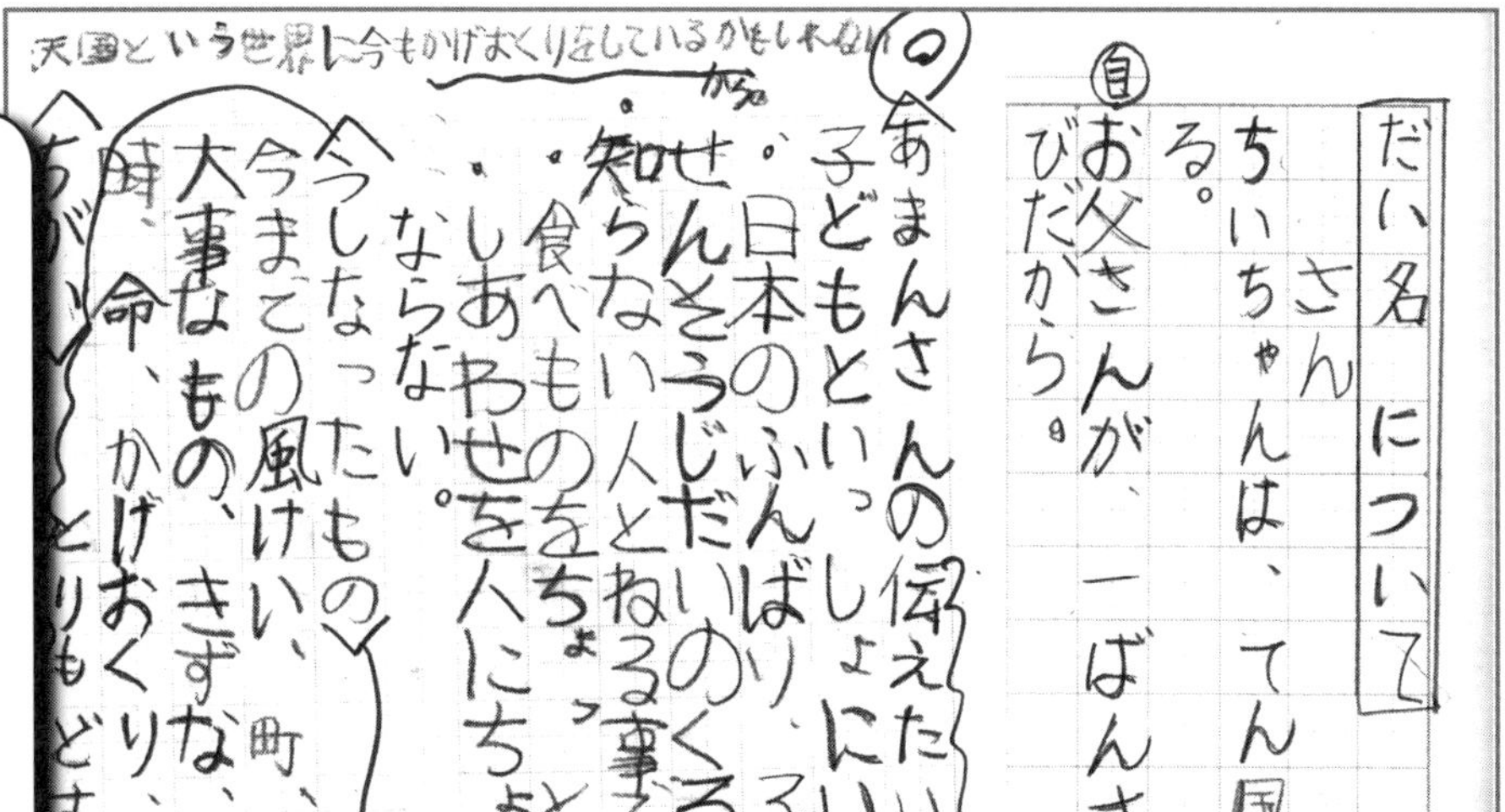

【板書】めあて　六場面があるのはなぜだろう。全場面を黒板に書き、「一から五場面」と「六場面」を比べることにより、テーマへ向かわせている。「平和へのねがい」「家族のきずな」などを見つけることができた。これが、三次のブックトークのテーマになる。

●深い学び

自分なりのテーマをまとめる

題名からわかることを書いた。「天国から見守る・お父さんが最後に教えたあそび」など、物語のキーとなる言葉を使って書いている。さらにあまんさんの伝えたい事（テーマ）について自分の考えをまとめている。「子どもといっしょにいる事、家族のきずな、幸せ、日本のふんばり」などの自分らしいテーマを見つけている。

「モチモチの木」

(光村図書／東京書籍／教育出版／学校図書・三年下)

ポイント

ポスターに表すために人物の性格や気持ちの変化を読み取り深い学びへと導く

【一次①】つけたい力を確認し、学習計画を立てよう

「気持ちの変化」がキーワード。つまり、部分ではなく作品全体を視野に入れて読み取っていくということである。

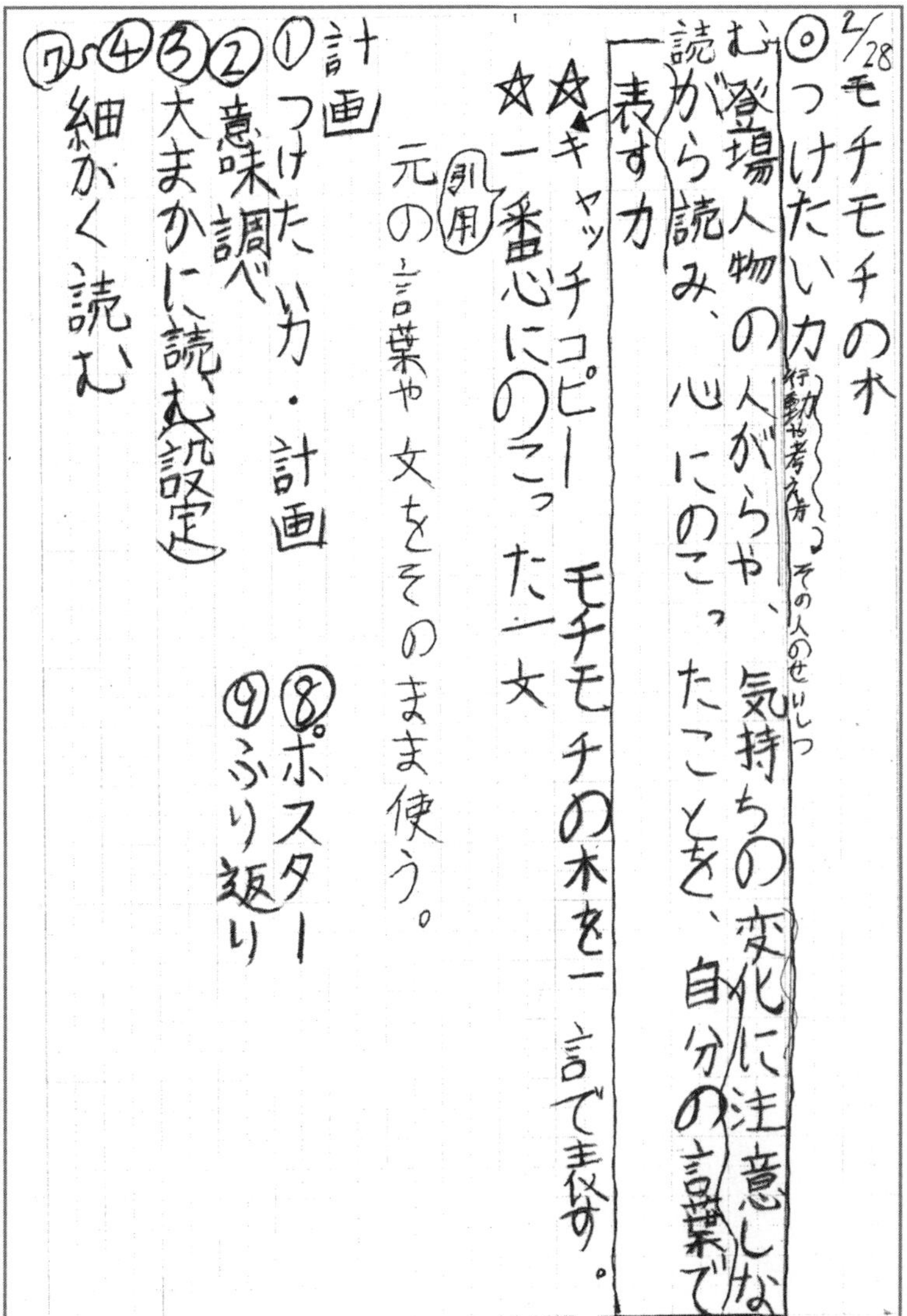
2/28
モチモチの木
⓪つけたい力（行動や考え方）
む登場人物の人がら（その人のせいしつ）や、気持ちの変化に注意しな
読がら読み、心にのこったことを、自分の言葉で
表す力
☆キャッチコピー　モチモチの木を一言で表す。
☆一番心にのこった一文
（引用）元の言葉や文をそのまま使う。
計画
①つけたい力・計画
②意味調べ
③大まかに読む（設定）
④〜⑦細かく読む
⑧ポスター
⑨ふり返り

●対話的な学び

これまでの学びを生かして

つけたい力や計画は本単元までの学びを生かし，それぞれに考えたものを交流している。「人がら」「引用」などおさえたい言葉も共通理解している。

【二次①】 物語の設定場面を読み取ろう

学習の流れ

【一次】
①つけたい力の確認・学習計画の作成
②初めの感想・意味調べ
【二次】
①物語の設定場面を読む
②③豆太の様子や性格を読む
④豆太の変化を読む
⑤テーマを考える
【三次】
①ポスター作り
【四次】
①身につけた力をふり返る

●主体的な学び

時・場所・人物

時・場所・人物に分け、叙述に基づいて設定を捉えている。明確に書かれていなくても、「りょうし」「せっちん」「着物」「ぞうり」などから時の設定を読み取ろうとしている。

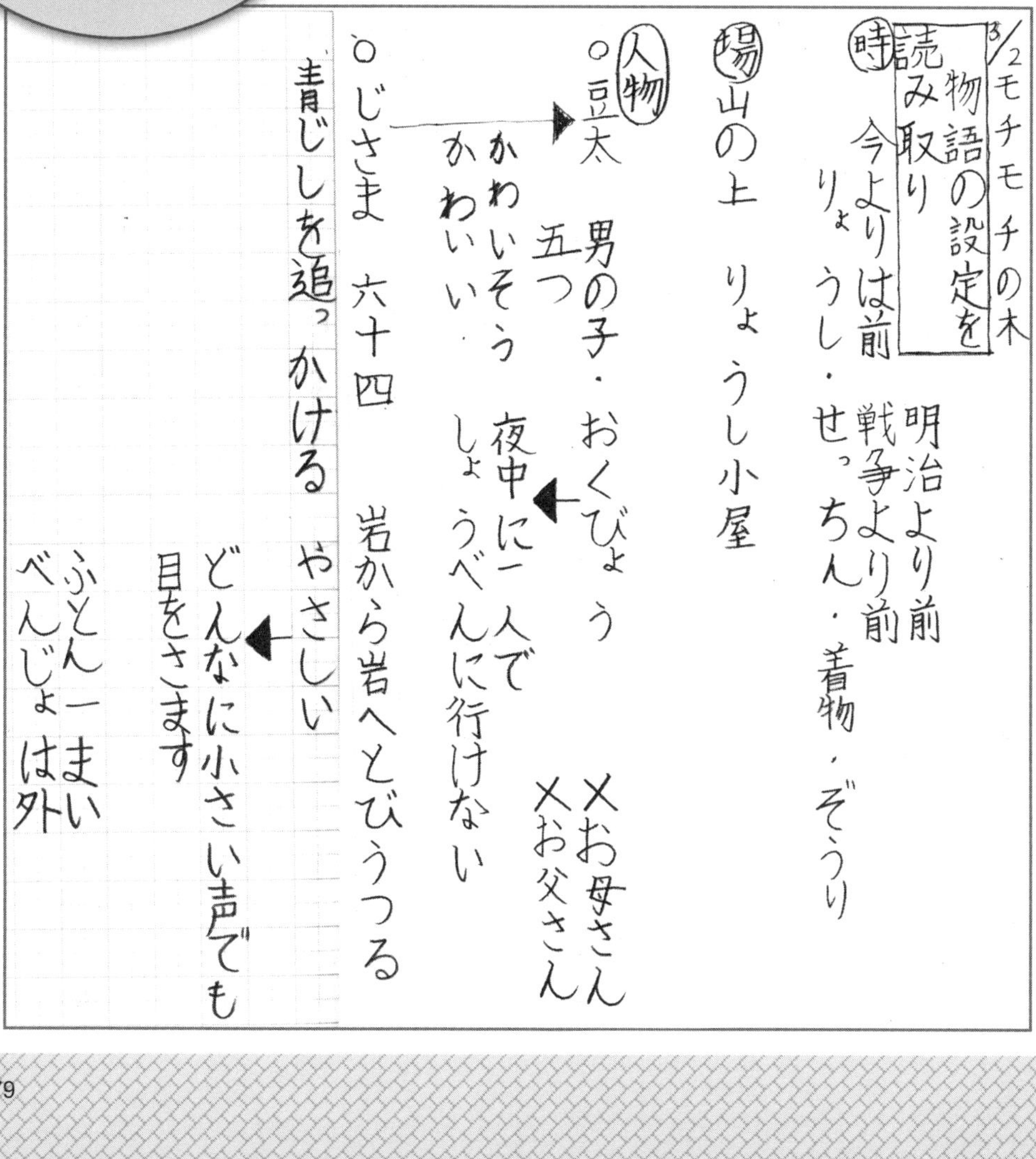
3/2 モチモチの木
物語の設定を読み取り
時 今よりは前 明治より前 戦争より前
りょうし・せっちん・着物・ぞうり
場 山の上 りょうし小屋
人物
○豆太 男の子・おくびょう
五つ
かわいそう 夜中に一人で
かわいい しょうべんに行けない
×お母さん
×お父さん
○じさま 六十四 岩から岩へとびうつる
青じしを追っかける やさしい
どんなに小さい声でも目をさます
ふとん一まい
べんじょは外

【二次②③】豆太の様子や性格を読み取ろう

叙述は黒字で、そこからわかる豆太の様子や気持ちは赤字で記入させた。

●主体的な学び

昼間と夜を比べて

昼間と夜を比べて読むことによって、モチモチの木に対する豆太の様子の違いや、豆太の性格を読み取っている。

●主体的な学び

豆太の様子

「モチモチの木に灯がともるのを見ることができる子ども」と豆太を比べている。後の豆太の変化の伏線となるところである。

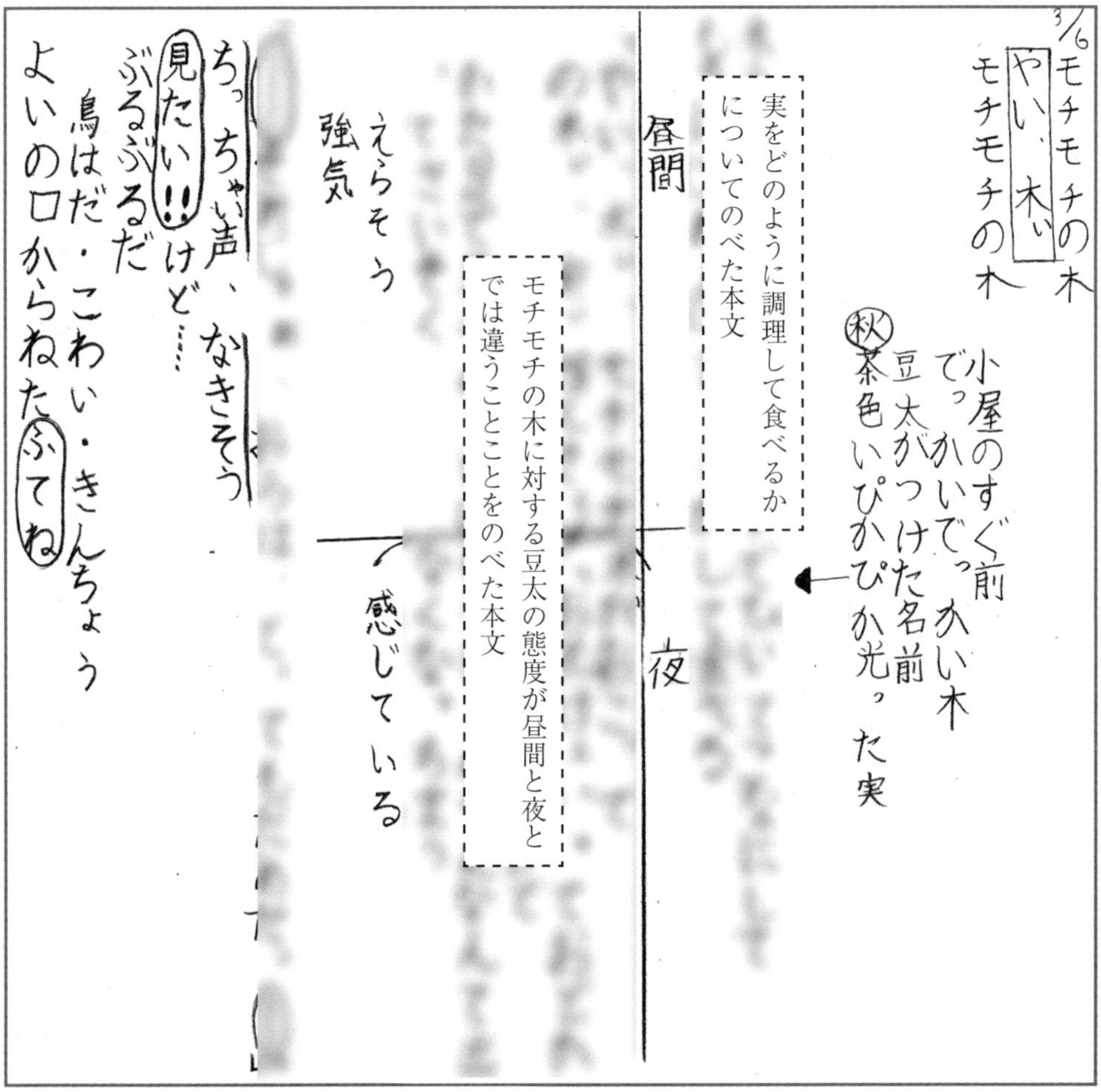
3/6 モチモチの木
やい、木ぃ
モチモチの木
小屋のすぐ前
でっかいでっかい木
豆太がつけた名前
秋 茶色いぴかぴか光った実
実をどのように調理して食べるかについてのべた本文
昼間
夜
モチモチの木に対する豆太の態度が昼間と夜とでは違うことことをのべた本文
えらそう
強気
感じている
ちっちゃい声、なきそう
見たい!!けど…
ぶるぶるだ
鳥はだ・こわい・きんちょう
よいの口からねたふてね

【二次④】豆太の変化を読み取ろう

叙述からキーワードを抜き出し豆太の気持ちを赤字で記入し、変化を捉えさせた。

●対話的な学びから深い学びへ

動作化を交えながら

叙述に基づいての読み取りを続ける中で、「くまみたいに体をまるめて」「歯を食いしばる」「表戸をぶっとばして」等の部分はお互いに実際にやってみながら、豆太やじさまの様子や気持ちを読み取る姿が見られた。

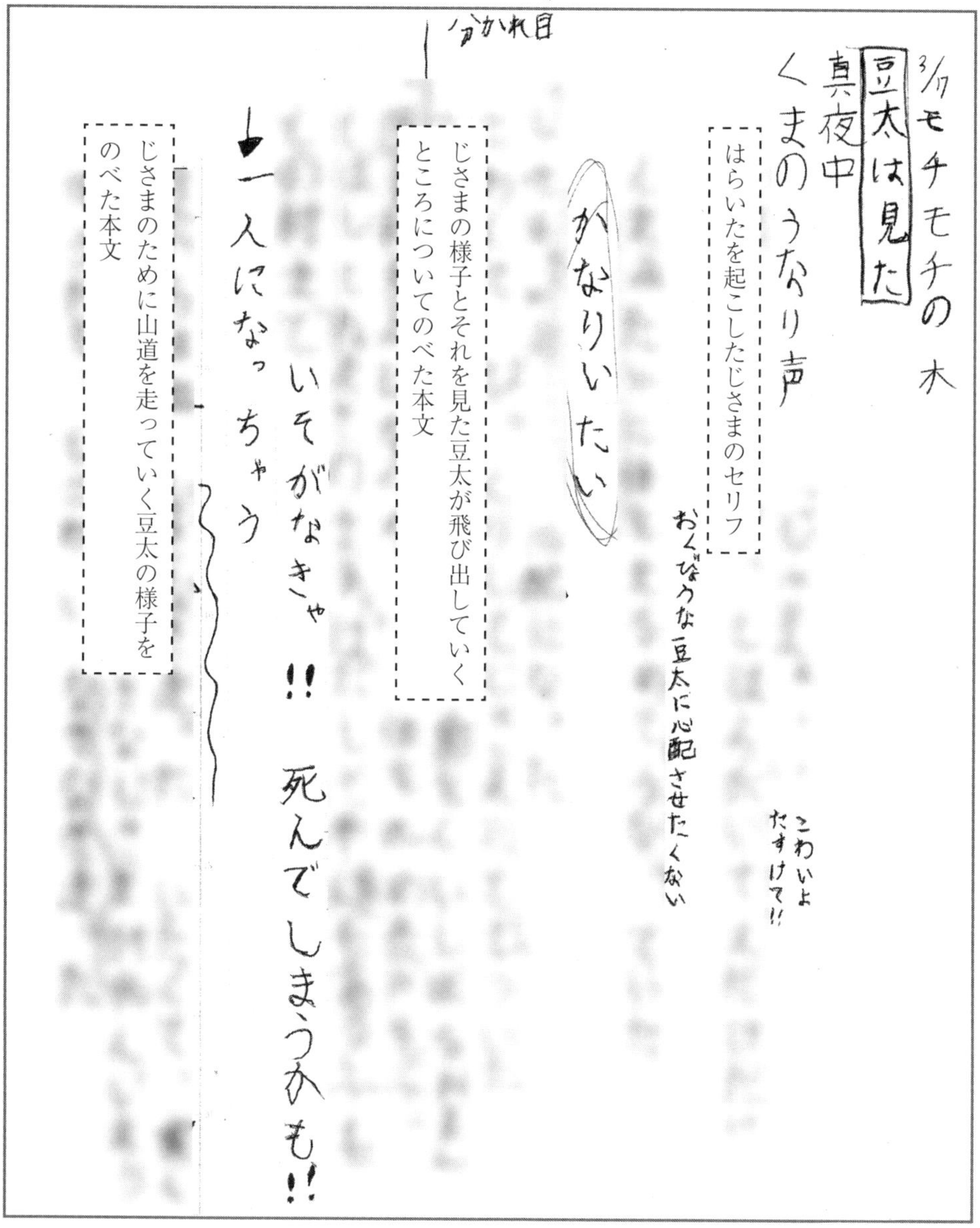

3/17 モチモチの木
豆太は見た
真夜中
くまのうなり声
はらいたを起こしたじさまのセリフ
こわいよ
たすけて!!
おくびょうな豆太に心配させたくない
かなりいたい
じさまの様子とそれを見た豆太が飛び出していくところについてのべた本文
分かれ目
いそがなきゃ!! 死んでしまうかも!!
一人になっちゃう
じさまのために山道を走っていく豆太の様子をのべた本文

【二次⑤】豆太の変化からテーマを考えよう

●主体的な学びから深い学びへ

豆太の変化からテーマに迫る

「月が出ているのに雪」「モチモチの木に灯がついている」という部分が不思議だと捉えている。二次②の豆太と比べながら、挿絵や医者様の言葉をもとに、モチモチの木に灯がともるとは、どのような状況かを読み取っている。
「情景描写」の効果について考えさせるために、二つの「ふしぎ」についての気づきがいずれも「情景描写」についてのものであることを確認した。

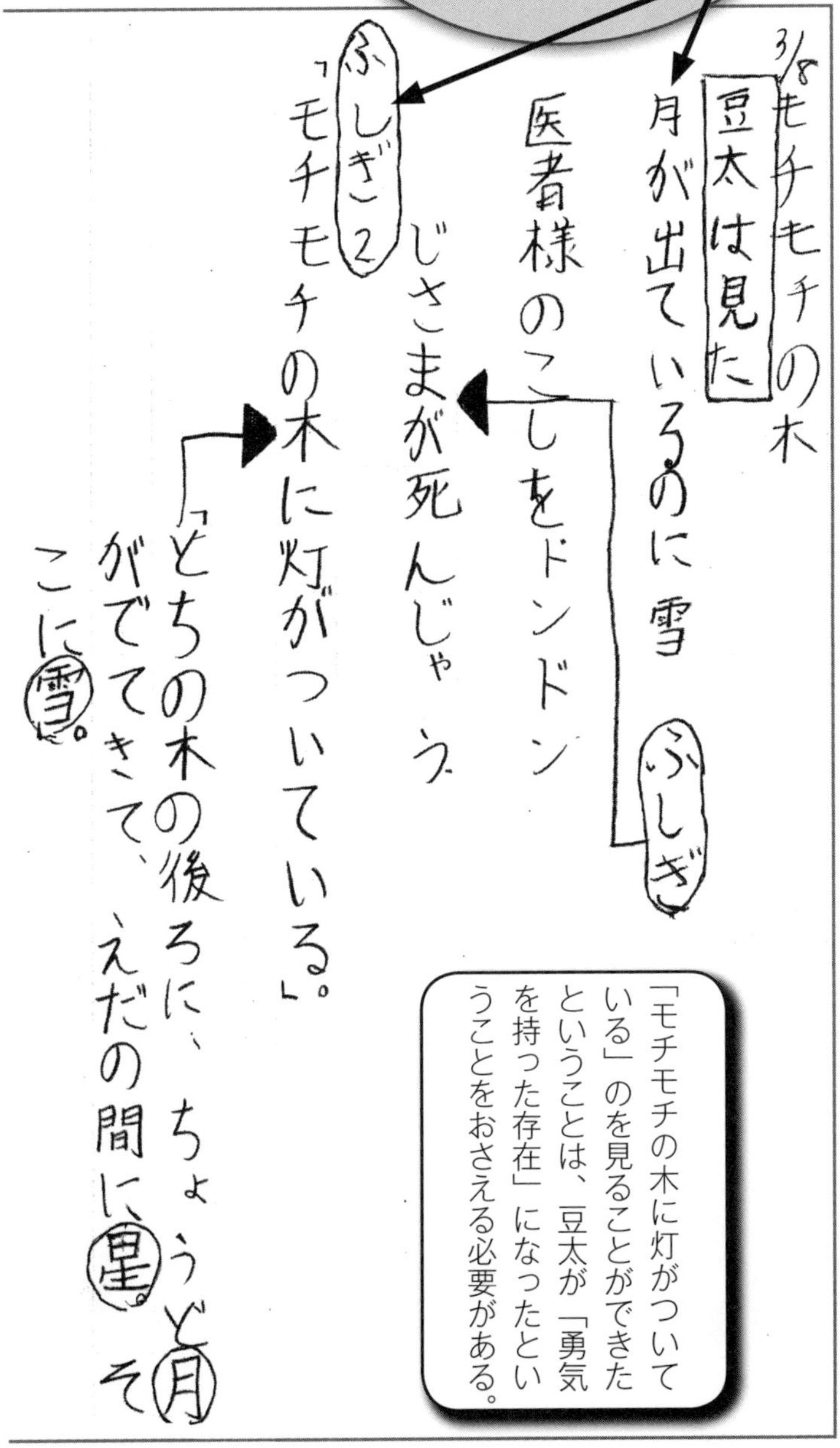
3/8 モチモチの木
豆太は見た
月が出ているのに雪
ふしぎ
医者様のこしをドンドン
じさまが死んじゃう
「ふしぎ2」
「モチモチの木に灯がついている。」
「とちの木の後ろに、ちょうど月がでてきて、えだの間に星。そこに雪。」

「モチモチの木に灯がついている」のを見ることができたということは、豆太が「勇気を持った存在」になったということをおさえる必要がある。

●深い学び

豆太の行動に価値づけ

「やさしさとは」「勇気とは」…と再度考え、豆太の行動についての叙述と結びつけながら、価値づけをしている。

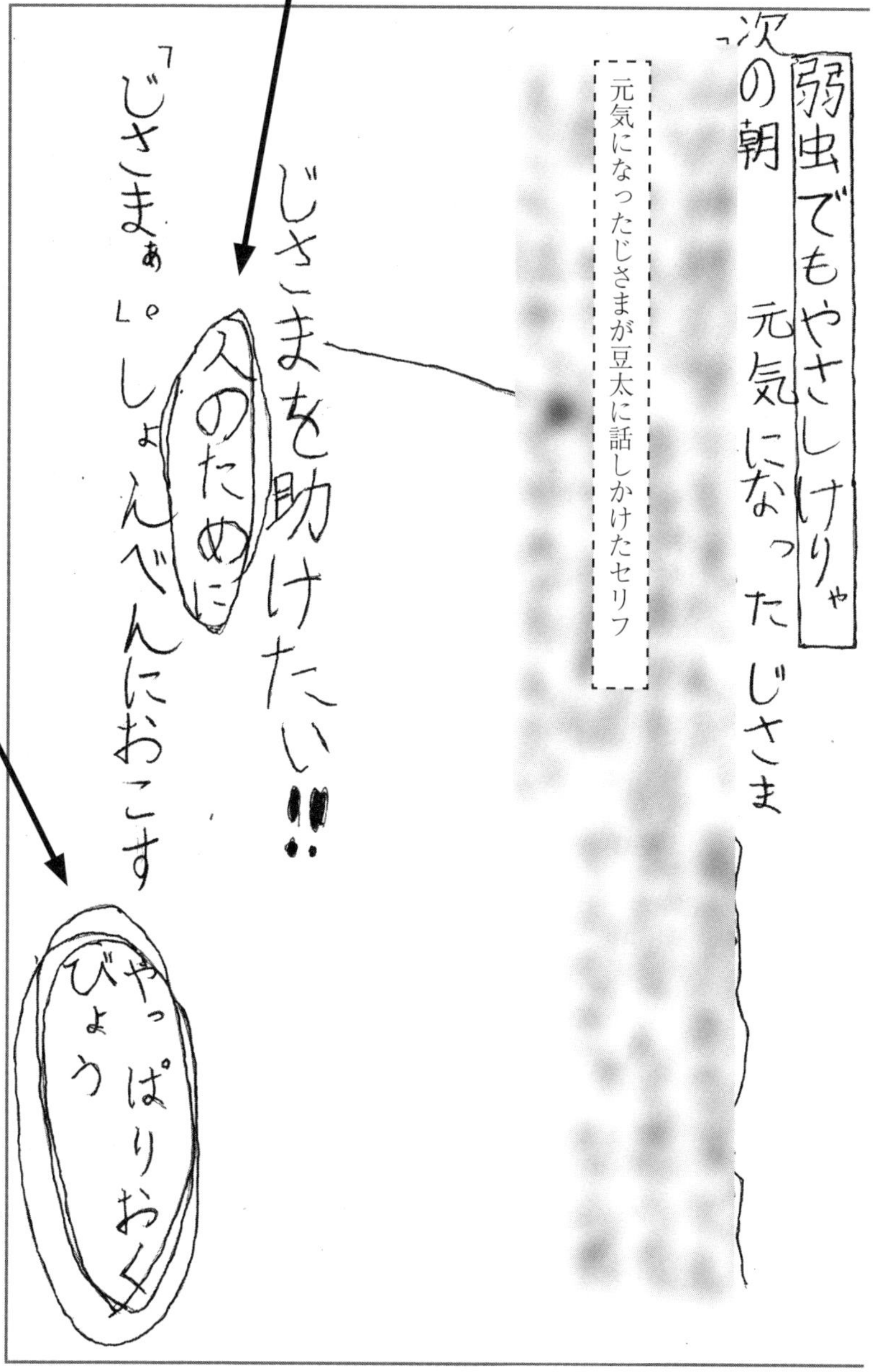
弱虫でもやさしけりゃ
次の朝　元気になったじさま
元気になったじさまが豆太に話しかけたセリフ
じさまを助けたい!!
人のために
「じさまぁしょんべんにおこす
やっぱりおくびょう

次ページに示した「ポスター作り」という言語活動を通して、「やっぱりおくびょう」という読みをさらに深めさせた。

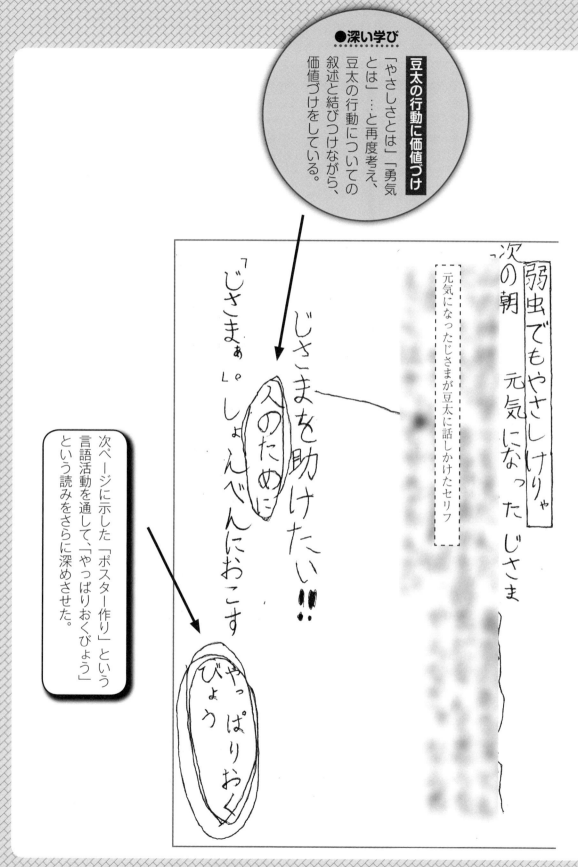

【三次①】ポスターに表すため「一番心に残った一文」と「キャッチコピー」を考えよう

物語のキャッチコピー

一番心に残った一文

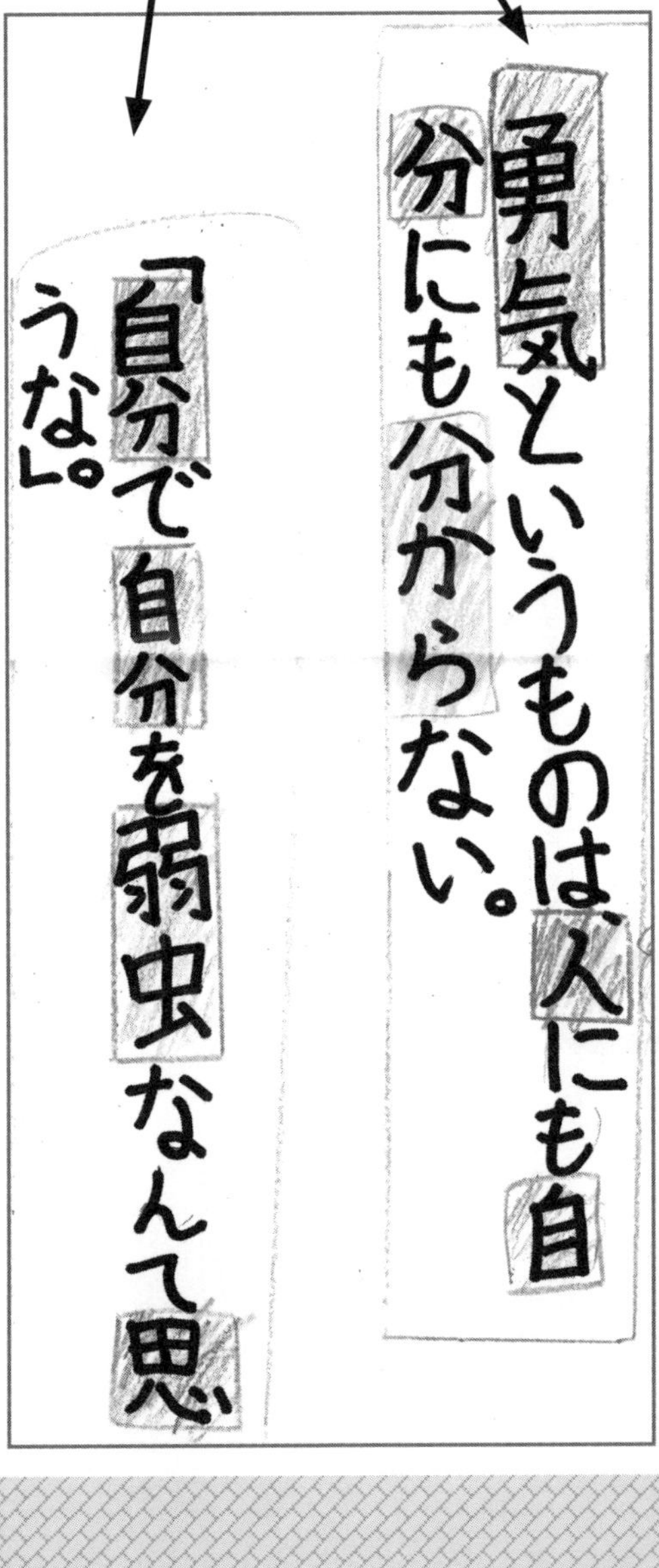

勇気というものは、人にも自分にも分からない。

「自分で自分を弱虫なんて思うな。」

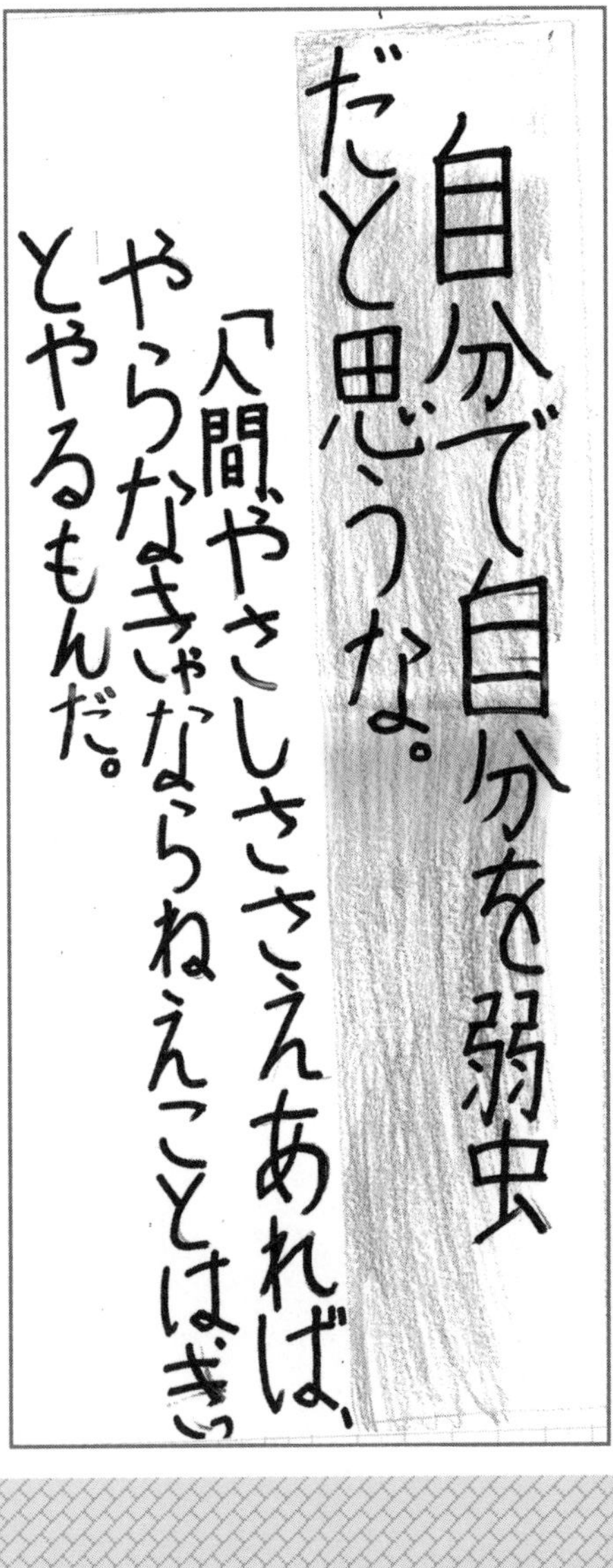

自分で自分を弱虫だと思うな。

「人間、やさしささえあれば、やらなきゃならねえことはきっとやるもんだ。

ポスターに表すことにより、一次のつけたい力にあげた「心にのこったことを、自分の言葉で表す」、つまり作品のテーマを自分なりに捉えさせた。

【四次①】身につけた力をふり返ろう

●主体的な学び

一次のつけたい力とつなげて

叙述に基づいてポスターに表すことができたと、一次のつけたい力とつなげてふり返りができている。

1．この単元でついた力をふりかえりましょう。

ついた力	ふり返り信号		
	青	黄	赤
①登場人物の人がらや，気持ちの変化に注意しながら読むことができましたか。	●	○	○
②モチモチの木にキャッチコピーをつけたり，文章を引用したりして，ポスターをつくることができましたか。	●	○	○

2　この単元の学習でついた力を書きましょう

読み取る力がついたと思います。わけは、モチモチの木の文章の中から1文をえらんで、ポスターを書いたからです。

3　1年間の国語の授業でついた力をふりかえりましょう。

話す・聞く	話の中心に気をつけて聞く力がつきました。
書く	手紙は、次のことをはっきりさせる力がつきました。わけは、手紙を、4年生や、いろいろな人にかいたからです。
読む	場面を追うごとに、どんな出来事があり、何がかわるのを考えながら読む力がつきました。
言葉	国語じてんを早く引く力がつきました。わけは、先生が言った言葉を、二番目ぐらいに見つけたからです。

●深い学び

一年間の学び

一年間の国語の学習を通してついた力を理由もつけてふり返ることによって、自分の成長を確認することができた。

10 4年生

「一つの花」

（光村図書／東京書籍／教育出版・四年上）

ポイント

読書感想文を書くためにみんなの疑問を中心に読み取ることによって深い学びへと導く

【一次①②】初めの感想から学習計画を立てよう

学習の流れ

【一次】
①初めの感想
②つけたい力と学習計画の作成

【二次】
①登場人物とあらすじ
②ゆみ子を思う父母の気持ちの移り変わり
③戦争場面と戦争後の比較
④「ちいちゃんのかげおくり」との共通点
⑤題名のついたわけ

【三次】
①読書感想文を書く

【四次】
①身につけた力のふり返り

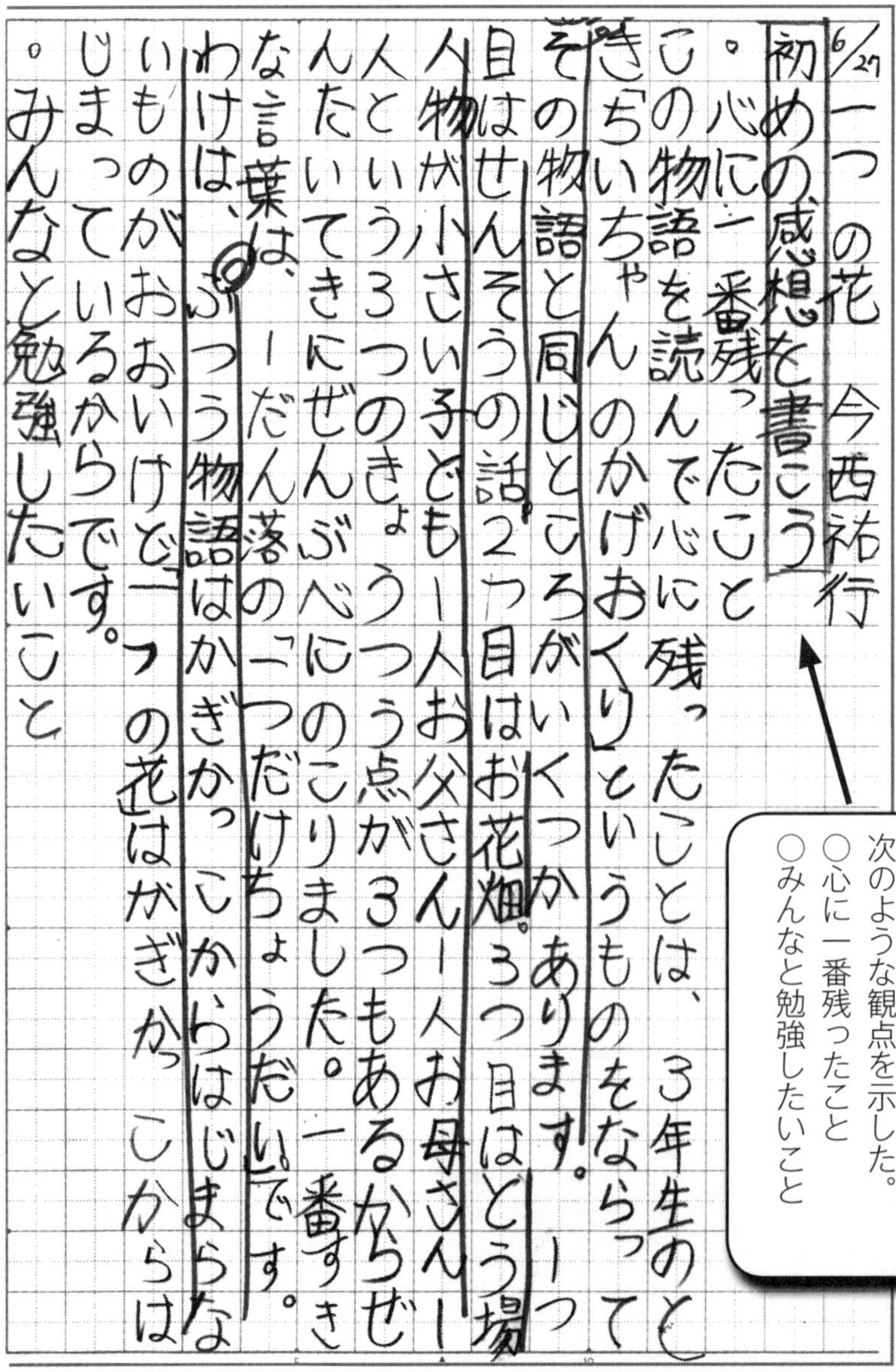
6/27 一つの花 今西祐行
初めの感想を書こう
・心に一番残ったこと
この物語を読んで心に残ったことは、3年生のとき「ちいちゃんのかげおくり」というものをならってその物語と同じところがいくつかあります。1つ目はせんそうの話。2つ目はお花畑。3つ目はとう場人物が小さい子ども1人お父さん1人お母さん1人という3つのきょうつう点が3つもあるからぜんたいてきにぜんぶべにのこりました。一番すきな言葉は、「一つだけちょうだい」です。わけは、ふつう物語はかぎかっこからはじまらないものがおおいけど、一つの花はかぎかっこからはじまっているからです。
・みんなと勉強したいこと

「初めの感想」を書かせるとき、次のような観点を示した。
○心に一番残ったこと
○みんなと勉強したいこと

教材文の導入で「初めの感想」を書かせたのは、次の二つの意義がある。
①児童が、学習後に自分の読みの変化を知る。
②児童が、これからの読みの課題をもつ。

他にもみんなの疑問として次のような意見が出た。
・なぜ、ゆみ子が「一つだけちょうだい」とおぼえたのか。
・「ゆみ子のにぎっている、一つの花を見つめながら」の意味は？
・ミシンの音は、お母さん？お父さんはどうなったのだろう。
・四場面は必要なのか。

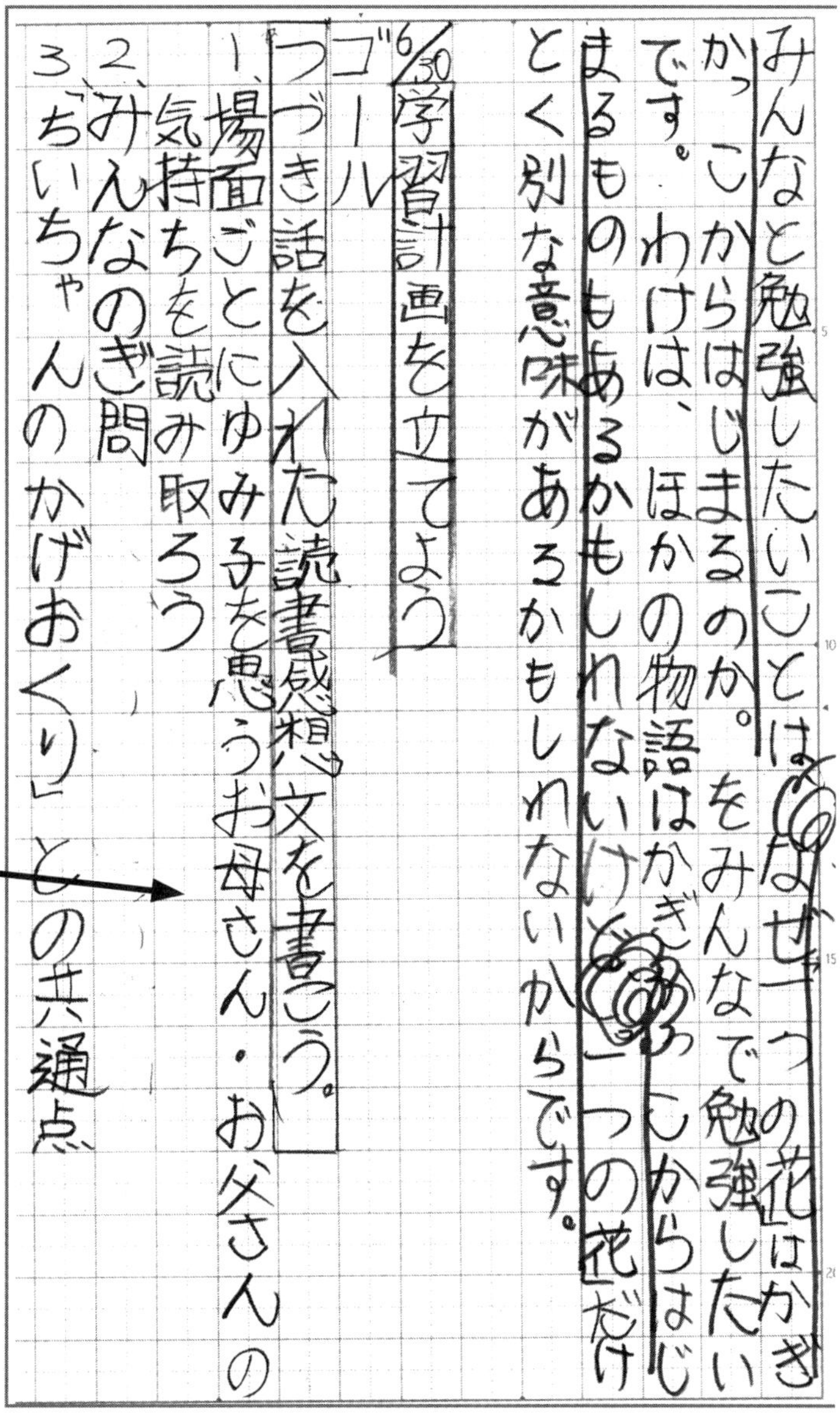
みんなと勉強したいことは、なぜ「一つの花」はかぎかっこからはじまるのか。をみんなで勉強したいです。わけは、ほかの物語はかぎかっこからはじまるものもあるかもしれないけど「一つの花」だけとく別な意味があるかもしれないからです。

6/30 学習計画を立てよう
ゴール
つづき話を入れた読書感想文を書こう。
1、場面ごとにゆみ子を思うお母さん・お父さんの気持ちを読み取ろう
2、みんなのぎ問
3「ちいちゃんのかげおくり」との共通点

どのような言語活動を設定するのかは、教材の特質・子どもの思い・教師の思いを合わせるとよい。今回は、夏休み直近の教材で、夏休みに一番児童が困る「読書感想文」に設定した。この教材で練習して、夏休みの読書感想文に取り組むことになる。

【二次③④⑤】みんなの疑問からテーマを捉えよう

二次では、全体を貫く課題として「一つだけ」という言葉に着目し、人物の気持ちを読み取ることを中心にしながら、みんなの疑問もその都度、話題にすることによって、テーマに迫った。

●深い学び

疑問①四場面は必要か?

戦争中と戦争後を比べることで、かわらないものを考えさせている。この児童は、「家族のきずな」「なにかを大切に思う気持ち」とテーマにつながる言葉でまとめている。

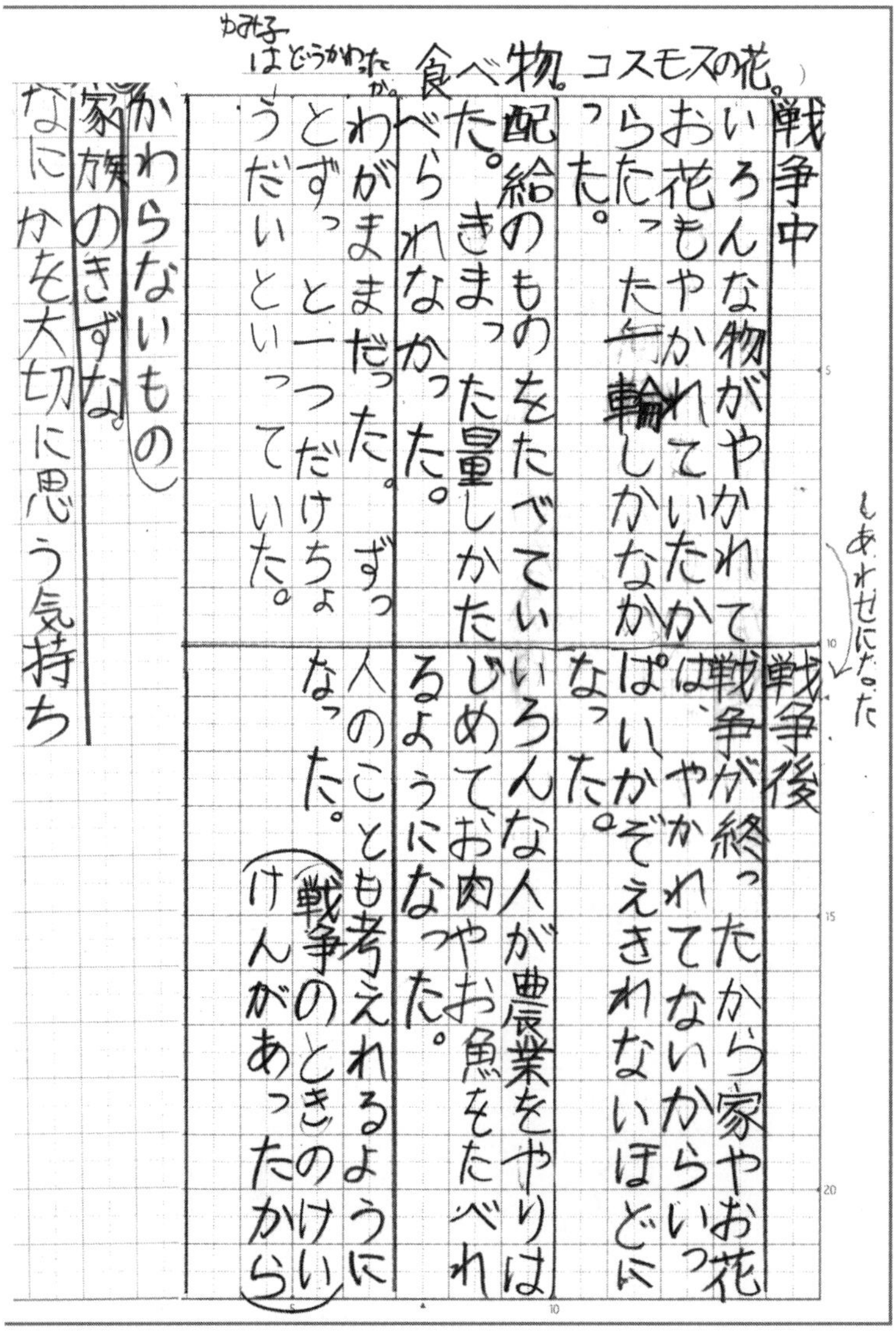
ゆみ子はどうかわったか。 食べ物。コスモスの花。

戦争中
いろんな物がやかれて
お花もやかれていたからたった一輪しかなかった。
配給のものをたべていた。きまった量しかたべられなかった。
わがままだった。ずっとずっと一つだけちょうだいといっていた。

しあわせになった

戦争後
戦争が終ったから家やお花はやかれてないからいっぱいかぞえきれないほどになった。
いろんな人が農業をやりはじめて、お肉やお魚をたべれるようになった。
人のこともかんがえれるようになった。
(戦争のときのけいけんがあったから)

かわらないもの
家族のきずな。
なにかを大切に思う気持ち

●深い学び

疑問②既習教材との共通点は？

「ちいちゃんのかげおくり」との共通点を探ることで読みの質を高めることができる。子どもたちは、最後の場面の終わり方が似ていることに初めから気づいていたが、その意味を改めて考えている。

●対話的な学びから深い学びへ

疑問③なぜ「一つの花」という題名がついたのだろう？

「じだいがかわっても何十年たってもそれを大事にそだてていっぱいになっているから」というように、四場面から理由を述べている。自分の考えを交流することにより、さらに考えを深めている。付け加えた考えは、赤字で記入していた。

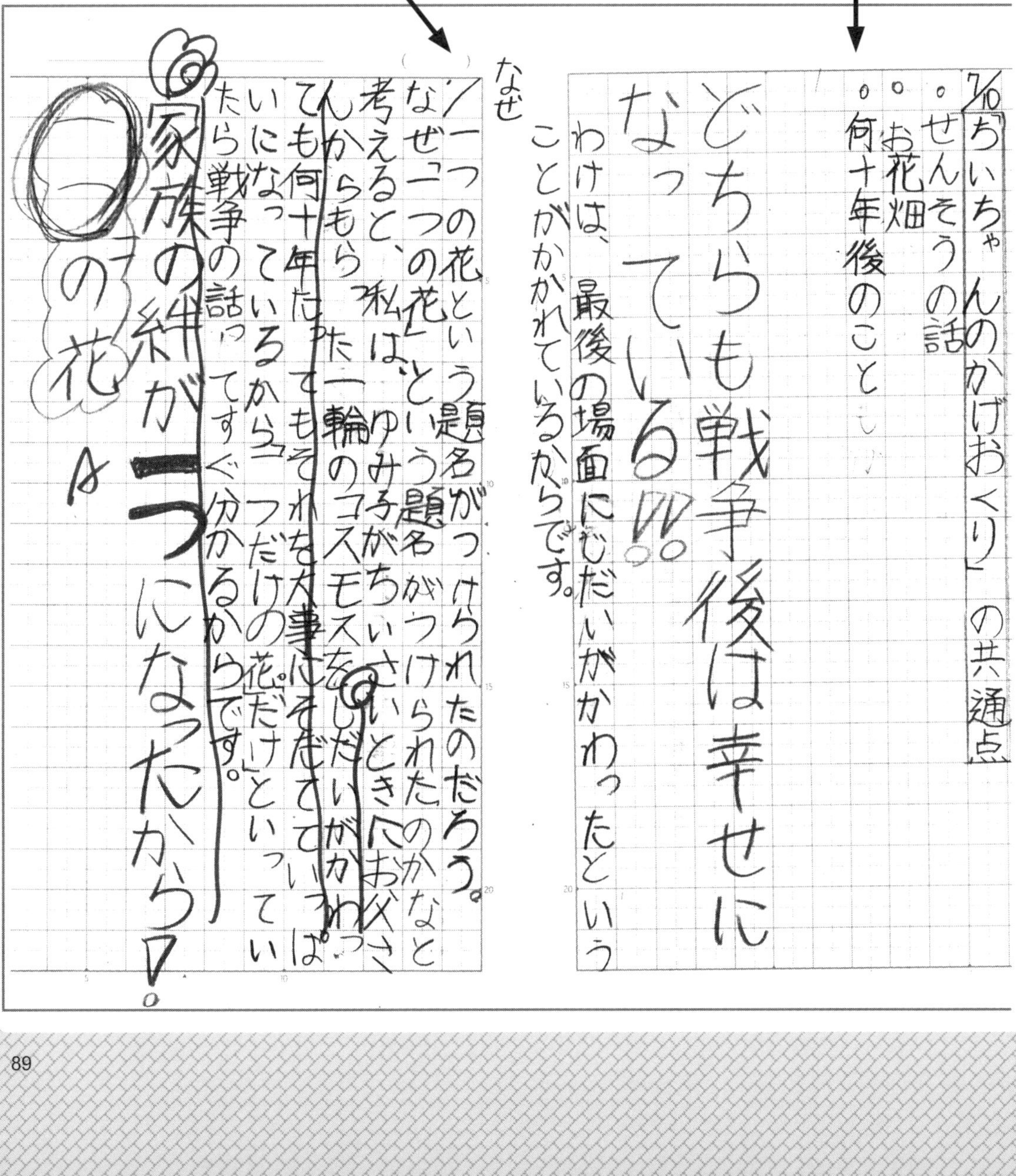
7/10「ちいちゃんのかげおくり」の共通点
・せんそうの話
・お花畑
・何十年後のこと
どちらも戦争後は幸せになっている!!
わけは、最後の場面にじだいがかわったということがかかれているからです。

なぜ
一つの花という題名がつけられたのだろう。
なぜ「一つの花」という題名がつけられたのかなと考えると、私は、ゆみ子がちいさいときにお父さんからもらった一輪のコスモスをじだいがかわってでも何十年たってもそれを大事にそだてていっぱいになっているから「一つだけの花」といっていたら戦争の話ってすぐ分かるからです。
◎家族の絆が一つになったから。
◎一つの花

【三次①】読書感想文を書こう

読書感想文を書くコツ

はじめ	中①	中②	中③	終わり
・この本を読んだきっかけ ・題名を見て感じたこと	・登場人物、あらすじ（短く、感想は書かない）	・心に残った場面（文章・言葉）となぜ心に残ったのか、理由をくわしく書く	・登場人物と自分の体験や経験を比べて考えたこと	・この本から学んだこと ・自分の変化 ・これからの生活に活かしたいこと
・この本との出会いは…です。 ・この題名をはじめて見たとき…と感じました。	・主人公は、…です。 登場人物は、…です。 はじめは、…、物語のクライマックスは…、最後には、…という話です。	・わたしがこの物語の中で一番心に残った場面は、…です。どうしてかというと、…だからです。	・わたしも、お父さんをなくしたゆみ子の気持ちがわかるような気がします。なぜなら…だからです。	・この物語から学んだことは、…です。 ・これからの生活でわたしは、…を活かしたいです。

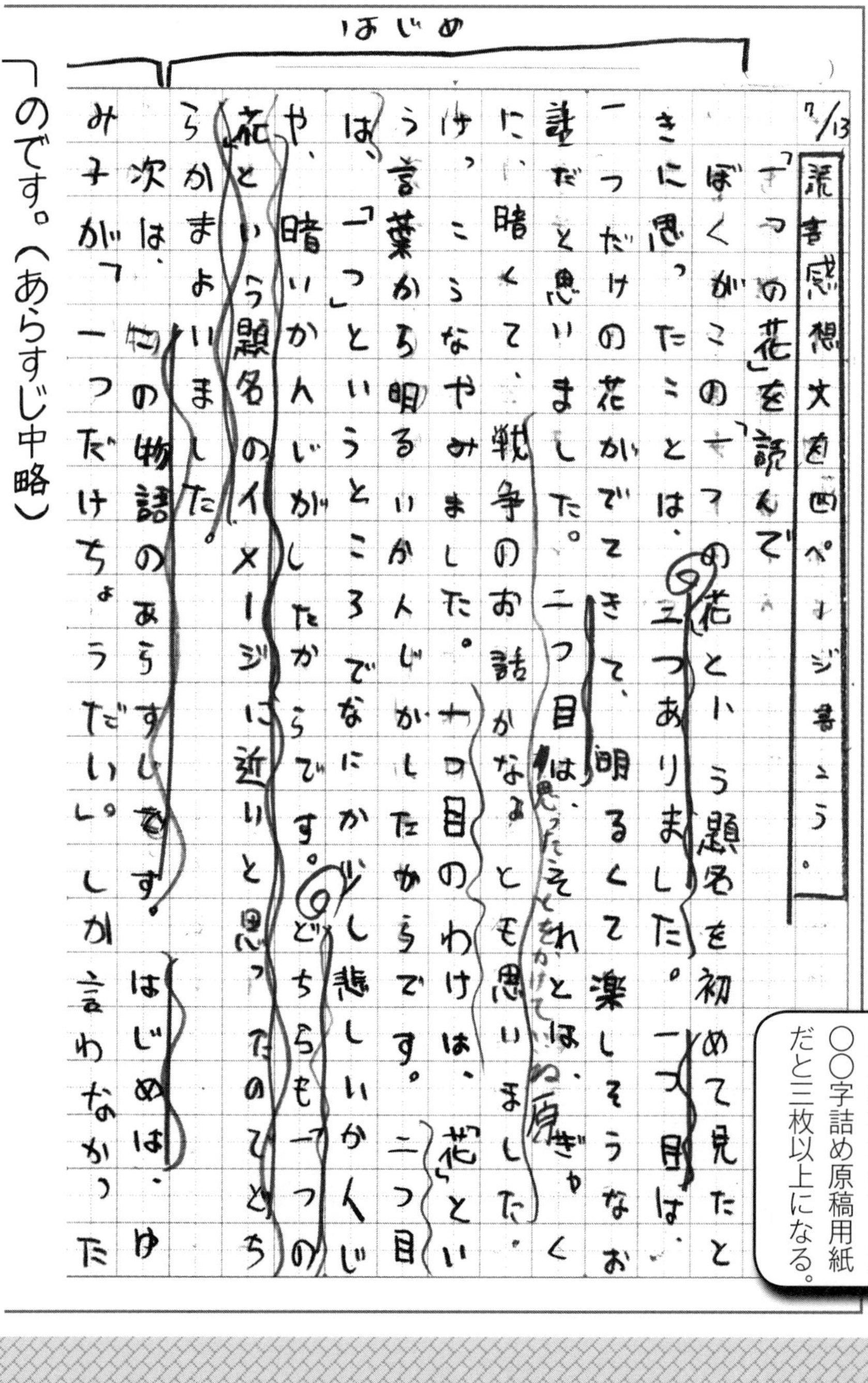

はじめ
7/13
読書感想文を四ページ書こう。
「一つの花」を読んで
ぼくがこの「一つの花」という題名を初めて見たと
きに思ったことは、二つありました。一つ目は、
一つだけの花ができて、明るくて楽しそうなお
話だと思いました。二つ目は、思ったそれとはぎゃく
に、暗くて、戦争のお話かなとも思いました。
けっこうなやみました。一つ目のわけは、「花」とい
う言葉から明るいかんじがしたからです。二つ目
は、「一つ」というところでなにかかなしいかんじ
や、暗いかんじがしたからです。どちらも一つの
花という題名のイメージに近いと思ったのでどち
らかまよいました。
次は、この物語のあらすじです。はじめは、ゆ
み子が「一つだけちょうだい。」しか言わなかった

「のです。（あらすじ中略）

字数を「四ページ」と指定、「一ページ」三三〇字なので、四〇〇字詰め原稿用紙だと三枚以上になる。

●深い学び

題名読みの変化

「一つの花」の題名に対する初めの読み（はじめ）が学習後（中④）のどのように深まったかがわかる組み立てになっている。この児童は、「一つの花」を「戦争でも切れなかった家族の絆」の象徴として捉えている。

中　2

その次には、ぼくがこの物語を読んで一番心に残ったところについてです。一番心に残ったところは、「さあ、一つだけあげよう。一つだけのお花、大事にするんだよう――。」というところです。そのわけは、お父さんがその一輪のコスモスにいろいろな気持ちを込めたからです。その気持ちとは、三つあります。一つ目は、りっぱに大きく育ってね。という気持ちです。二つ目は、お父さんからの愛情です。三つめは、家族思いのやさしい子になってね。という気持ちです。

（中③を省略）

中④

そして題はどうして「一つの花」という題名になったかについての理由は、二つあります。一つ目は、たった一つだけのお花にたくさんの気持ちがこもっているからです。二つ目は、一つの花で家族の絆がとっても深まったからです。

終わり

最後に、この物語から学んだことは、何年たってもかわらないものがあるということです。このようにわかったことを、いかしたりです。

「それは何？」それを最後にズバリ書いてまとめるといいね。中4に書いてあるね。

書いたものは、その後、自分の机の上に置いて、そこへ友達が読みに来て、感想を赤字で記入するという「展示会方式伝え合い」を行う。

11 4年生

「ごんぎつね」（三省堂・四年／光村図書／東京書籍／教育出版／学校図書・四年下）

ポイント

心の通い合いについて書かれた本をブックトークすることにより、深い学びへと導く

【一次①②】つけたい力の見通しをもち、学習計画を立てよう

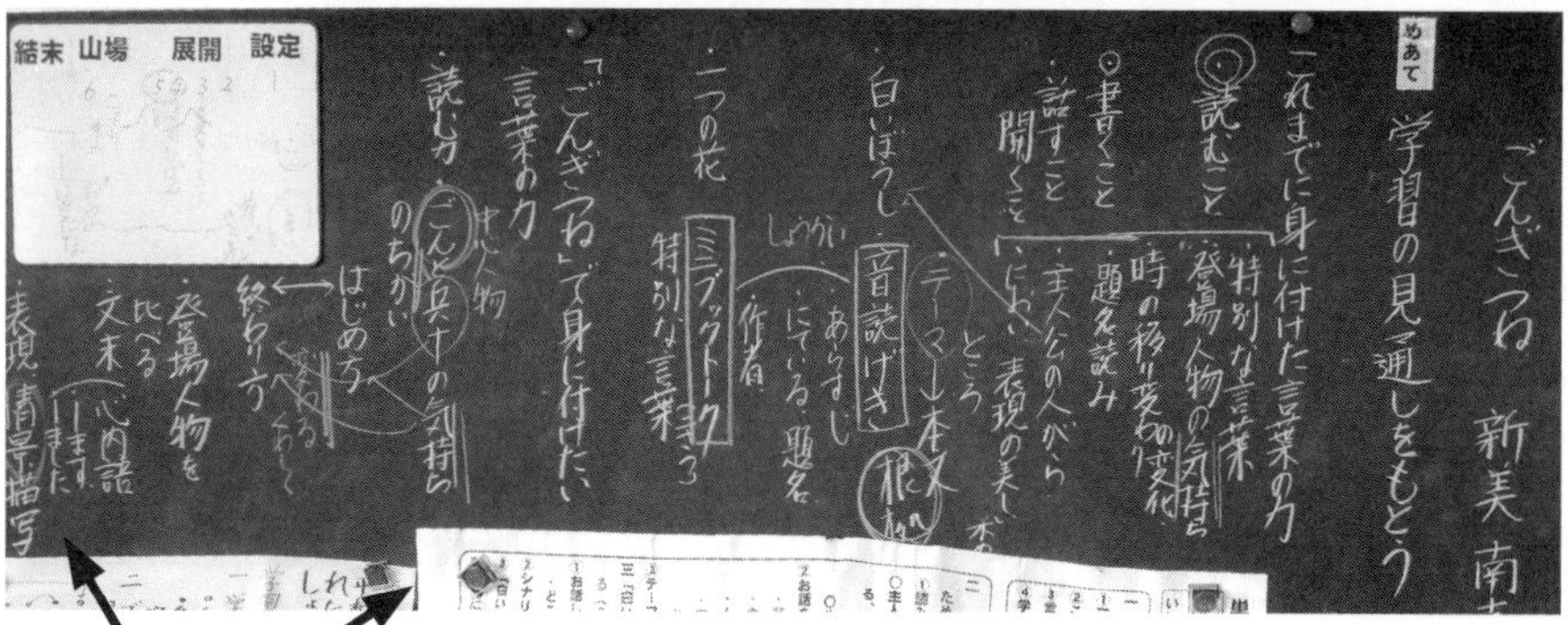

ごんぎつね 新美南吉
めあて 学習の見通しをもとう
これまでに身に付けた言葉の力
◎読むこと
◎書くこと
話すこと
聞くこと
白いぼうし
一つの花
「ごんぎつね」で身に付けたい言葉の力
読む力
結末 山場 展開 設定

「白いぼうし」「一つの花」の学習計画を掲示している。身につけたい力から「学習活動」を決め、短冊黒板に書いておく。単元の終わりまで掲示し、常にゴールの姿を意識づける。

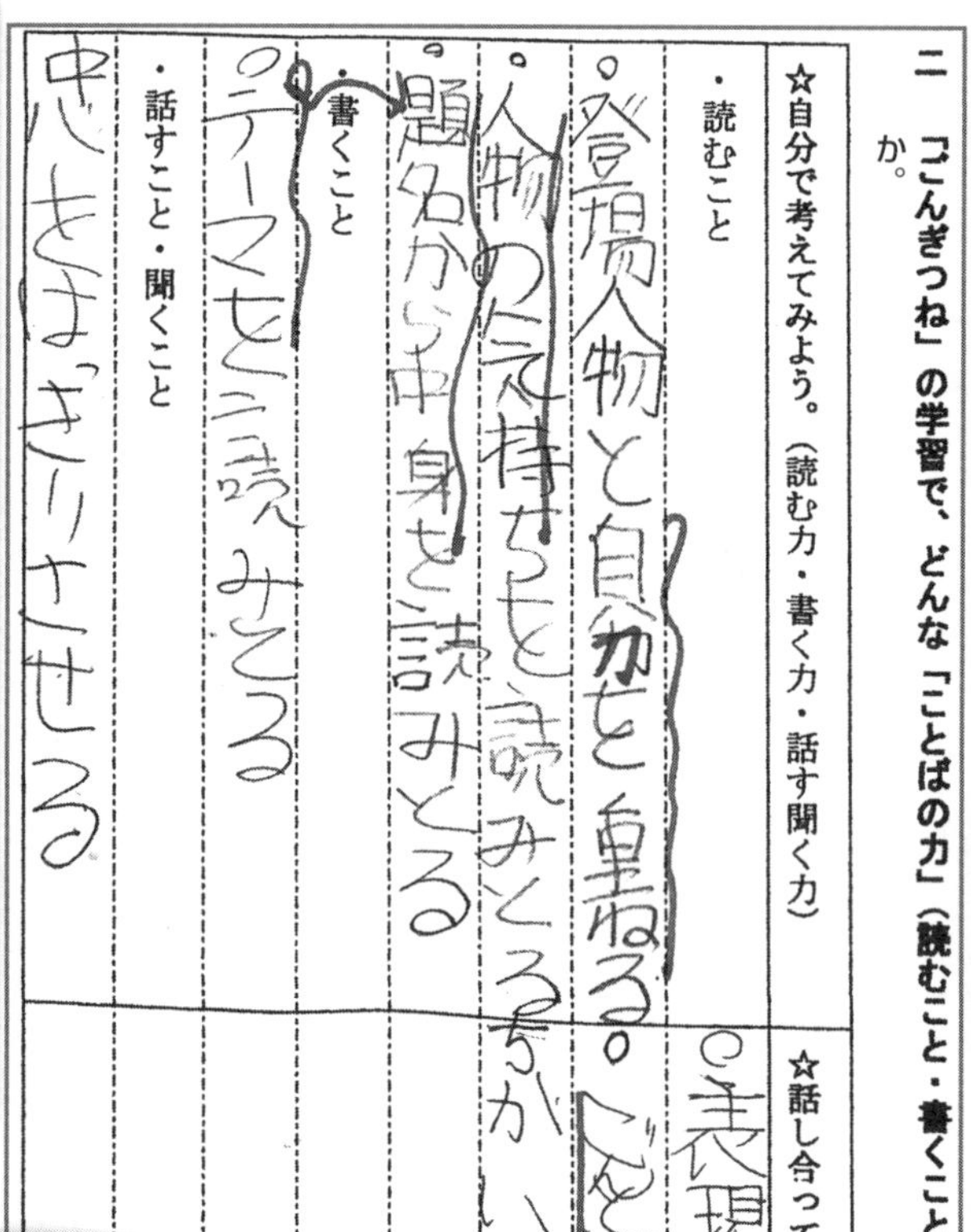

二 「ごんぎつね」の学習で、どんな「ことばの力」（読むこと・書くこと・話すこと・聞くこと）をつけたいですか。
☆自分で考えてみよう。（読む力・書く力・話す聞く力）
・読むこと
○登場人物と自分を重ねる。
○人物の気持ちを読みとる
○題名から中身を読みとる
・書くこと
○テーマを読みとる
・話すこと・聞くこと
心をはっきりさせる
☆話し合ってから
○表現の美しい所
○ごんと兵十の気持ちのちがい

●主体的な学び
●対話的な学び

身につけた力から身につけたい力の自覚化

既習の学習で身につけた言葉の力をふり返る。それをふまえて、「ごんぎつね」単元で身につけたい言葉の力を書く。グループで話し合って赤で書き加え、さらにつけたい言葉の力を自覚する。

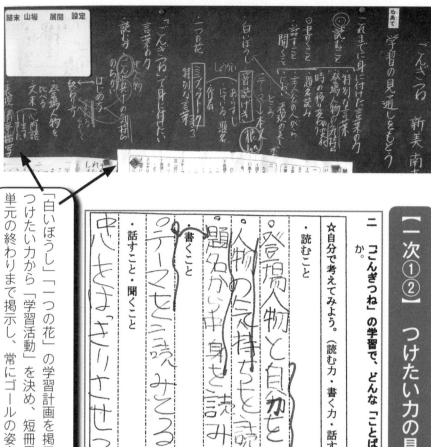

学習の流れ

【一次】
①つけたい力の確認・学習活動を決める
②学習計画の作成

【二次】
①題名からわかること・作品の特徴
②あらすじ
③④⑤人物の人柄・気持ちの変化【設定・展開・山場・結末】
⑥テーマについて話し合う

【三次】
①「ごんぎつね」から見つけたテーマで本をつないで三冊ブックトーク台本を書く
②ブックトークをする

【四次】
①身につけた力をふり返る

関連する本の多読

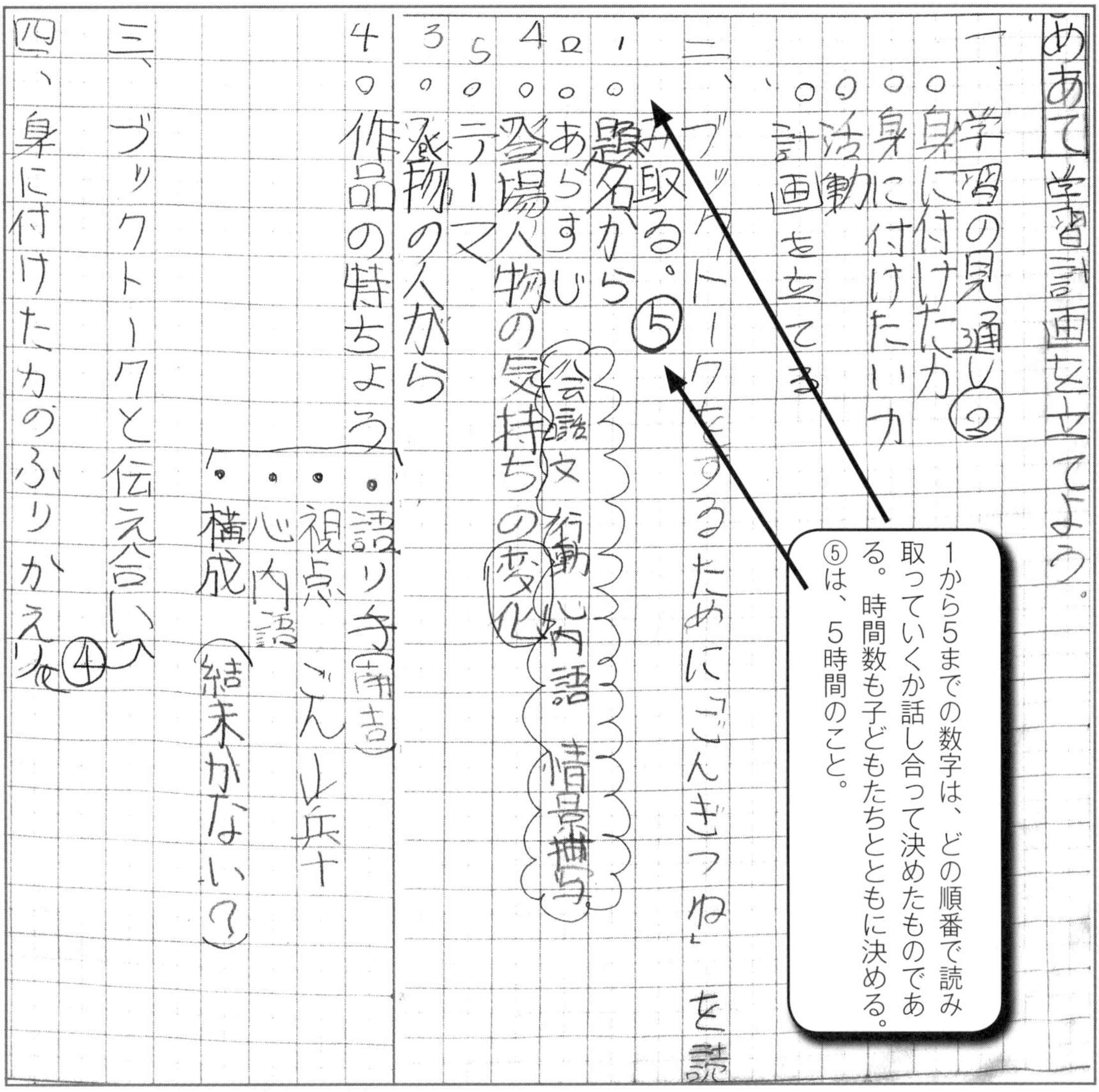

めあて　学習計画を立てよう。
一、学習の見通し②
○身に付けた力
○身に付けたい力
○活動
○計画を立てる
二、ブックトークをするために「ごんぎつね」を読み取る。⑤
1 ○題名から
2 ○あらすじ
4 ○登場人物の気持ちの変化
会話文　行動　心内語　情景描写
5 ○テーマ
3 ○登場人物の人がら
4 ○作品の特ちょう
・語り手（南吉）
・視点　ごん→兵十
・心内語
・構成（結末がない？）
三、ブックトークと伝え合い
四、身に付けた力のふりかえり④

1から5までの数字は、どの順番で読み取っていくか話し合って決めたものである。時間数も子どもたちとともに決める。⑤は、5時間のこと。

【二次④】展開部分のごんと兵十の気持ちの変化を捉えよう

場面ごとに読み深めるのではない。設定、展開、山場、結末という物語の構成をふまえて、読ませたい。上段には、「行動・心内語・情景描写」という気持ちを読み取るためのポイントを書かせ、下段にはそこから読み取ったごんの気持ちを書かせている。

まず、一人学びで読み取らせ、それをもとにグループ・全体で交流させる。一人学びの途中で「ここがわからない」という子どもたちの声をもとにグループや全体交流を取り入れていく。

●主体的な学び

段落番号を書く

交流するときにすぐにどの文かわかるように場面と段落番号を書いている。さらに、引用した本文の特に大切な言葉は赤で囲んでいる。

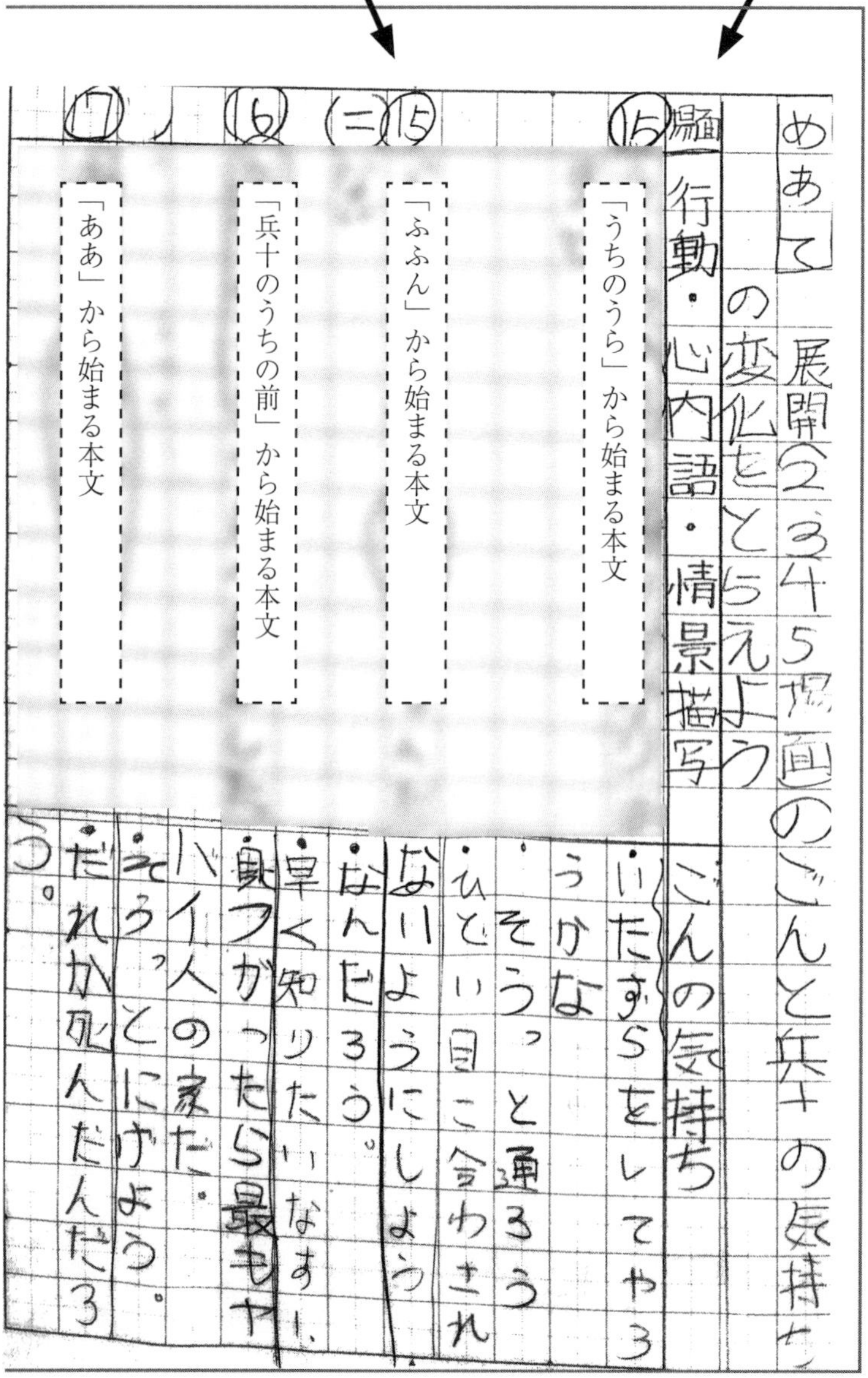

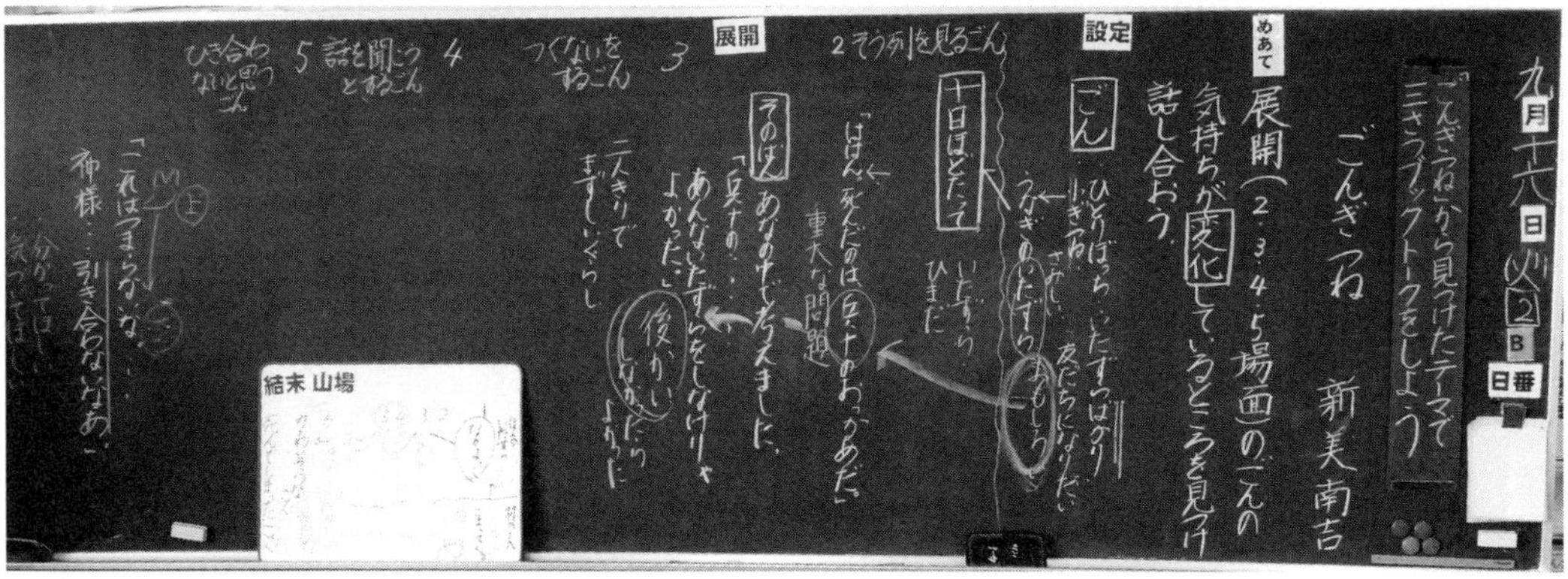

【本時の板書】　展開場面のごんの気持ちが変化しているところを見つけ話し合う

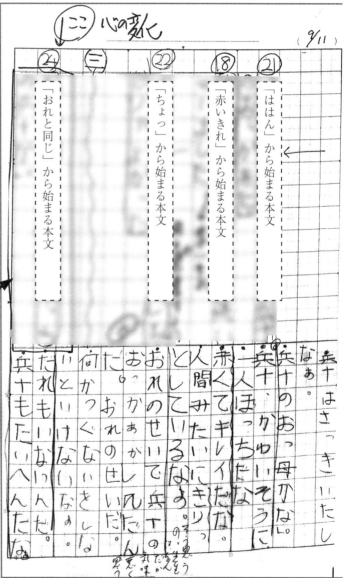

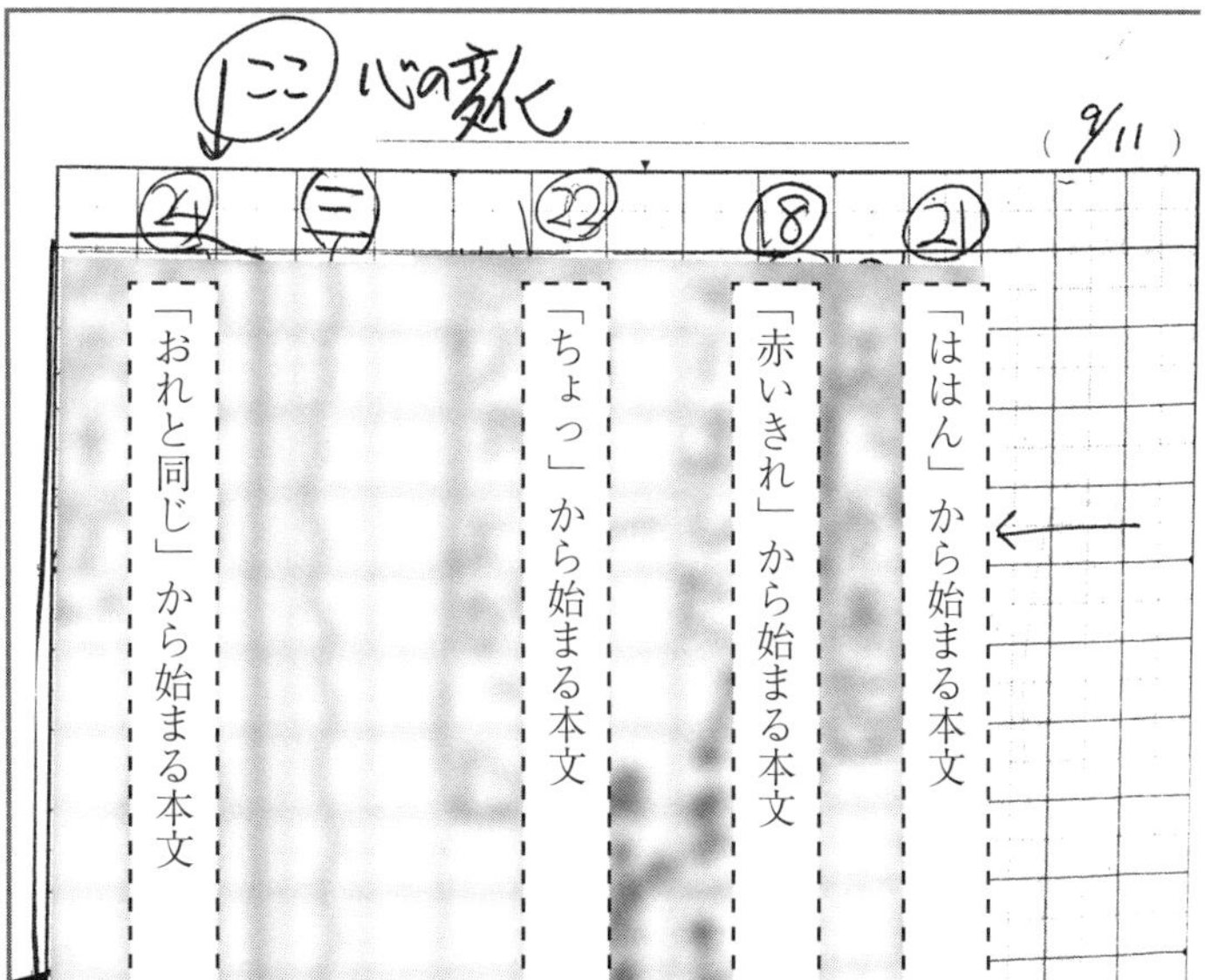

●対話的な学び

個が生み出したものを交流し、深める

書いたものをもとにグループ、さらに全体で話し合う。

●深い学び

キーワードを書き抜く

キーワード「兵十のおっかあだ。」「赤い」「しなけりゃよかった。」「ひとりぼっち」などの言葉を赤で囲っている。また、話し合いによって深まった考えを赤字で書き加えている。キーワードは、短く切り取っている。

【二次⑤】山場・結末場面から「ごんぎつね」のテーマを探ろう

挿絵などを活用して、物語全体の流れの中で、気持ちの変化を捉えさせていくことが大切である。

●主体的な学び

気持ちの変化を矢印で追って

キーワードを矢印↓でつなぎながら、兵十の気持ちの変化を追っている。また、見たものの順に①土間②くり③ごんとメモしている。

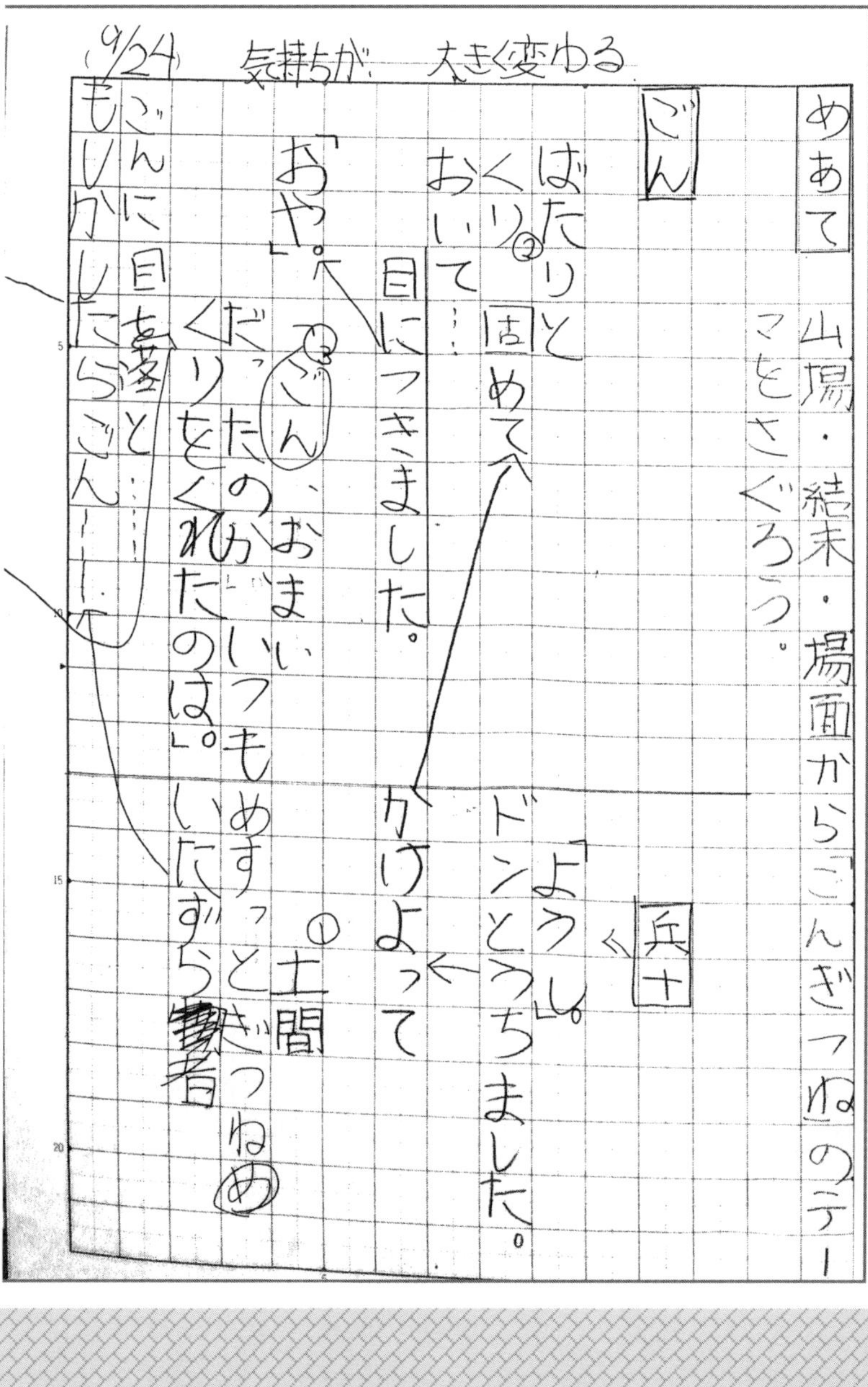

9/24　気持ちが　大きく変わる
めあて　山場・結末・場面からごんぎつねのテーマをさぐろう。
兵十
「ようし。」
ドンとうちました。
かけよって
①土間
めすっと
きつねめ
いたずら者
ごん
ばたりと
くり②固めて
おいて…
目につきました。
「おや。」
③ごん、おまいだったのか、いつもくりをくれたのは。
ごんに目を落と…
もしかしたらごん…！

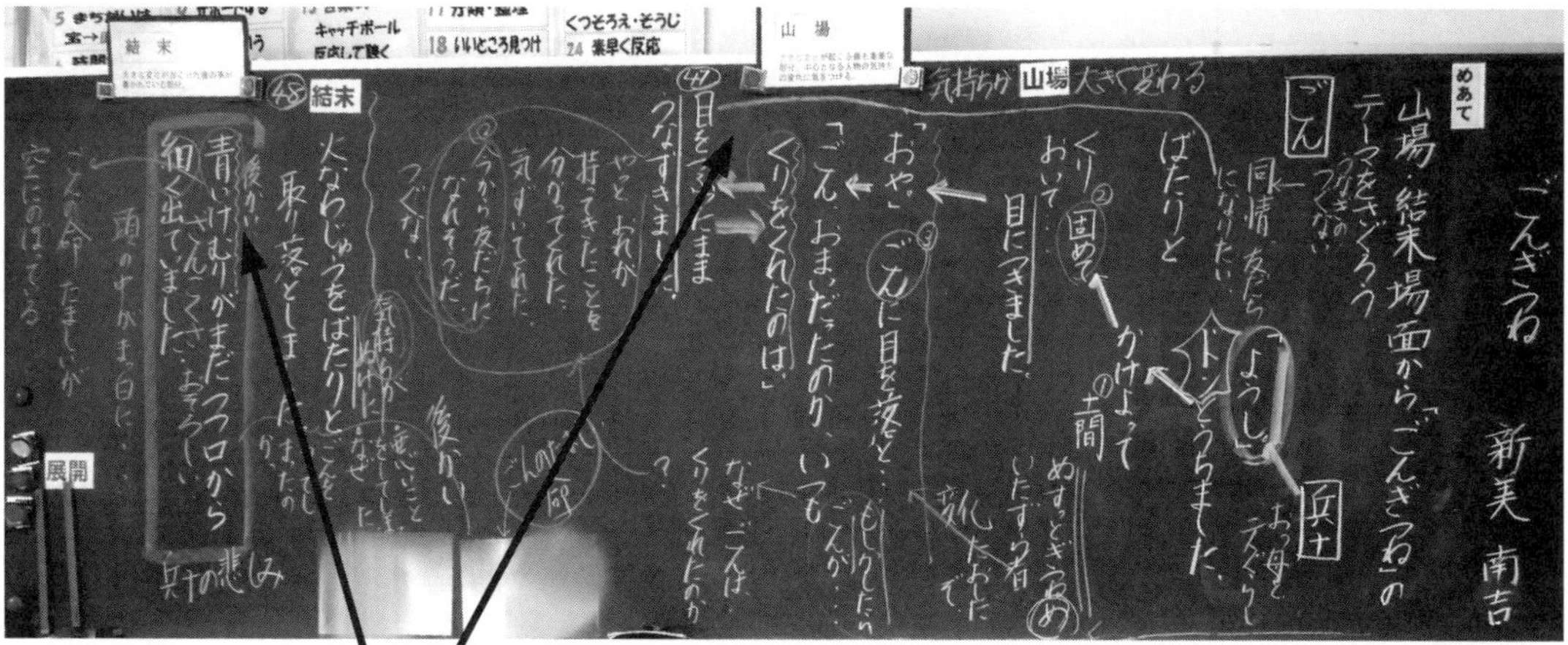

板書の工夫

★全体像を捉えた板書の効果

兵十の行動を白チョークで構造的に書き、黄色チョークで子どもたちの発言した兵十の気持ちの変化を書き込んだ。

★黒板上段に、「山場」「結末」のシートが貼られている。全体のどこの部分に着目して読むかという「しかけ」である。

このような板書の工夫が、子どもたちのノート作りにおいて、「構造的にまとめるとよりわかりやすくなる」というヒントとなる。

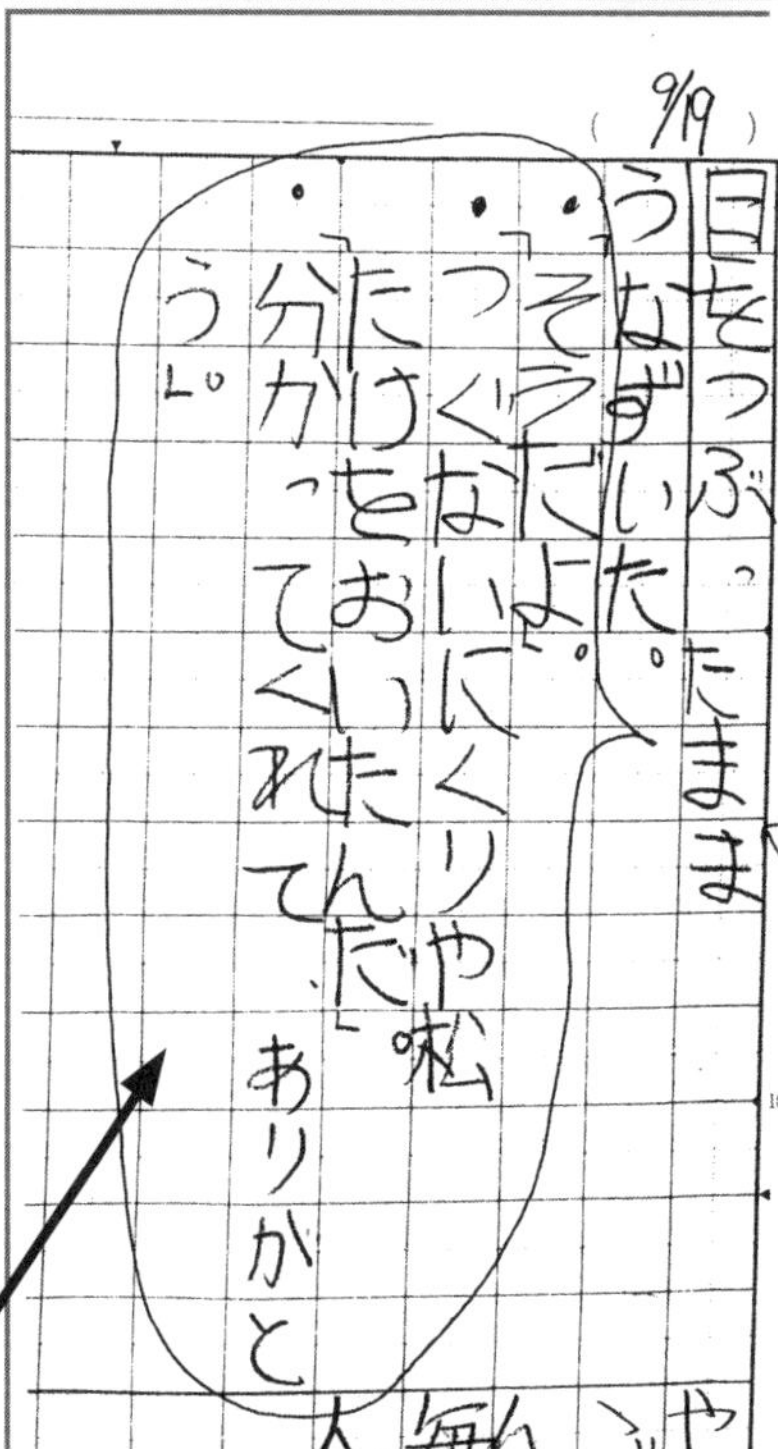

●主体的な学びから深い学びへ

叙述から心情を読み取る

「目をつぶったまま うなずいた。」というごんの行動から、読み取った心情を吹き出しに箇条書きで書いている。下段には、「火なわじゅうをばたりと……。」という叙述から読み取った兵十の気持ちを書いている。

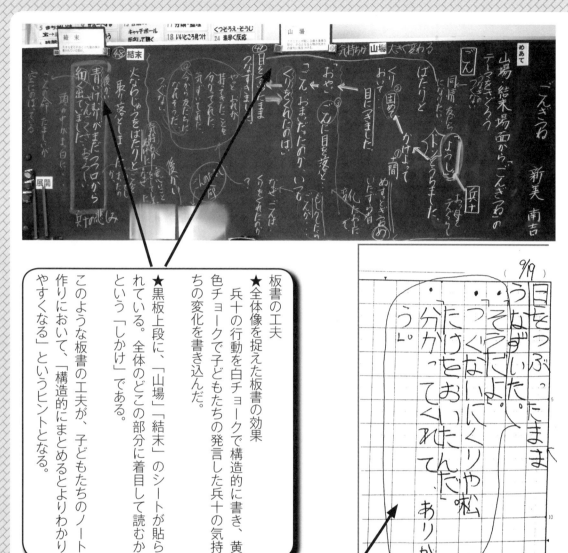

【二次⑥】山場・結末部分からテーマを見つけよう

●深い学び

テーマに関わる問い

「最後の一文があるのとないのとでは、どうちがうだろう。」というテーマに大きく関わる問いに対して、「さいごの一文が…しまった（こうかい）とかが分からない。」と読み取っている。

●対話的な学びから深い学びへ

交流した後のテーマ

はじめに見つけたテーマは「①ごんも友達がほしい。でも実げんしなかった」。伝え合い後、「②あとからこうかいしてもおそい」というテーマをつけ加えている。さらに、話し合いが進む中で、「③つたわらないきもちとつたわるきもち」というより高度なテーマを見つけている。

■最後の一文があるのとないのとでは、どうちがうだろう。

青いけむりが、まだつつ口から細く出ていました。

・黒は、ざんこくな感じだから。
空は、青いから、ごんは、死んでも青い空の天国で生きてね。
・さいごの一文がなかったら、しまった（こうかい）ということとかが分からない。

■「ごんぎつね」からのメッセージをまとめよう。（最後の自分なりのテーマ）

引用

「ごんおまい」から始まる本文と「ごんはぐったりと」から始まる本文

〈理由〉ごんは、友達がほしいからいたずらをしたと考えたから。うなぎとかをとっていたずらをしておいかけてもらいたい。

自分なりのテーマ

①ごんも友達がほしい
← 実げんしなかった
②あとからこうかいしてもおそい
③つたわらないきもちと
つたわるきもち
届かなかった。

【四次①】「ごんぎつね」の単元で身につけた言葉の力をふり返ろう

三次では、多読してきた本や既習の教科書教材から見つけたテーマに合った本を選び、三冊つなぎのブックトーク台本を書かせた。

書けた台本を何度も友だちと伝え合い、修正させた。

それを異学年に紹介したり、家庭に持ち帰り、家の人にブックトークしたりして評価カードを書いてもらった。多くの他者の目を通ることでさらによりよいものになる。

■四年生最後の単元で身につけた力をふり返りましょう。
○九月と三月に取り組んだ「ごんぎつね」の単元の学習を通して、「身に付けた力」をふり返りましょう。
◎○△で記入しましょう。

身に付けた言葉の力	ふり返り
① 単元で「身に付けたい力」をはっきり持ち、学習計画を立てることができた。	◎
② 「ごん」や「兵十」の気持ちの変化を心内語や行動、情景描写から、読み取ることができた。	◎
③ 設定・展開・山場・結末の文章構成やあらすじを捉えることができた。	◎
④ お話の「テーマ」を見つけ、見つけた本文を引用したりその理由を説明したりできた。	◎
⑤ 新美南吉の本や「心の通い合い」などの自分が読み取ったテーマの本をたくさん読み、ブックトーク台本を書くことができた。	◎
⑥ お話の魅力をブックトークすることで友達や家の人にしょうかいすることができた。	◎

○どんな「言葉の力」が身についたか、自分の言葉でもふり返りましょう。

会話文や行動などから気持ちを読みとる力
・要約する力
・ブックトークをすいすいと書く力
・きちんとお話をふり返る力

○五年生の物語単元で身に付けたい言葉の力を書きましょう。

・キーワードや大切な言葉などから、すばやくテーマを見つける力
・はっきりと聞き手の聞きやすいように話す力
・あらすじを5W1Hで書く力

●深い学び

身につけた言葉の力を自覚する

自分がどのように「言葉の力」を学びどのように活用したのか「身につけた言葉の力」を目に見える形で確認する。さらに次の単元への見通しをもっている。

12 4年生

「初雪のふる日」（光村図書・四年下）

ポイント

読後感をもとに物語の秘密を探り感想文を書くことによって深い学びへと導く

【二次①②】初めの読後感を書き、物語を大まかに捉えよう

学習の流れ

【一次】
①つけたい力の確認
②学習計画の作成

【二次】
①②初めの読後感を書き、物語を大まかに捉える
③起承転結ごとに読後感が生まれたところを引用する
④書き出した言葉や表現を分類してこの物語の秘密をまとめる
⑤なぜ、二回目のおまじないはきいたのか話し合う

【三次】
①感想文を書き、伝え合う

【四次】
①身につけた力のふり返り

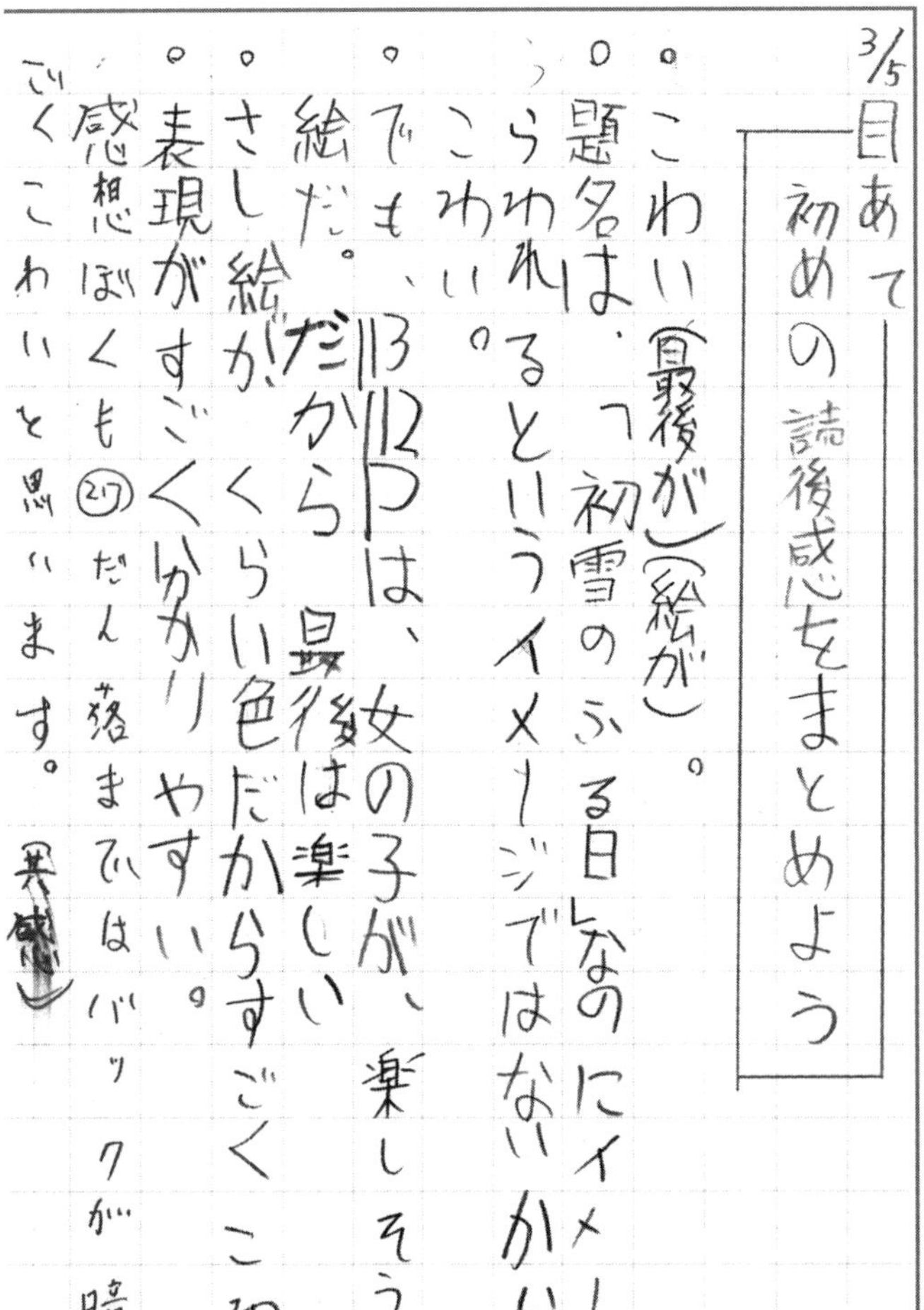
3/5
目あて 初めの読後感をまとめよう
。こわい（最後が）（絵が）。
。題名は、「初雪のふる日」なのにイメージは、さらわれるというイメージではないから、そこもこわい。
。でも、13・14Pは、女の子が、楽しそうな本文と絵だ。だから最後は楽しい
。さし絵が、くらい色だからすごくこわい。
。表現がすごくわかりやすい。
感想 ぼくも(217)だん落まではバックが暗いからすごくこわいと思います。
（共感）

●主体的な学びから対話的な学びへ

読後感がどこから生まれるのか

右ページのように読後感がどこから生まれているのか、どこで読後感が変わるのかを題名・本文・挿絵を手がかりにしようとしている。

まず、全体を読み、登場人物（中心人物）とあらすじ、起承転結を確認し、物語の構造を捉えさせる。

登場人物
・小さな女の子 中心人物
・白うさぎ
・たばこ屋のおばあさん
・一人のとしより
あらすじ

3/6
目あて
物語を大まかにとらえよう。

あらすじ
小さな女の子が石けりをしていて、白うさぎにさ
らわれそうになったけど、よもぎの葉をひろ
女の子は、知らない村で助かったお話。

●主体的な学び

あらすじは一文で短く

あらすじは、「中心人物が初め～だった。でも、～によって最後には～なった話」というように一文で短くまとめている。

【二次③④】起承転結ごとに読後感につながるところを引用・分類し、秘密をまとめよう

下のノートが三段組みになっているところに注目したい。段落番号・叙述・そこからわかる自分の考えという項目である。

●対話的な学び

叙述から根拠を引き出し、考えを書く

叙述から根拠を引き出し、考えを書いている。

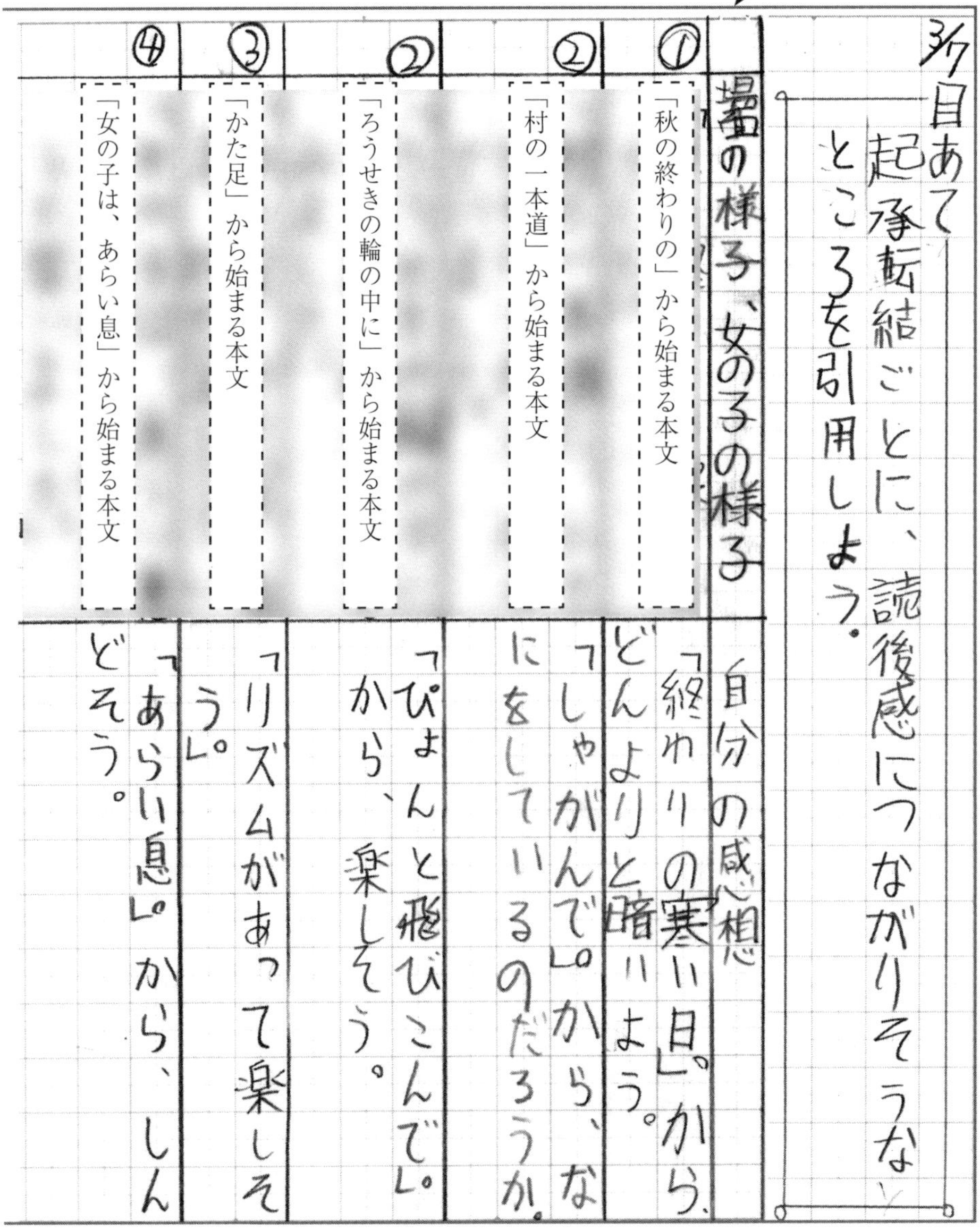

3/7日
めあて
起承転結ごとに、読後感につながりそうなところを引用しよう。
場面の様子、女の子の様子
自分の感想
①
「秋の終わりの」から始まる本文
「終わりの寒い日」から、どんよりと暗いよう。
②
「村の一本道」から始まる本文
「しゃがんで」から、なにをしているのだろうか。
②
「ろうせきの輪の中に」から始まる本文
「ぴょんと飛びこんで」から、楽しそう。
③
「かた足」から始まる本文
「リズムがあって楽しそう」。
④
「女の子は、あらい息」から始まる本文
「あらい息」から、しんどそう。

前時までに「叙述から根拠を引き出して意見を書く」活動を丁寧に行った後、さらにそれを上位概念へあげる活動を行わせた。

●主体的な学び

自分らしくノートをまとめる

A児は「分類の観点」をもっている。B児はたくさんの観点から「怖さを表す秘密」があることを見つけている。二人とも自分らしくノートをまとめている。

A児

B児

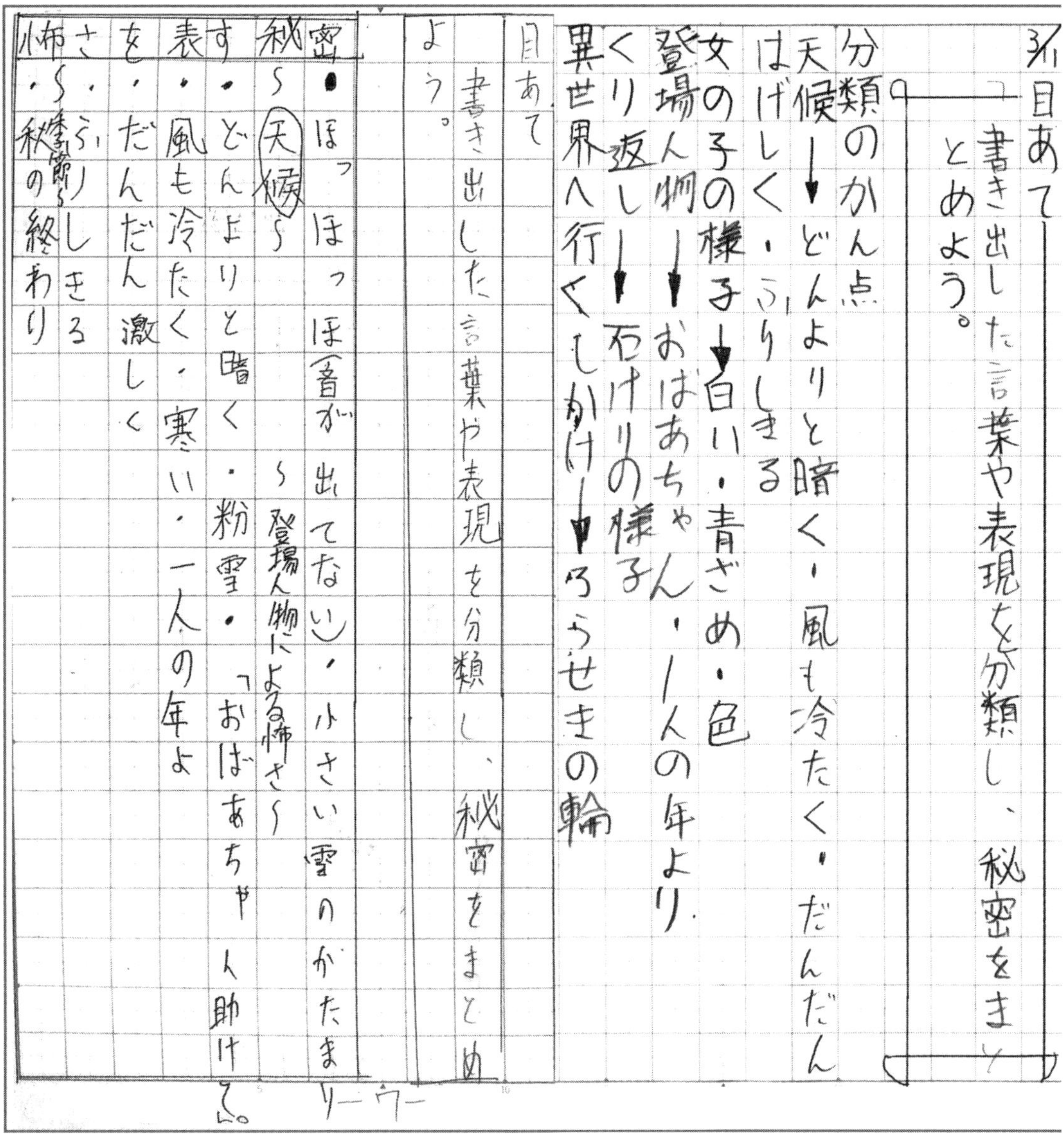
3/11 目あて
書き出した言葉や表現を分類し、秘密をまとめよう。
分類のかん点
天候→どんよりと暗く・風も冷たく・だんだんはげしく・ふりしきる
女の子の様子→白い・青ざめ・色
登場人物→おばあちゃん・一人の年より
くり返し→石けりの様子
異世界へ行くしかけ→ろうせきの輪

目あて
書き出した言葉や表現を分類し、秘密をまとめよう。
怖さを表す秘密
●ほっほっほ（音が出てない）・小さい雪のかたまり
~登場人物による怖さ~ 「おばあちゃん助けて。
~天候~
・どんよりと暗く・寒い・粉雪・
・風も冷たく・一人の年よ
・だんだん激しく
・ふりしきる
~季節~
秋の終わり
リーウー

【三次①】 読後感をもとに物語の秘密を探り、感想文を書こう

物語の「ひみつ」「しかけ」という言葉を使うことにより、この作品の特徴を叙述から見つけ出させた。


私は、初雪のふる日を読んだ後、「不思議な感じ」がしました。

なぜそう感じたのかは、絵と文の中にヒントがあり、ひみつをさぐりました。

それは、異世界へのしかけだったのです。

この作品には、初めの場面の本文に、「ろうせきの輪の中に、ぴょんと飛びこんでみました」と書かれています。その石けりの「輪」が、異世界への道だったのです。また、絵には、石けりの輪が書かれています。

●主体的な学び

二次での学びを生かして

いよいよ二次での学びを生かして感想文を書く。「なぜそう感じたか」という理由を「輪」「天候」「色」から具体的にあげており、読みが深まっている。

●主体的な学び

異世界へのしかけ

ファンタジーの世界へのしかけを既習教材「白いぼうし」を想起し、捉えている。

この後、伝え合いによって学びを深めさせた。感想文を書いて終わりにしないためである。

また、「不思議」な所は、もう一つありました。それは、「天候」です。「起」と「承」の場面だけでも「寒い」「風も冷たく」、「はげしく」「どんより暗く」などの、不思議なイメージの天候の様子がありました。また、絵には、暗くて、どんよりとした色が使われていました。だから、私は、不思議なイメージだなぁと思いました。「不思議」と聞くと、自分では信じられないことや、怖いことと思いますが、この「初雪のふる日」は、まさにそのことを書いているのです。だから、私は、異世界へのしかけなのかなと、ひみつをさぐってみました。

でも、「ほっとした」というところもあります。それは、「結」の部分です。本文に「ああ助かった。」と女の子は思いました。と書いてあるから、ほっとできるところもあると分かりました。

13

5年生

「世界でいちばんやかましい音」

（学校図書・四年下／東京書籍・五年）

ポイント

おもしろさを伝えるお話紹介をするために物語の構成を捉え深い学びへと導く

【一次①】　今までの物語の学習でつけた力を確認し、学習のゴールを決めよう

学習の流れ

【一次】
①これまでつけた力の確認と言語活動の設定
②つけたい力と学習計画の作成

【二次】
①物語の大まかな内容をつかむ
②初発の感想を書く
③物語の構成を捉える
④山場でおきた変化からテーマを捉える

【三次】
①お話紹介作文を書く
②お話紹介作文を読み合う

【四次】
①身についた力のふり返り

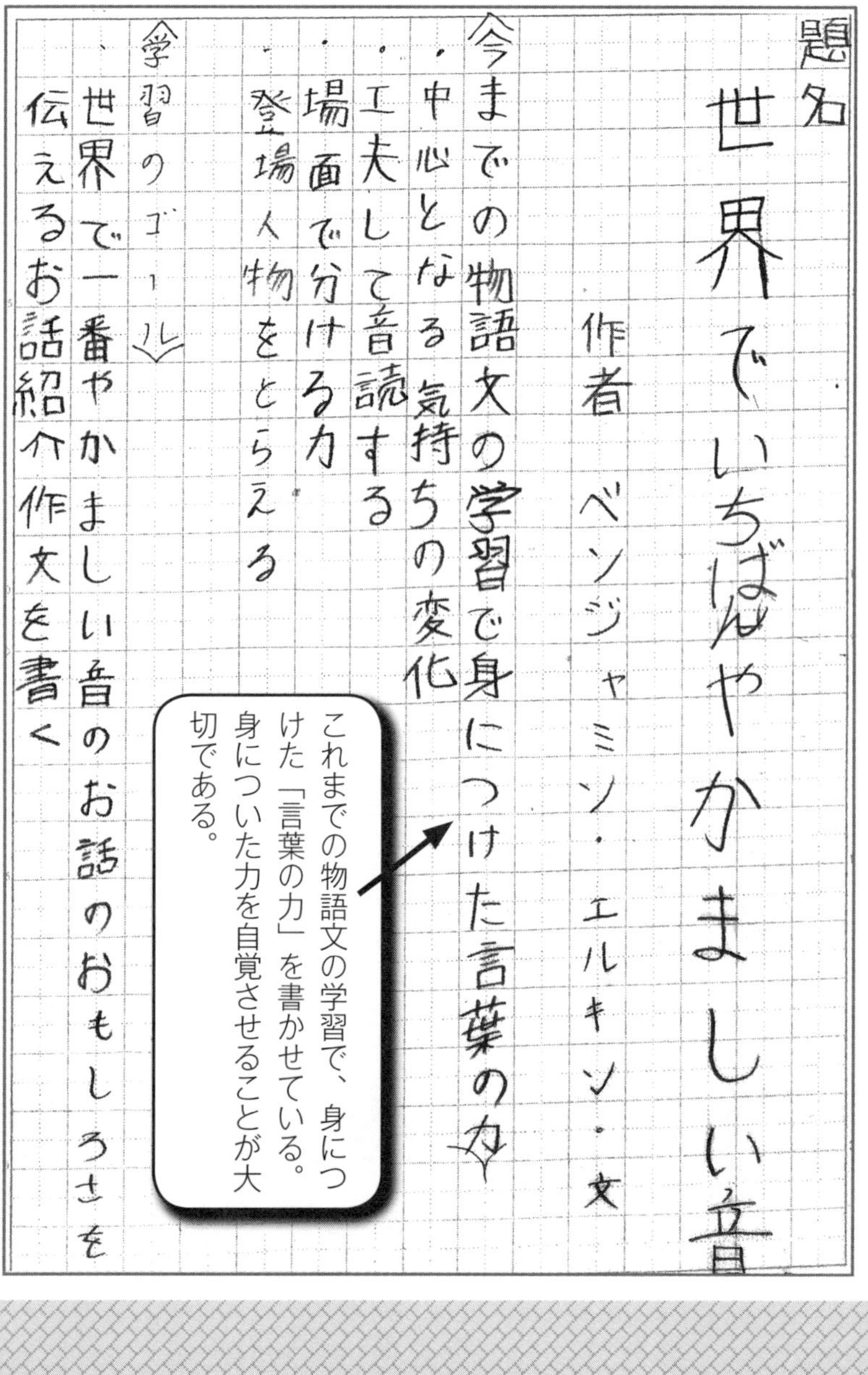

題名
世界でいちばんやかましい音
作者　ベンジャミン・エルキン・文
今までの物語文の学習で身につけた言葉の力
・中心となる気持ちの変化
・工夫して音読する
・場面で分ける力
・登場人物をとらえる
学習のゴール
・世界で一番やかましい音のお話のおもしろさを
伝えるお話紹介作文を書く

これまでの物語文の学習で、身につけた「言葉の力」を書かせている。身についた力を自覚させることが大切である。

【一次②】つけたい力を確認し、学習計画を立てよう

子どもとともに学習計画を立てることにより、単元全体の見通しを持って学習を進めることができる。また、つけたい力を確認しておくことによって常に意識しながら学習を行っていくことができる。

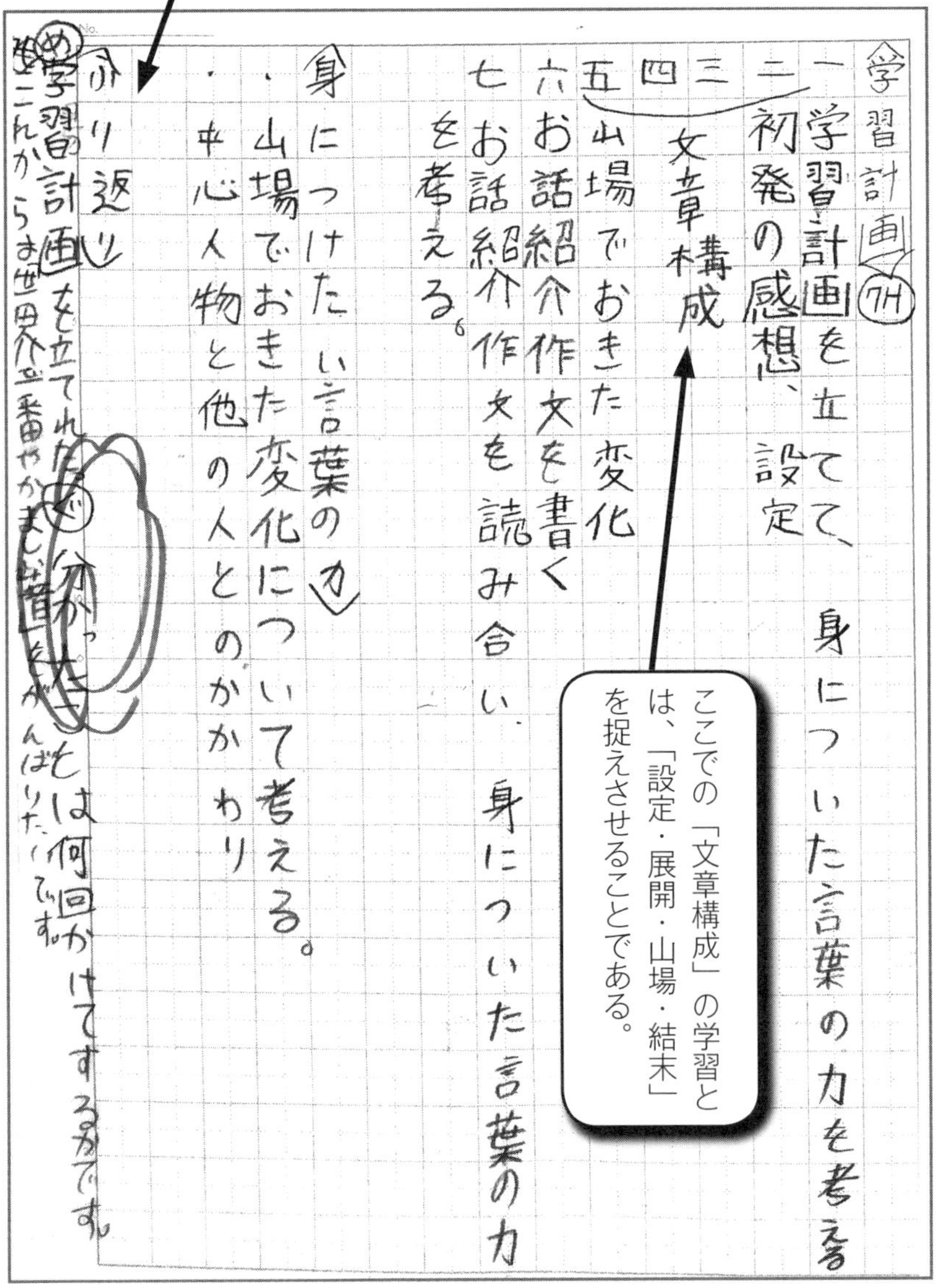
学習計画 7H
一 学習計画を立てて、身についた言葉の力を考える
二 初発の感想、設定
三 文章構成
四
五 山場でおきた変化
六 お話紹介作文を書く
七 お話紹介作文を読み合い、身についた言葉の力を考える。
身につけたい言葉の力
・山場でおきた変化について考える。
・中心人物と他の人とのかかわり
ふり返り
め 学習計画を立てれたので、分かったことは何回かけてするかです。
これからま世界一番やかましい音をがんばりたいです。

●主体的な学び

毎時間のふり返り

子ども自身が必要性を意識して取り組める学習となるように毎時間、学習をふり返っている。

ここでの「文章構成」の学習とは、「設定・展開・山場・結末」を捉えさせることである。

【二次①】物語の大まかな内容をつかもう

物語の大まかな内容をつかむため、「時」「場所」「登場人物」「中心人物」「どんな事件が起こったか」を考えさせた。

●主体的な学び

変化したもの

変化したものとして①町のかん板②ちんもくをあげている。これは、次回以降の授業へとつながっていく。

世界でいちばんやかましい音

めあて 物語の大まかな内容をつかみ感想を友達と交流しよう。

・時 ずいぶん昔

・場所 ガヤガヤという都

・登場人物 ギャオギャオ王子 人々 ある小さな町の一人のおくさん だんなさん

・中心人物(主人公)ギャオギャオ王子

・どんな事件が起こったか

王子様のたん生日に全くのちんもくになった。

・変化したものは何か

町のかん板がかわった。

町がガヤガヤしていた昔が全くのちんもくになた

【二次③】物語の構成（設定・展開・山場・結末）を考えよう

場面分けのコツを使って、自分の力で場面分けをさせた。個人学習の後、クラス全体で話し合わせた。

●深い学び

場面分けのコツ

「場面分けのコツ」として「時・場所・人物」が書き添えられている。

●主体的な学び

場面分けのキーワードを書き抜く

形式段落番号を書いた後、教師の範読を聞きながら、「時・場所・人物」がわかるキーワードを書き抜いた。

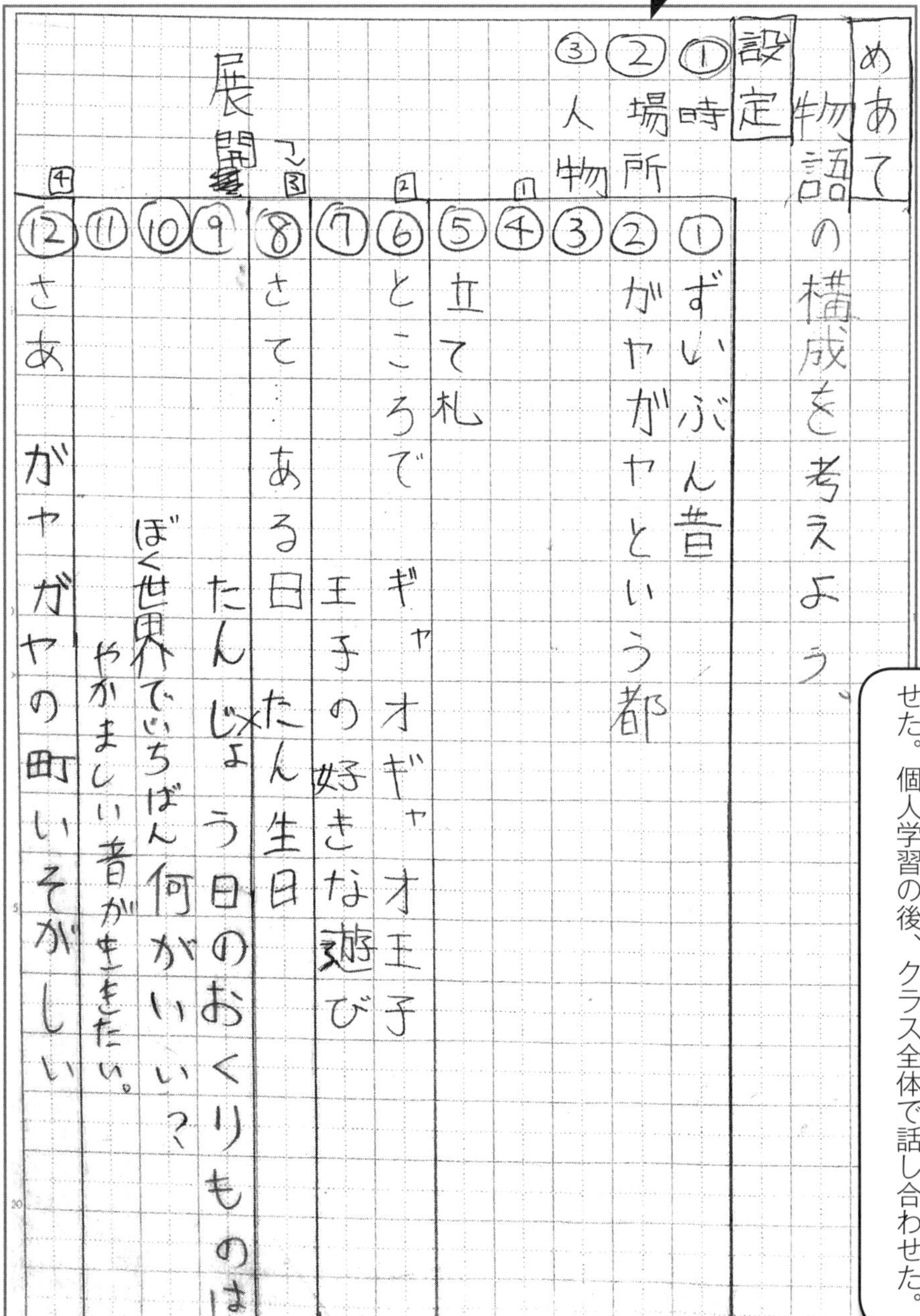

めあて 物語の構成を考えよう
設定
①時
②場所
③人物
①ずいぶん昔
②ガヤガヤという都
③
④
⑤立て札
⑥ところで ギャオギャオ王子
⑦王子の好きな遊び
展開
⑧さて…ある日 たんたん生日 たんじょう日のおくりものは
⑨ぼく世界でいちばん何がいい？
⑩やかましい音がききたい。
⑪
⑫さあ ガヤガヤの町いそがしい

「時・場所・人物」のキーワードを書き抜き、はじめは、10場面に分ける。その後で「設定・展開・山場・結末」を考えさせ、書き込ませた。

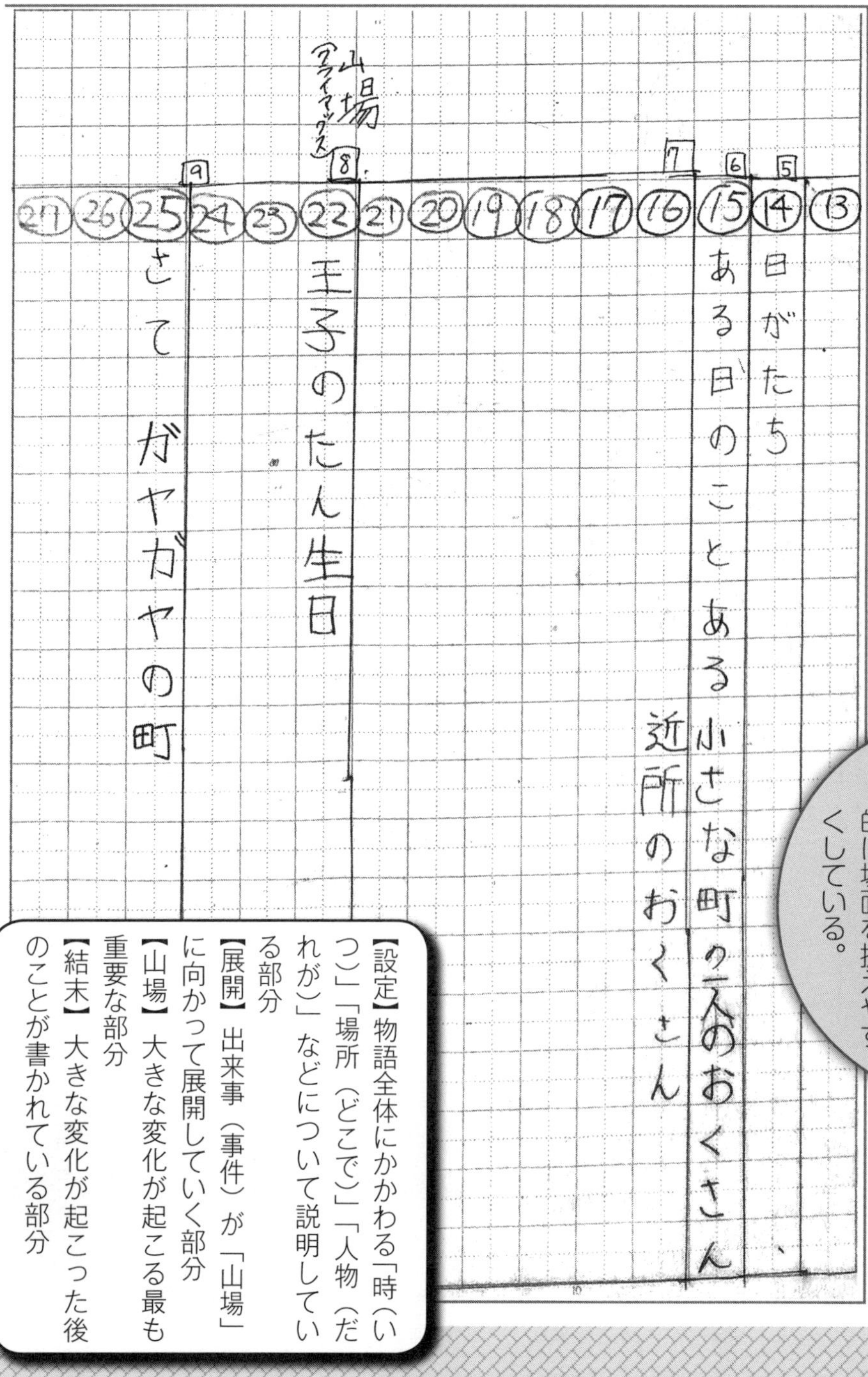

●主体的な学び

視覚的に見やすいノート

段落番号の下にキーワードを書き出したことによって、視覚的に場面を捉えやすくしている。

【設定】物語全体にかかわる「時（いつ）」「場所（どこで）」「人物（だれが）」などについて説明している部分

【展開】出来事（事件）が「山場」に向かって展開していく部分

【山場】大きな変化が起こる最も重要な部分

【結末】大きな変化が起こった後のことが書かれている部分

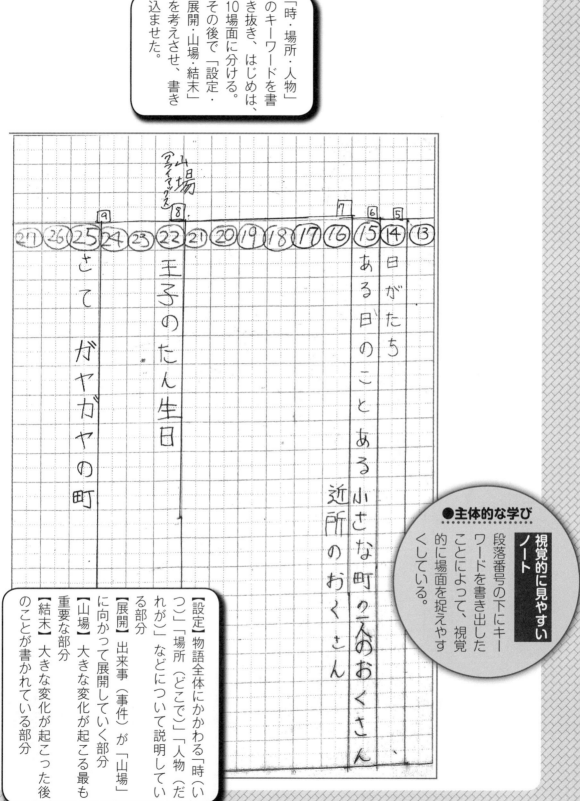

㋱㋖㋯という毎時間のふり返りに注目したい。
㋱…めあてとの関係
㋖…具体的に
㋯…未来に向けて

●深い学び

自分の学びの自覚化

㋱では本時のめあてをふり返り、㋖では学習をふり返り、わかったことを自分の言葉で説明することで、自分の学びを自覚している。

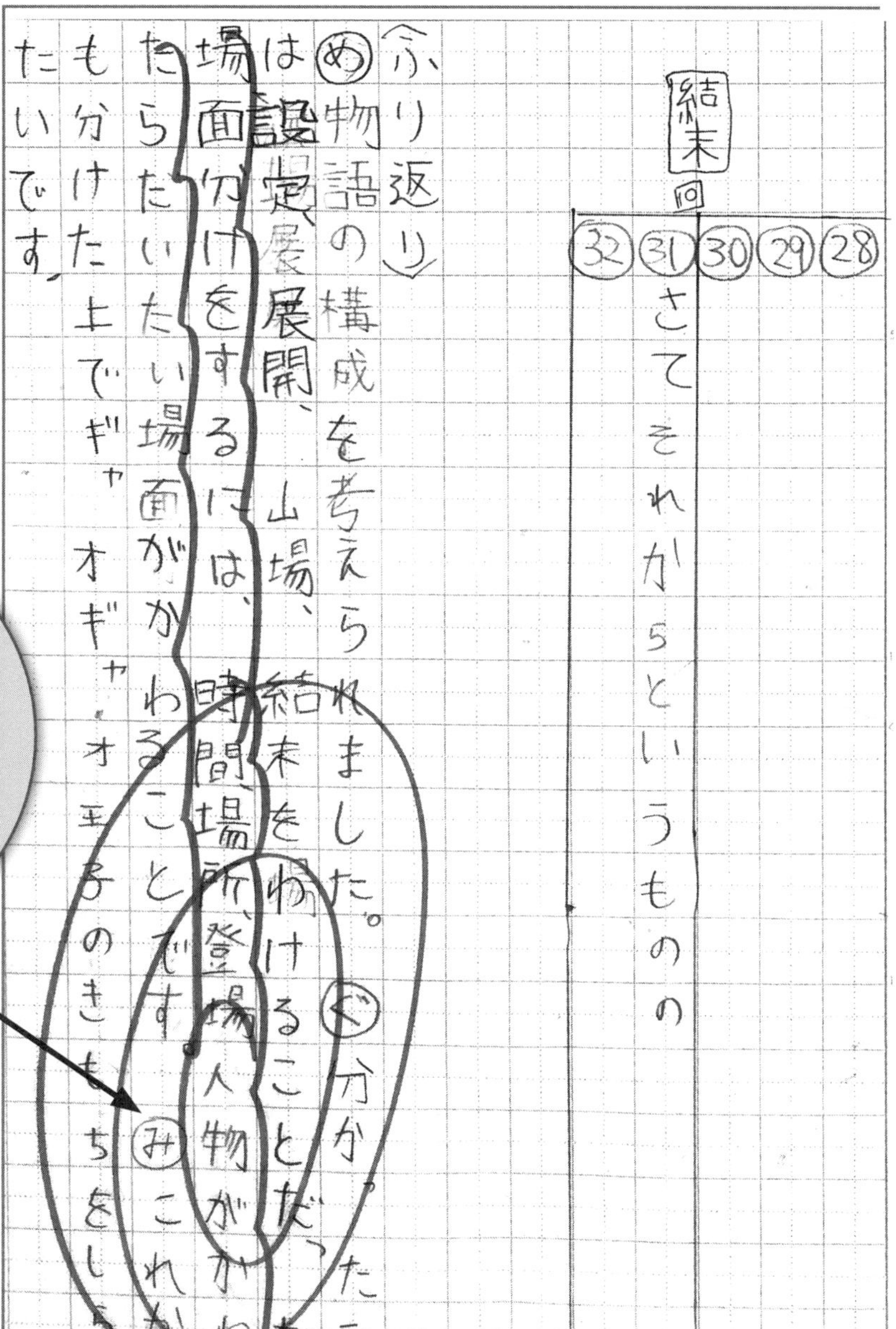
結末
28
29
30
31 さてそれからというものの
32
〈ふり返り〉
㋱物語の構成を考えられました。㋖分かったこと
は設定、展開、山場、結末をわけることだったり、
場面分けをするには、時間、場所、登場人物がかわ
ったらだいたい場面がかわることです。㋯これから
も分けた上でギャオギャオ王子のきもちをしらべ
たいです。

●主体的な学び

次に何をしたいか

㋯では次の時間に何を学習していきたいのか考えている。そうすることで、学習に目的をもって取り組めるようになる。

【二次④】山場でおきた変化からテーマを捉えよう

大きく変わったものを⇩を使って、ビフォー・アフターの形で捉えさせた。その後、その変化の意味を考えることを通してテーマにつなげた。

●深い学び

変化の関係

「ガヤガヤの町の人々は、静けさと、落ちつきを知って、人々の心が平和になった」と二つの変化の関係を捉えている。

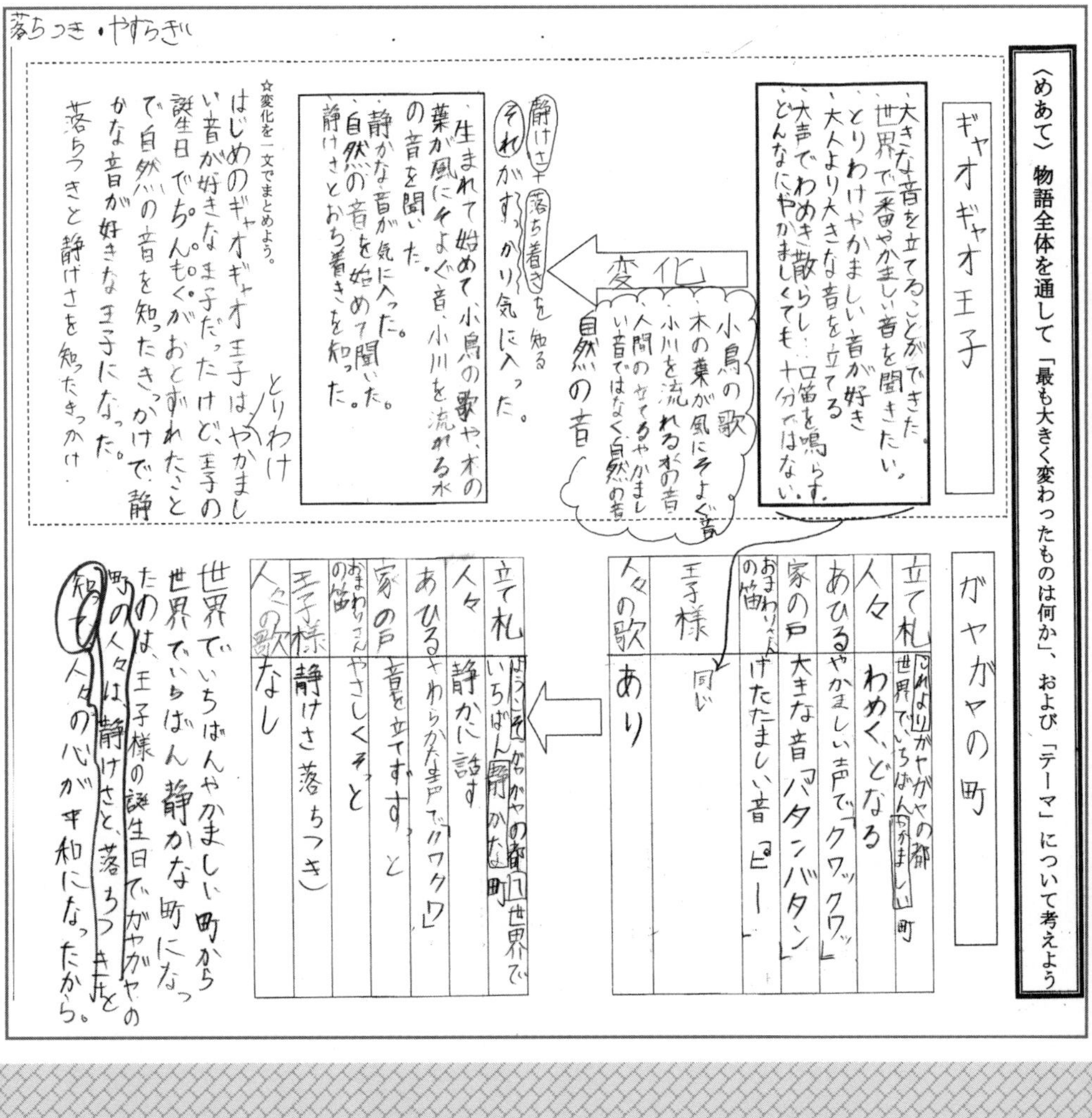
〈めあて〉物語全体を通して「最も大きく変わったものは何か」、および「テーマ」について考えよう

ギャオギャオ王子

・大きな音を立てることができた。
・世界で一番やかましい音を聞きたい。
・とりわけやかましい音が好き
・大人より大きな音を立てる
・大声でわめき散らし、口笛を鳴らす。
・どんなにやかましくても十分ではない。

変化

自然の音
小鳥の歌
木の葉が風にそよぐ音
小川を流れる水の音
人間の立てるやかましい音ではなく自然の音

静けさ＋落ち着きを知る
それがすっかり気に入った。

・生まれて始めて小鳥の歌や、木の葉が風にそよぐ音、小川を流れる水の音を聞いた。
・静かな音が気に入った。
・自然の音を始めて聞いた。
・静けさとおち着きを知った。

☆変化を一文でまとめよう。
はじめのギャオギャオ王子はとりわけやかましい音が好きな王子だったけど、王子の誕生日でちんもくがおとずれたことで自然の音を知ったきっかけで静かな音が好きな王子になった。
落ちつきと静けさを知ったきっかけ。

落ちつき・やすらぎ

ガヤガヤの町

立て札	これよりガヤガヤの都 世界でいちばんやかましい町
人々	わめく、どなる
あひる	やかましい声で「クワックワッ」
家の戸	大きな音「バタンバタン」
おまわりさんの笛	けたたましい音「ピー」
王子様	同じ
人々の歌	あり

⇦

立て札	これよりガヤガヤの都 世界でいちばん静かな町
人々	静かに話す
あひる	やわらかな声で「クワクワ」
家の戸	音を立てずすっと
おまわりさんの笛	やさしくそっと
王子様	静けさ落ちつき
人々の歌	なし

世界でいちばんやかましい町から世界でいちばん静かな町になったのは、王子様の誕生日でガヤガヤの町の人々は、静けさと落ちつきを知り人々の心が平和になったから。

【四次①】身についた力のふり返りをしよう

〈めあて〉~~お話紹介作文~~感想を友だちと伝え合い、身についた「言葉の力」を考えよう。

① 物語を分けるには、（設定）（展開）（山場）（結末）の四つに分ければよいことがわかった。	●	○	○
② 山場は、物語を通して最も変化がおこる重要なところだと分かった。	●	○	○
③ 「世界でいちばんやかましい音」の山場が何段落になるかが分かっ	●	○	○
④ 大きく変化したことが二つあることが分かった。	●	○	○
⑤ 王子の、始めの様子と変化した後の様子を比べることができた。	●	○	○
⑥ 王子が変化したきっかけ（理由）が分かった。	●	○	○
⑦ ガヤガヤの町全体の始めの様子と変化した後の様子を比べることができた。	●	○	○
⑧ ガヤガヤの町全体が変化したきっかけ（理由）が分かった。			
⑨ テーマを考えることができた。			

この単元で学習したことやつけたい力を具体的にあげた。この後、これをもとに自分の言葉でもついた力を書かせる。

私がこの勉強でいちばん身についた「言葉の力は、2つあります。1つ目は「物語を分けるには（設定）（展開）（山場）（結末）の四つに分ければよいことが分かった」です。理由はこの勉強で始めてこの四つに分けるということが分かって、へぇ〜と思ったからです。2つ目は「王子が変化したきっかけが分かった」です。理由は王子が変わっていろんな町の人が変わっておもしろいなぁと思ったからです。

●深い学び

物語の変化を捉えることはテーマにつながる

ついた力を「1つ目、2つ目」という言葉を使って書いている。物語の構成と山場における変化を捉えている。

14
5年生

「大造じいさんとガン」

（光村図書／東京書籍／三省堂／学校図書／教育出版・五年）

ポイント

物語のおもしろさをリーフレットにまとめるために読み取り図を書き、深い学びへと導く

【二次②】 設定と人物像について一人読みしたことを全体で交流しよう

学習の流れ

【一次】
①つけたい力の確認
②学習計画の作成

【二次】
①設定と人物像を一人読みする
②設定と人物像を全体交流する
③登場人物の気持ちの変化を一人読みする
④登場人物の気持ちの変化を全体交流する
⑤情景描写について考える

【三次】
①物語のおもしろさをリーフレットにまとめる

【四次】
①身につけた力のふり返り

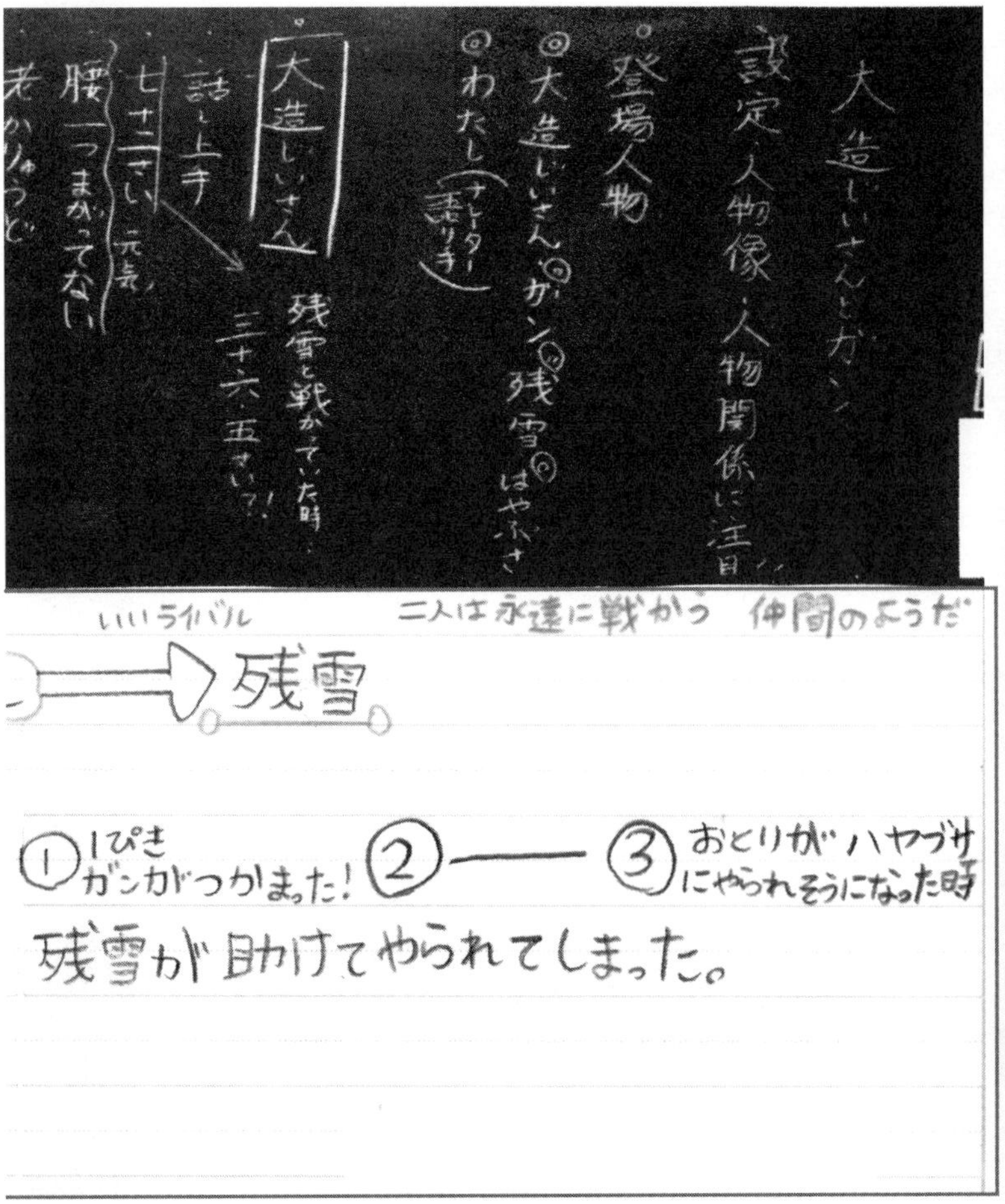

一人読みによって読み解いたことを発表させ、それを板書にまとめ、その画像を配付し、ノートに貼らせている。

●主体的な学び

叙述の引用

「かしこい」→「様子の変わった所には近づかぬがよいぞ」のように根拠となる叙述を引用している。

●対話的な学び

伝え合いにより深まった読み

「いいライバル」の横に「二人は永遠に戦う仲間のようだ」と書き加えている。伝え合いにより、人物関係に関して深い読みができている。

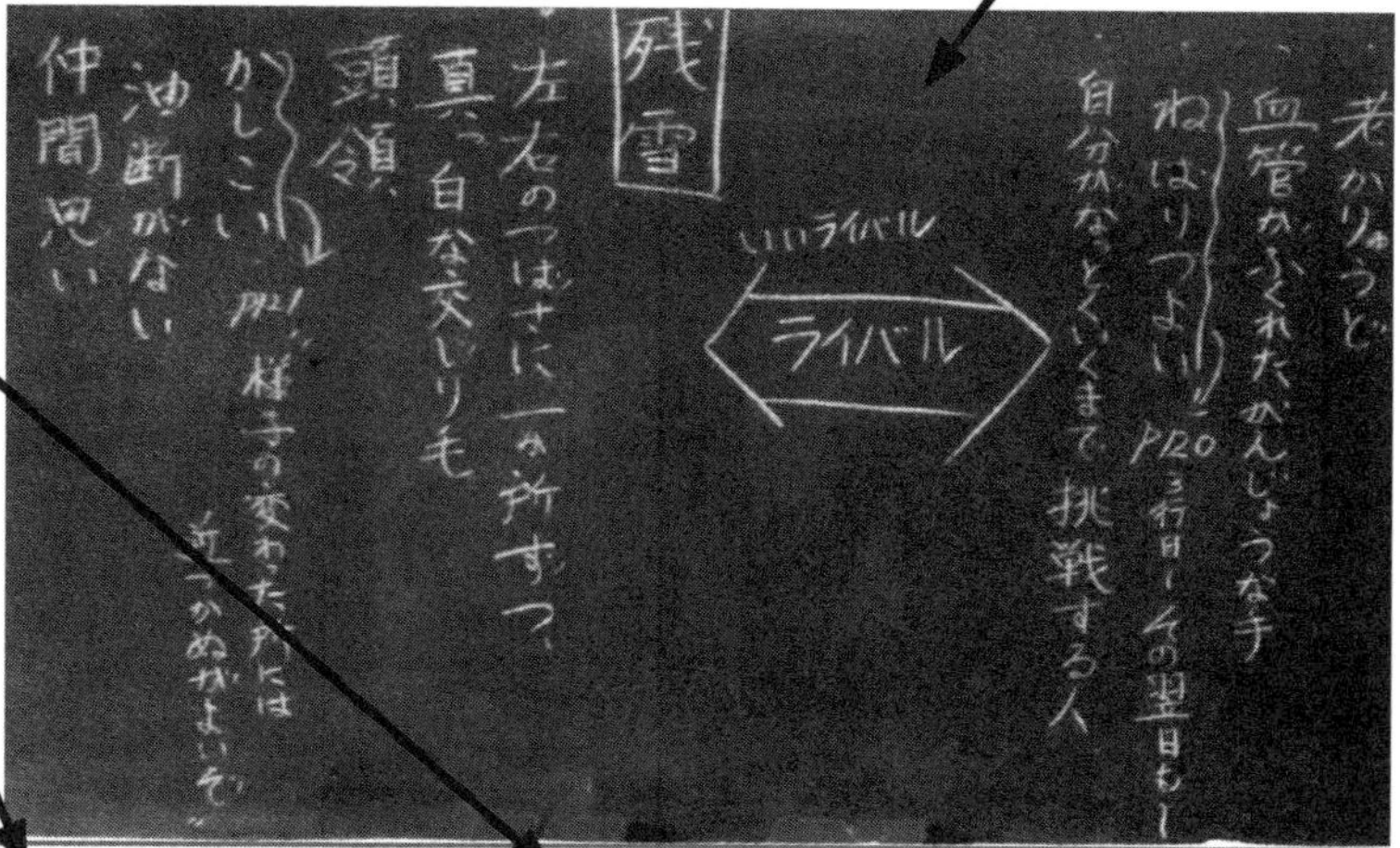

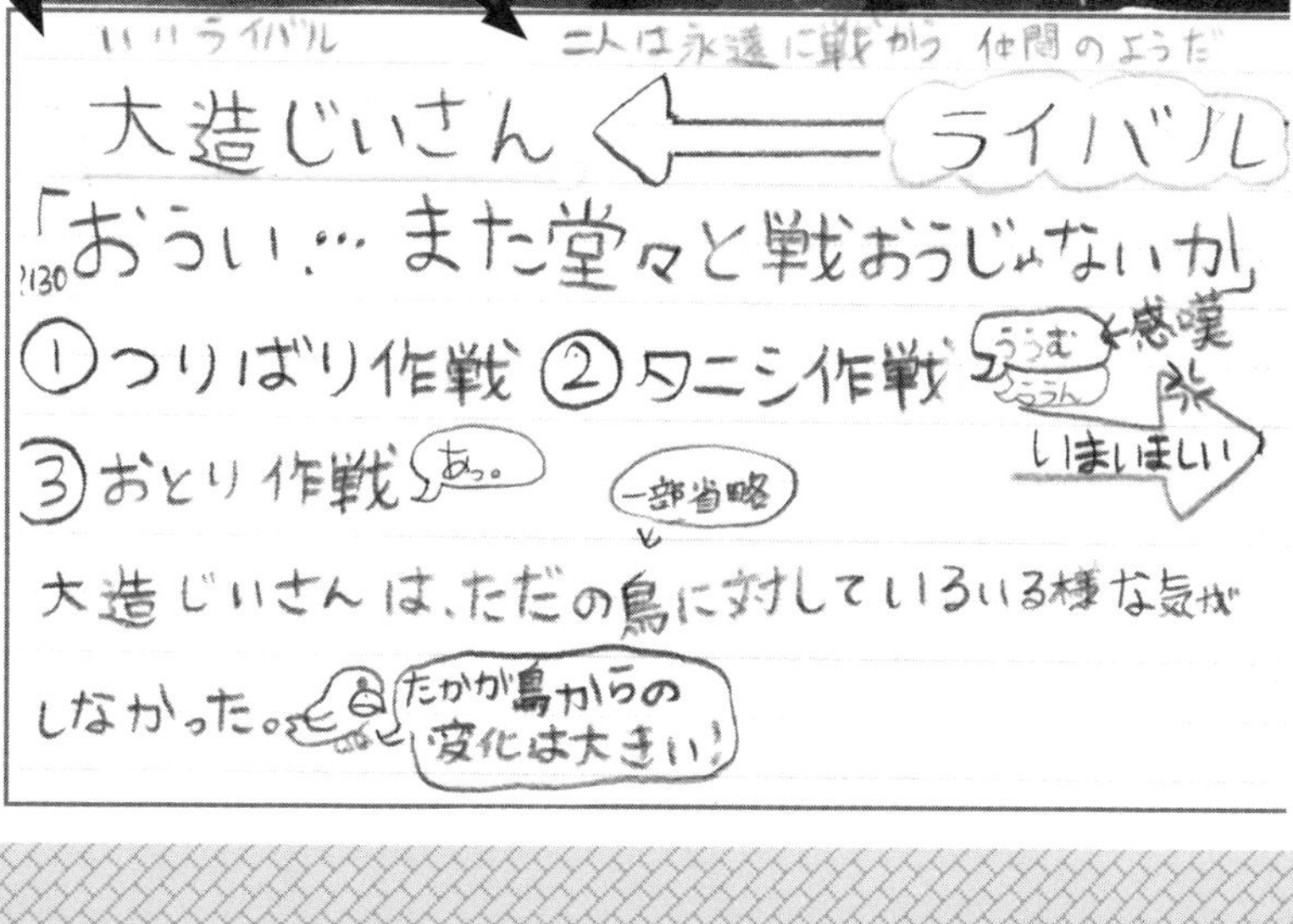

●主体的な学び

人物関係を捉える

「大造じいさんは、ただの…」という叙述を引用し、人物関係の重要な変化をまとめている。

●主体的な学び

対比させる形でまとめる

ノートを二分割し、左に「大造じいさんの気持ちの変化」を右に「残雪の気持ちの変化」を書いている。大造じいさんの方には「ぬま地をかりばにしていた」、残雪の方には「ぬま地に来るようになった」というように、対比させる形でまとめている。

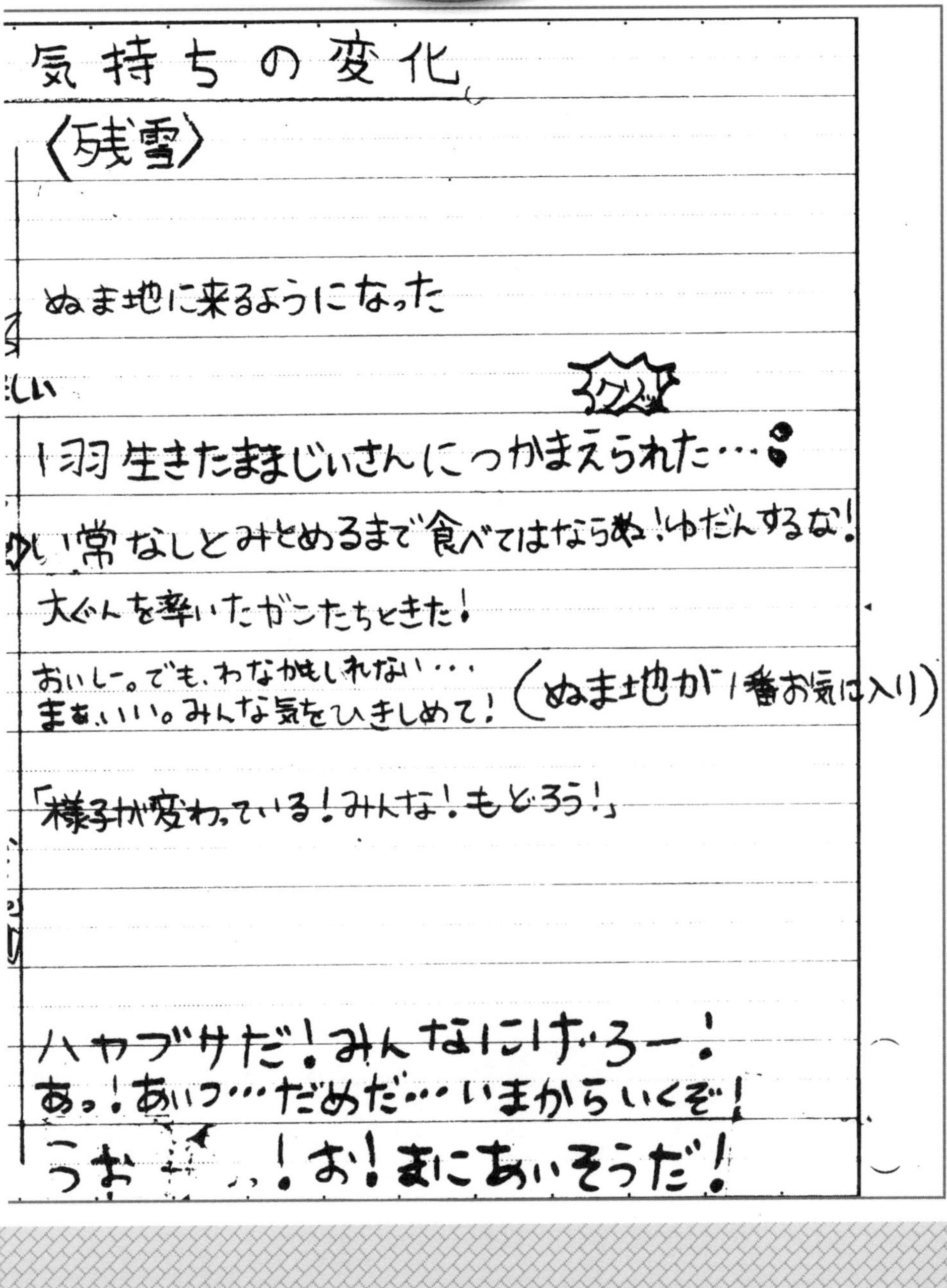
気持ちの変化
〈残雪〉
ぬま地に来るようになった
グッ
1羽生きたままじいさんにつかまえられた…
常なしとみとめるまで食べてはならぬ！ゆだんするな！
大ぐんを率いたガンたちときた！
おいしー。でも、わなかもしれない…
まあ、いい。みんな気をひきしめて！ （ぬま地が1番お気に入り）
「様子が変わっている！みんな！もどろう！」
ハヤブサだ！みんなにげろー！
あっ！あいつ…だめだ…いまからいくぞ！
うお…！お！まにあいそうだ！

●主体的な学び

叙述から気持ちの変化をまとめる

「一羽のガンも手に入れられなくなった。」→「いまいましい」「特別な方法に取りかかる…①つりばり作戦」→「ワクワク」〈翌年〉「夏からタニシを五俵ばかり集めた」→「次こそ」など、出来事を捉えている。さらに、出来事に対する気持ちの変化を自分の言葉でまとめている。

一人読みの時間を設定することによって、個の読みを見える形にして、主体的な学びへとつなげていくことができる。まとめる手段は、ノートだけでなく、ワークシートも活用した。

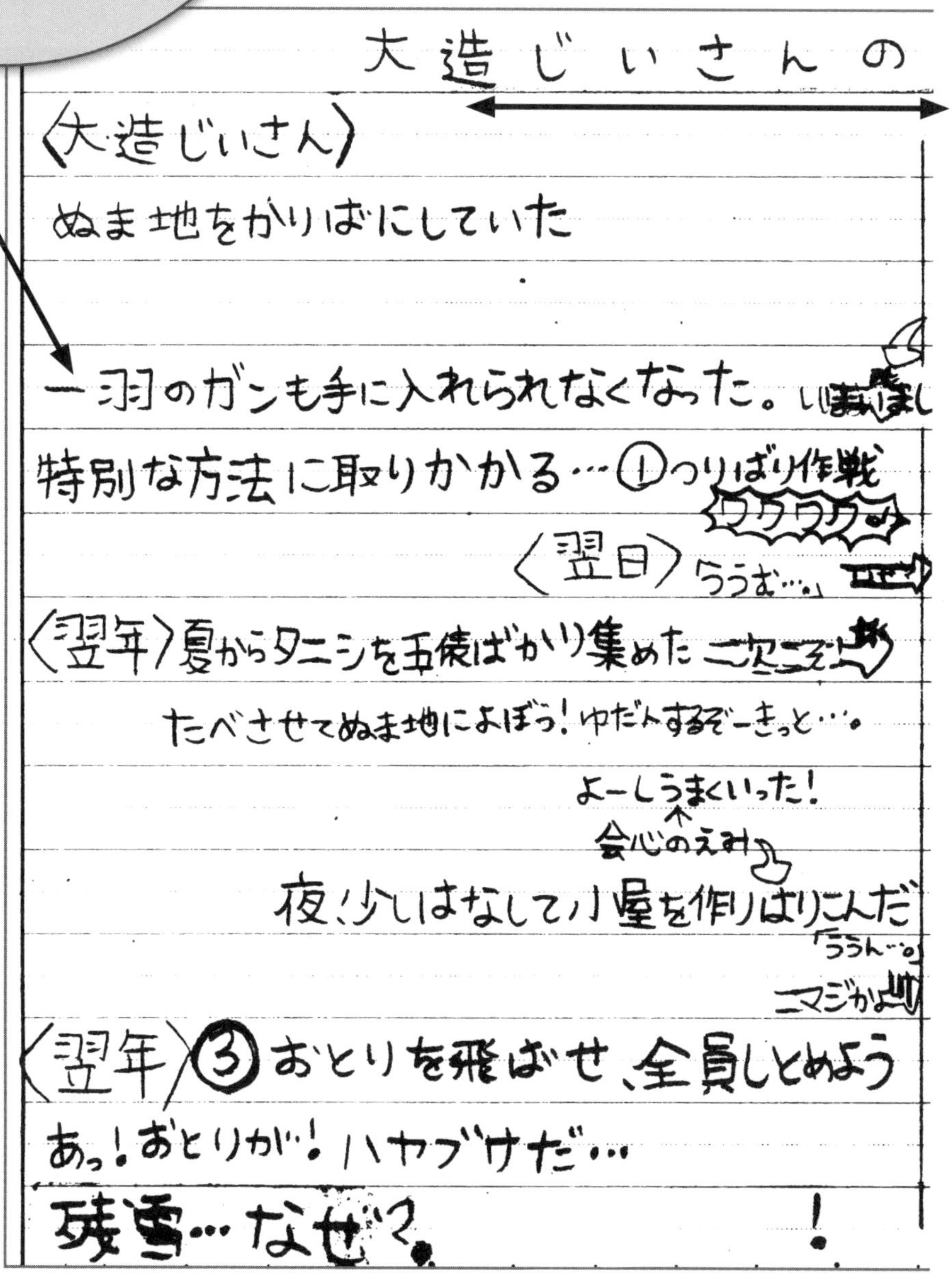

大造じいさんの

〈大造じいさん〉

ぬま地をかりばにしていた

一羽のガンも手に入れられなくなった。いまいまし

特別な方法に取りかかる…①つりばり作戦

ワクワク

〈翌日〉うぅむ…。

〈翌年〉夏からタニシを五俵ばかり集めた 次こそ!

たべさせてぬま地によぼう! ゆだんするぞーきっと…。

よーしうまくいった!

会心のえみ

夜!少しはなして小屋を作りはりこんだ

ううん…。

マジかよ!!

〈翌年〉③おとりを飛ばせ、全員しとめよう

あっ!おとりが!ハヤブサだ…

残雪…なぜ?

!

【二次④】 登場人物の気持ちの変化について一人読みしたことを全体で交流しよう

個の読みを活用し、読み解き伝え合いを行う。他者の読みに触れることによって、自らの読みを深めることができる。

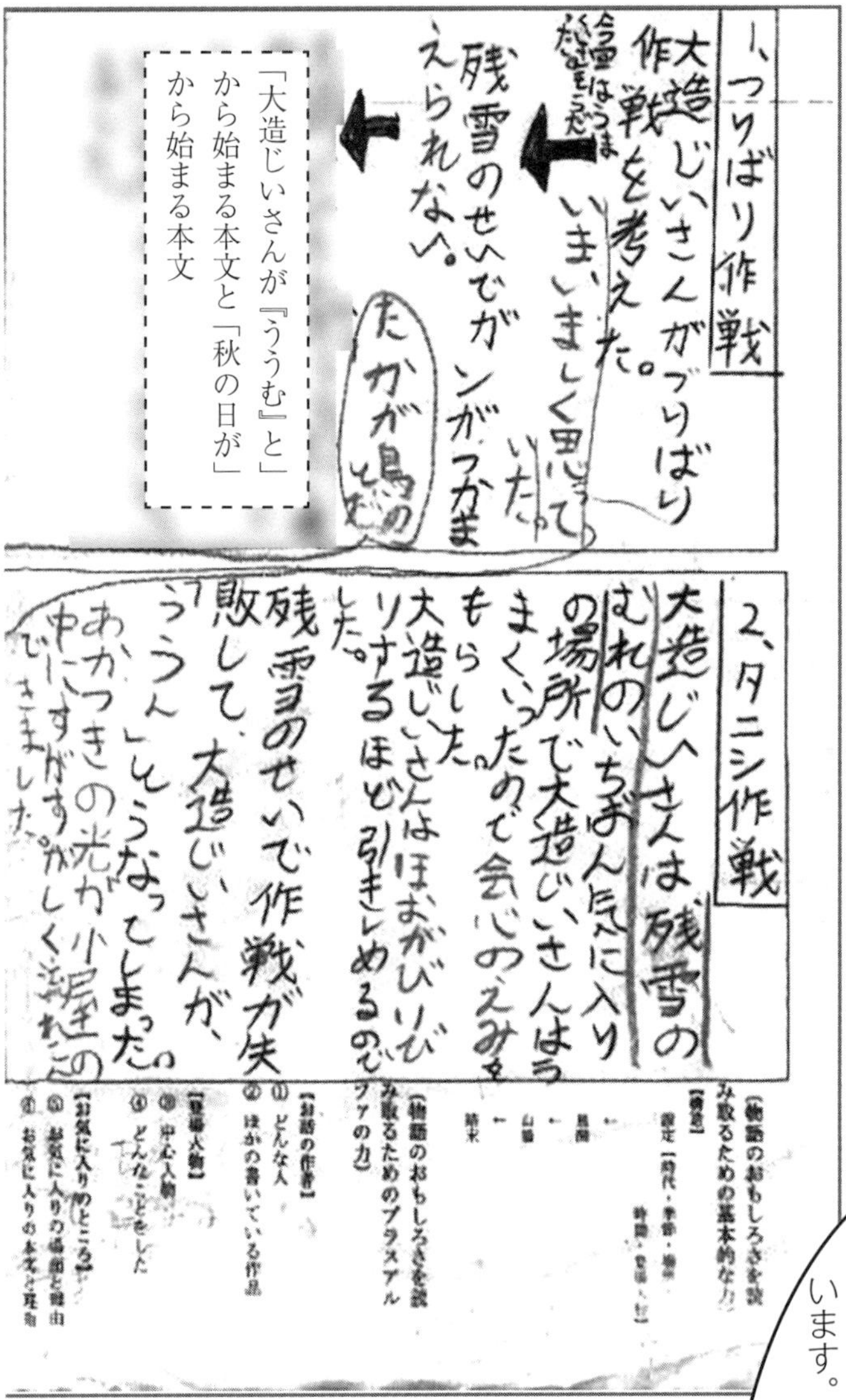

1、つりばり作戦
大造じいさんがつりばり作戦を考えた。
いまいましく思っていた。
残雪のせいでガンがつかまえられない。
2、タニシ作戦
大造じいさんは残雪のむれのいちばん気に入りの場所で大造じいさんはうまくいったので会心のえみをもらしました。

大造じいさんはほおがびりびりするほど引きしめるのでした。

残雪のせいで作戦が失敗して、大造じいさんが、ううんとうなってしまった。

あかつきの光が小屋の中にすがすがしく流れこんできました。


「大造じいさんが『ううむ』と」から始まる本文と「秋の日が」から始まる本文

まず、最初の大造じいさんの気持ちです。p.124　9行目「青くすんだ空を見上げながら、にっこりとしました。」、そのひとつ前の行に「うまくいくぞ。」と書いてあるからうまくいくと思ってにっこりしたと思います。

●深い学び

他者の読みを取り入れる

読みを伝え合うだけでなく、他者の読みから学んだことを目に見える形にすることも大切である。ワークシートに書かれている「青」と「緑」の字は、学習者が読みの伝え合い後に書き加えたものである。

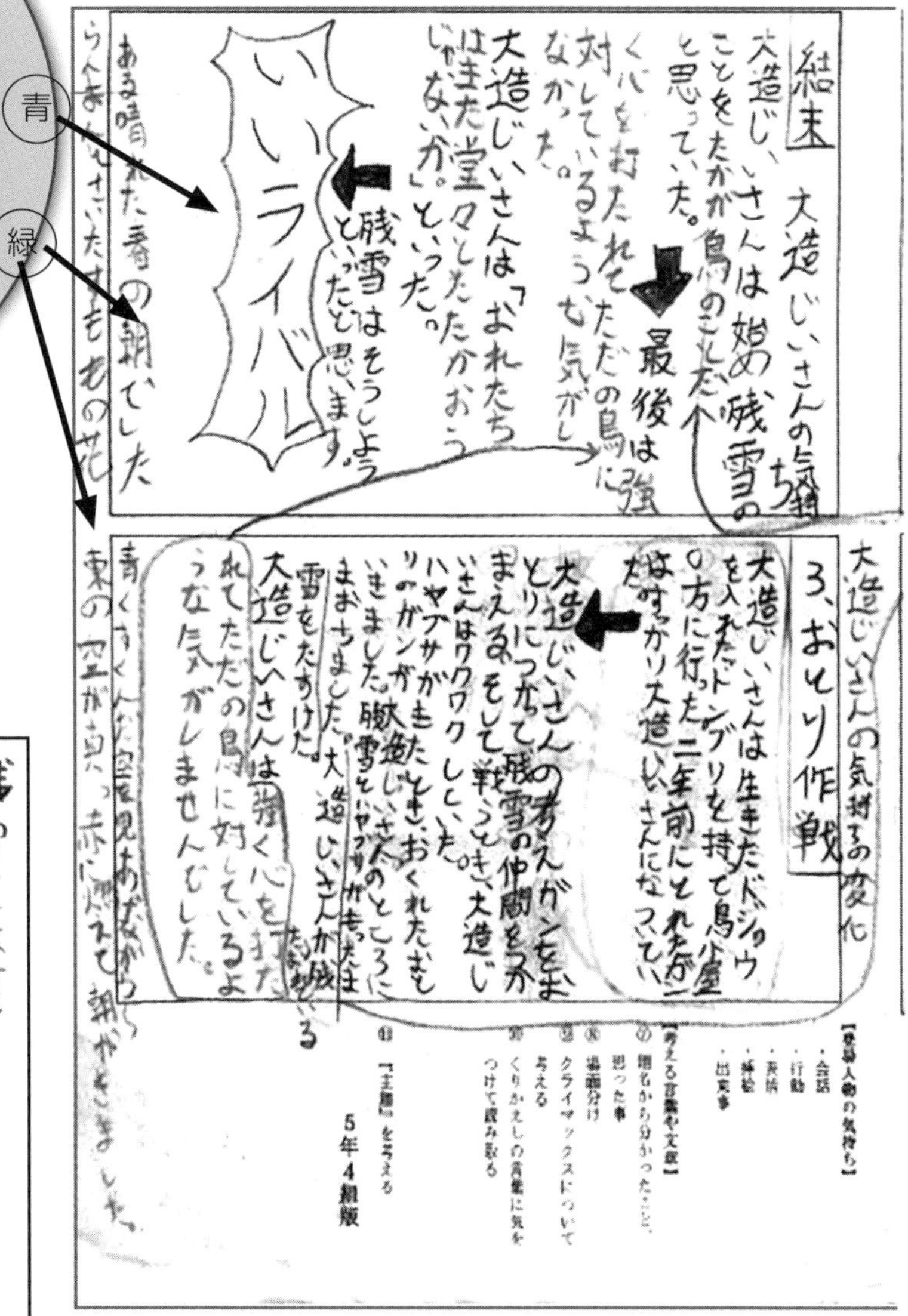
青
緑
大造じいさんの気持ちの変化
結末
3、おとり作戦
いいライバル
5年4組版

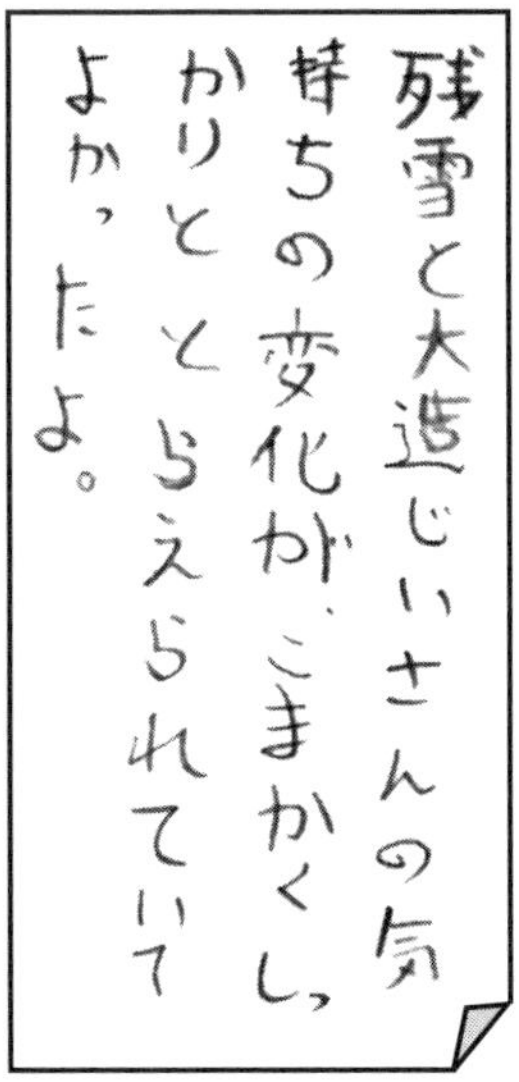
残雪と大造じいさんの気持ちの変化がこまかくしっかりととらえられていてよかったよ。

伝え合い後は、相手の良かったところなどをふせんに書いて交流させた。

p.131　8行目9行目「そうして、おれたちは、また堂々と戦おうじゃあないか。」では、ここで悪いライバルだったのが良いライバルになったと思います。最後の気持ちは「残雪にやさしくしてあげたい」という気持ちです。
　気持ちの変化は、「残雪をとりたいという気持ち」から「残雪にやさしくしてあげたい」という気持ちの変化です。

【三次①】物語のおもしろさをリーフレットにまとめよう

（物語のおもしろさを読み取るための基本的な力）
【構造】
設定【時代・季節・場所・時間・登場人物】
←展開
←山場
←結末

（物語のおもしろさを読み取るためのプラスアルファの力）
【お話の作者】
① どんな人
② ほかの書いている作品
【登場人物】
③ 中心人物
④ どんなことをした
【お気に入りのところ】
⑤ お気に入りの場面と理由
⑥ お気に入りの本文と理由
【登場人物の気持ち】
・会話
・行動
・表情
・挿絵
・出来事
【考える言葉や文章】
⑦ 題名から分かったこと、思った事
⑧ 場面分け
⑨ クライマックスについて考える
⑩ くりかえしの言葉に気をつけて読み取る
⑪ 『主題』を考える

5年4組版

大造じいさんとガン
椋鳩十 作
物語のおもしろさとは？

●主体的な学び

自分らしくリーフレットにまとめる

物語のおもしろさを上の読み取りのコツを使って、読み取り、自分らしくリーフレットにまとめている。

大造じいさんとガン
物語のあらすじ
今年も、残雪はガンの群れを率いて、ぬま地にやってきました。かりゅうどの大造じいさんは、残雪が来るようになってから、一羽のガンも手に入れることができなくなったので、いまいましく思っていました。
はたして、大造じいさんは、ガンをたくさんかることができるのでしょうか？
物語のみりょく
この「大造じいさんとガン」のみりょくは、4場面目が
大造じいさんの行動
情景描写
残雪の行動
という順番で成り立っているという所です。
これは椋さん（作者）のすごい所だと感じました!!
さし絵…あかつきの空/P121・残雪/P127
作者のしょうかい
「大造じいさんとガン」
椋鳩十 作
1905～1987年。
長野県生まれ。作家。
「マヤの一生」「月の輪グマ」などの作品がある。
上の2つは学校の図書館にあります!!
文章の構成
場面①の前に…
「知り合いの…～お読みください。」(P114L1～P115L7)
「なまえつけてよ」「あめ玉」などでいう「設定」の部分。
Q.じゃあ、①はどうなるの？
A.ここまでをまとめると…
①の前…今の大造じいさんのしょうかい（設定？）
①…残雪のしょうかいやガンがりの話
つまり物語の設定である。
印象に残る描写を見つけよう！
心情を表す表現
・思わず感たんの声をもらしてしまいました。
動きに関する表現
・白い雲の辺りから、何か一直線に落ちてきました。
情景をえがいた表現
・東の空が真っ赤に燃えて、朝が来ました。
山場（③）の描写
情景 30%
動き 56%
描写の割合
※だいたいです
結果から分かること
全体的にも、山場だけでも動きが多かった。
月の輪グマやマヤの一生でもそうだった。
物語の「おもしろさ」とは
大造じいさんと残雪の関係だと思います。理由は、場面ごとにじいさんの内心が変わるからです。
①＆②いまいましく思う
③仲間を守ろうとする残雪に心を打たれる
④また堂々と戦おうと願う
ほかの話でもそうだったから、そこが作者自身でものおもしろさだと思いました。
ポイント
□登場人物
☑文章の構成
☑物語の表現
□文章表現
□題材
□意図

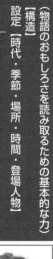

【四次①】 身につけた力をふり返ろう

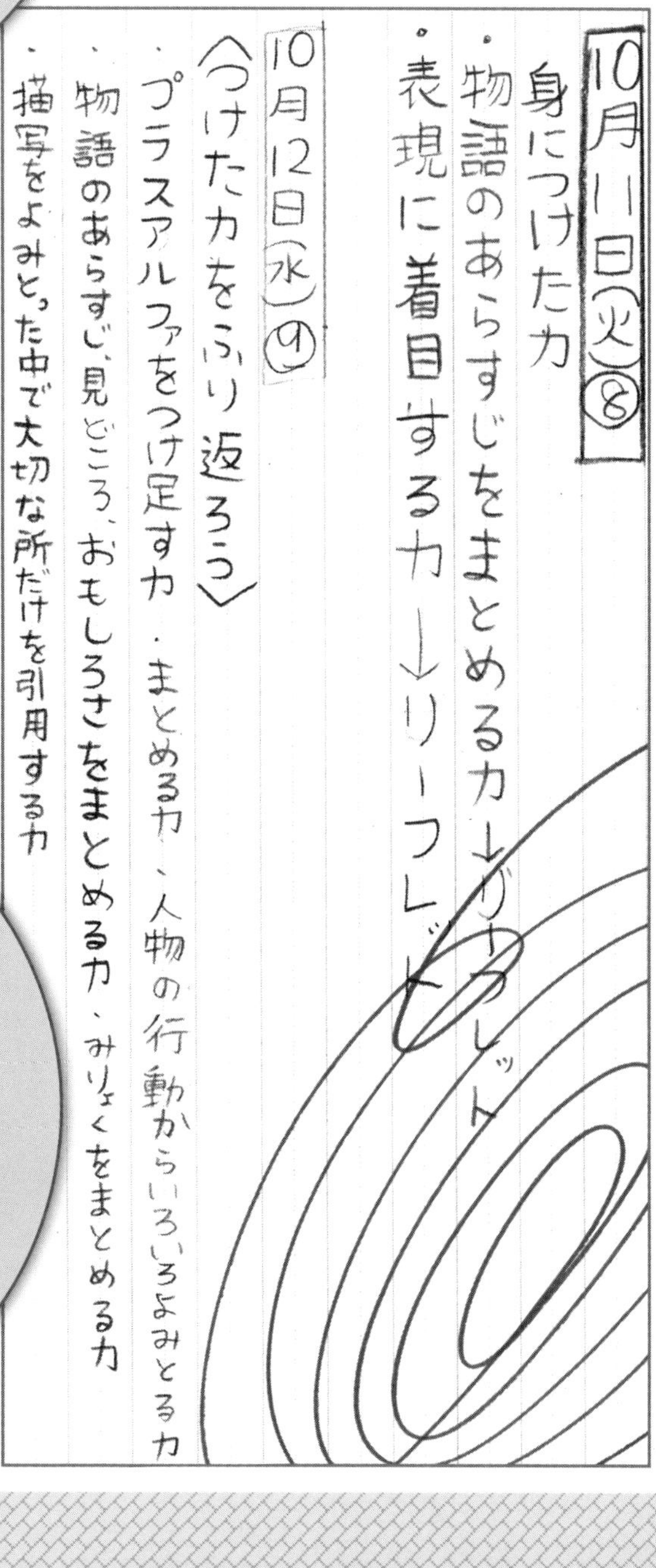
10月11日(火)⑧
身につけた力
・物語のあらすじをまとめる力→リーフレット
・表現に着目する力→リーフレット
10月12日(水)⑨
〈つけた力をふり返ろう〉
・プラスアルファをつけ足す力 ・まとめる力、人物の行動からいろいろよみとる力
・物語のあらすじ、見どころ、おもしろさをまとめる力、みりょくをまとめる力
・描写をよみとった中で大切な所だけを引用する力

●主体的で深い学び

自分の言葉でふり返る

単元を通じて身につけた力をふり返る。

この児童は、「物語のあらすじをまとめる力」「表現に着目する力」と自分の言葉で身につけた力をふり返ることができている。さらに、リーフレットという言葉を添えている。これは、身につけた力をリーフレットによって表現したことを意味している。

●主体的で対話的な学び

友だちのふり返りをメモする

「プラスアルファをつけ足す力」「まとめる力」「人物の行動からいろいろよみとる力」「物語のあらすじ、見どころ、おもしろさをまとめる力」などは友だちの身につけた力である。発表の中で、「これから自分が身につけたい力」と思ったことを自分なりに判断し、メモをしている。

15

5年生

「わらぐつの中の神様」（光村図書・五年）

※令和二年版では採られていない

ポイント

「構成」「人物像」「表現」から作品のおもしろさに気づき、深い学びへと導く

【二次①】物語の設定を捉えよう

擬態語、オノマトペに着目し、物語の背景をつかませる。その言葉から感じられる様子、時の流れを赤字で書くことによって、叙述と感想を区別させた。

●主体的な学び

設定を捉える

物語の設定（時・場所・登場人物）をまとめ、「現在・過去・現在」の構成の中に出てくる中心人物を関連づけて読み取っている。自分で場面設定（時・場所・登場人物）を書いている。

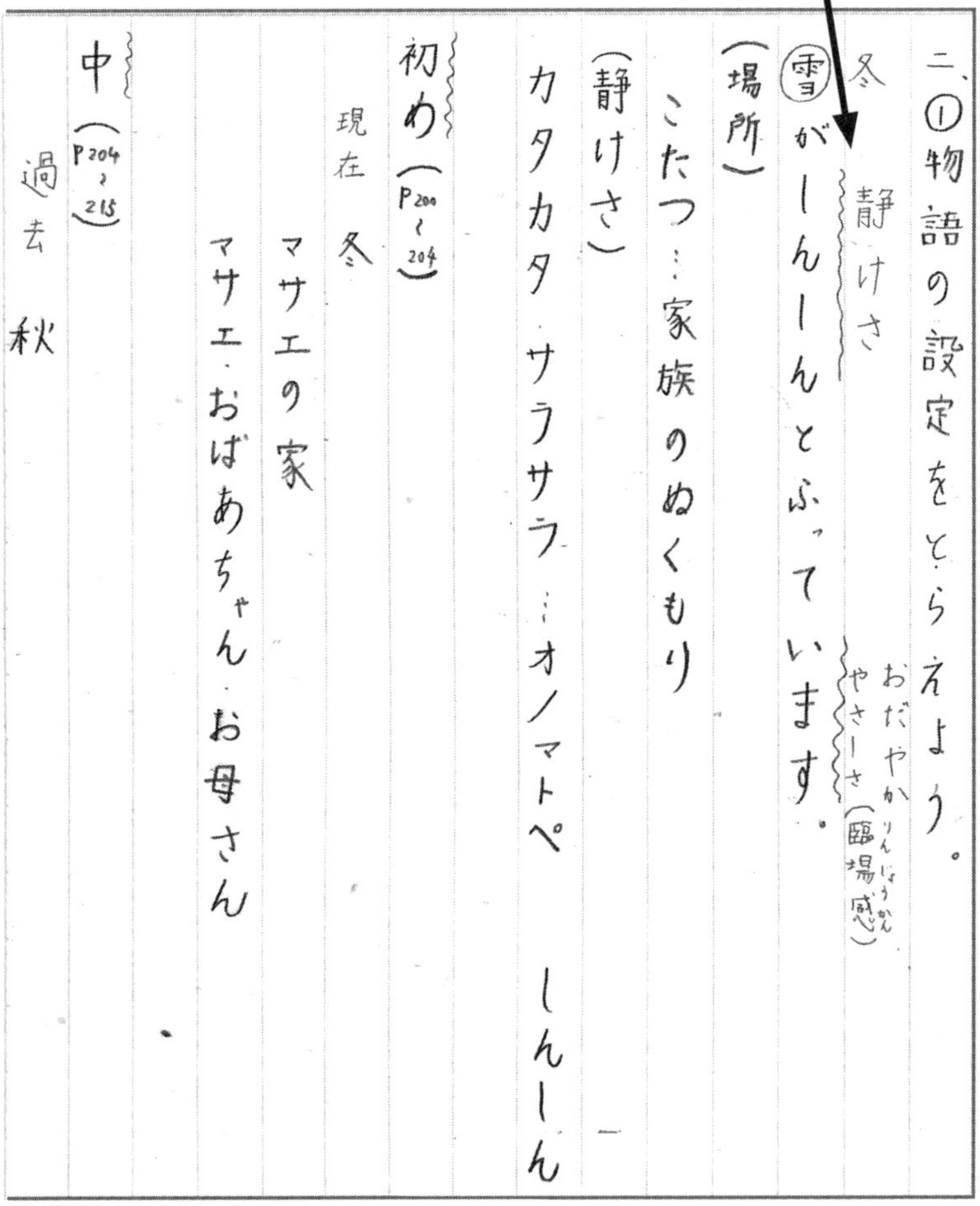
二、①物語の設定をとらえよう。
冬　静けさ　おだやか　やさしーさ（臨場感《りんじょうかん》）
雪がしんしんとふっています。
（場所）
こたつ…家族のぬくもり
（静けさ）
カタカタ　サラサラ…オノマトペ　しんしん
初め（P200〜204）
現在　冬
マサエの家
マサエ・おばあちゃん・お母さん
中（P204〜215）
過去　秋

学習の流れ

【一次】
①本文音読・意味調べ／つけた力・つけたい力の確認
②学習計画の作成

【二次】
①物語の設定を捉える
②中心人物の気持ちの変化を捉える
③「中」に出てくる人物像を捉える
④マサエの気持ちを変えたところを考える
⑤題名から物語のテーマを考える
⑥物語のおもしろさ（特色）をまとめる

【三次】
①テーマをつないだブックトーク原稿を書く

【四次】
①身につけた力のふり返り

●深い学び

時間ごとに学びをふり返る

初発の感想で、まず個の考えを書かせた。そこでは、おみつさんの心情を中心に書いていたが、物語の設定を話し合うことにより、新たに発見したことを本時のふり返りに書いている。

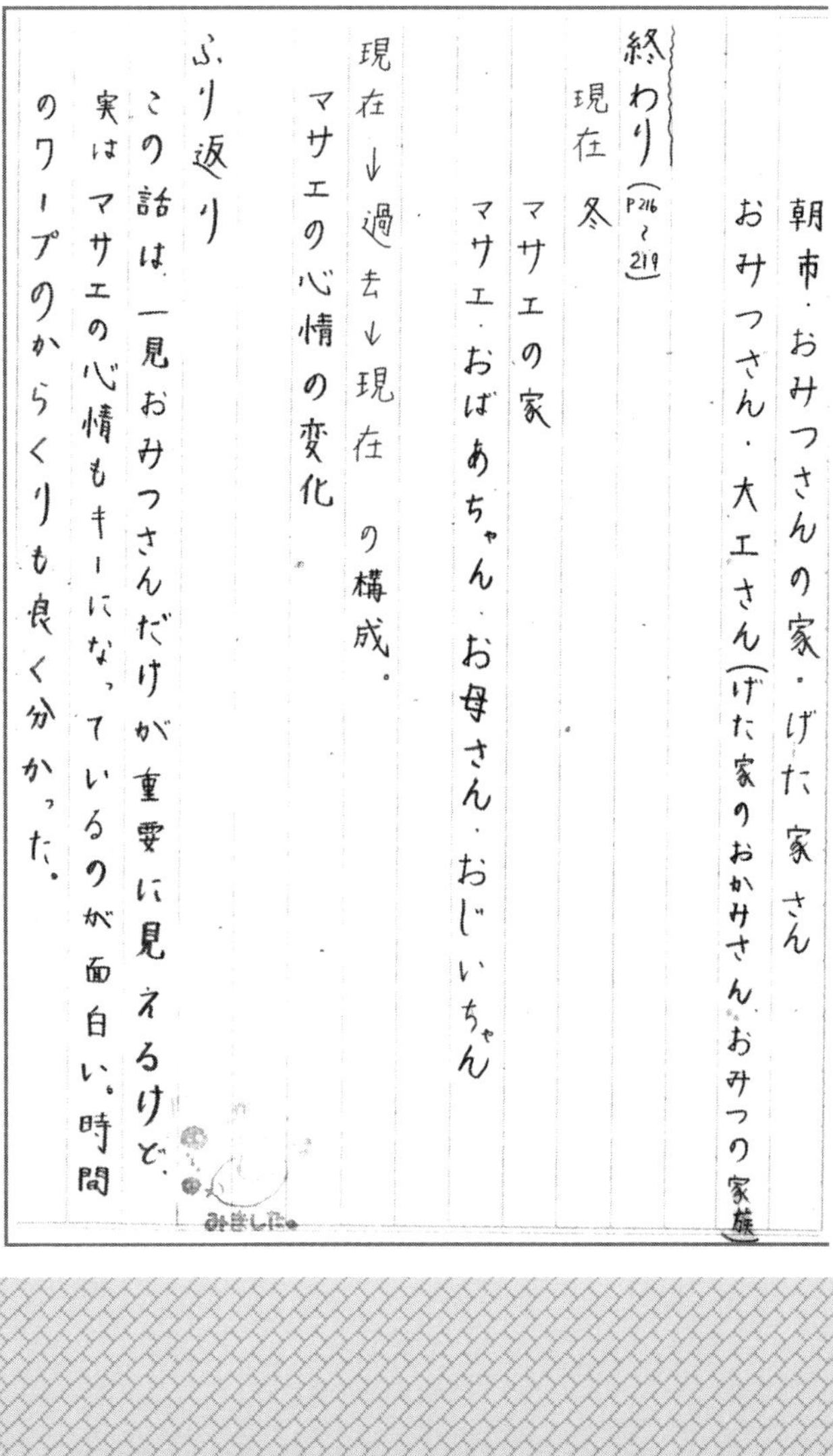
朝市・おみつさんの家・げた家さん
おみつさん・大工さん(げた家のおかみさん・おみつの家族)
終わり(P216〜219)
現在　冬
マサエの家
マサエ・おばあちゃん・お母さん・おじいちゃん
現在↓過去↓現在　の構成。
マサエの心情の変化
ふり返り
この話は一見おみつさんだけが重要に見えるけど、
実はマサエの心情もキーになっているのが面白い。時間
のワープのからくりも良く分かった。
みました。

場面を「登場人物のしたこと（行動）や言ったこと（会話）」を用いてまとめるようにした。何をもとに「場面」の様子を思い浮かべるかを明確にし、読みとり方を確認した。

【二次②】 中心人物の気持ちの変化を捉えよう

マサエの言動を上段に、下段にはそのときの気持ちを書かせる。このことにより昔話を聞いてマサエの気持ちが大きく変化することを捉えさせる。

●主体的な学び

行動を比較して心情の変化を捉える

物語の一場面と三場面の行動を表す叙述を引用して比較することにより、中心人物の心情の変化を読み取っている。

② 中心人物(マサエ)の気持ちの変化をとらえよう。

マサエの言葉	気持ち
一の場面 「やだぁ」から始まる本文と「わらぐつの中に」から始まる本文、さらに「そんなの」から始まる本文 理ぐつに合わない言い伝え	笑われちゃう!古いしはずかしい!わらぐつははきたくない、信じられないよ。
← 気持ちの変化	
三の場面 「目を」から始まる本文と「おみつさんのこと」から始まる本文、さらに「ふうん」から始まる本文	おばあちゃんの話、本当だったんだ!大神様って、いるんだね。おもしろいな。

【二次③】「中」に出てくる人物像を捉えよう

個の意見をもつために、教科書の本文のおみつさんと大工さんの人物像がわかるところに線を引かせる。それを根拠におみつさんの人柄を書かせた。

●対話的な学び

他者との交流により人物像にせまる

登場人物の人柄や、ものの見方、考え方について個の考えをもとに、他者と交流することで、人物像にせまることができている。

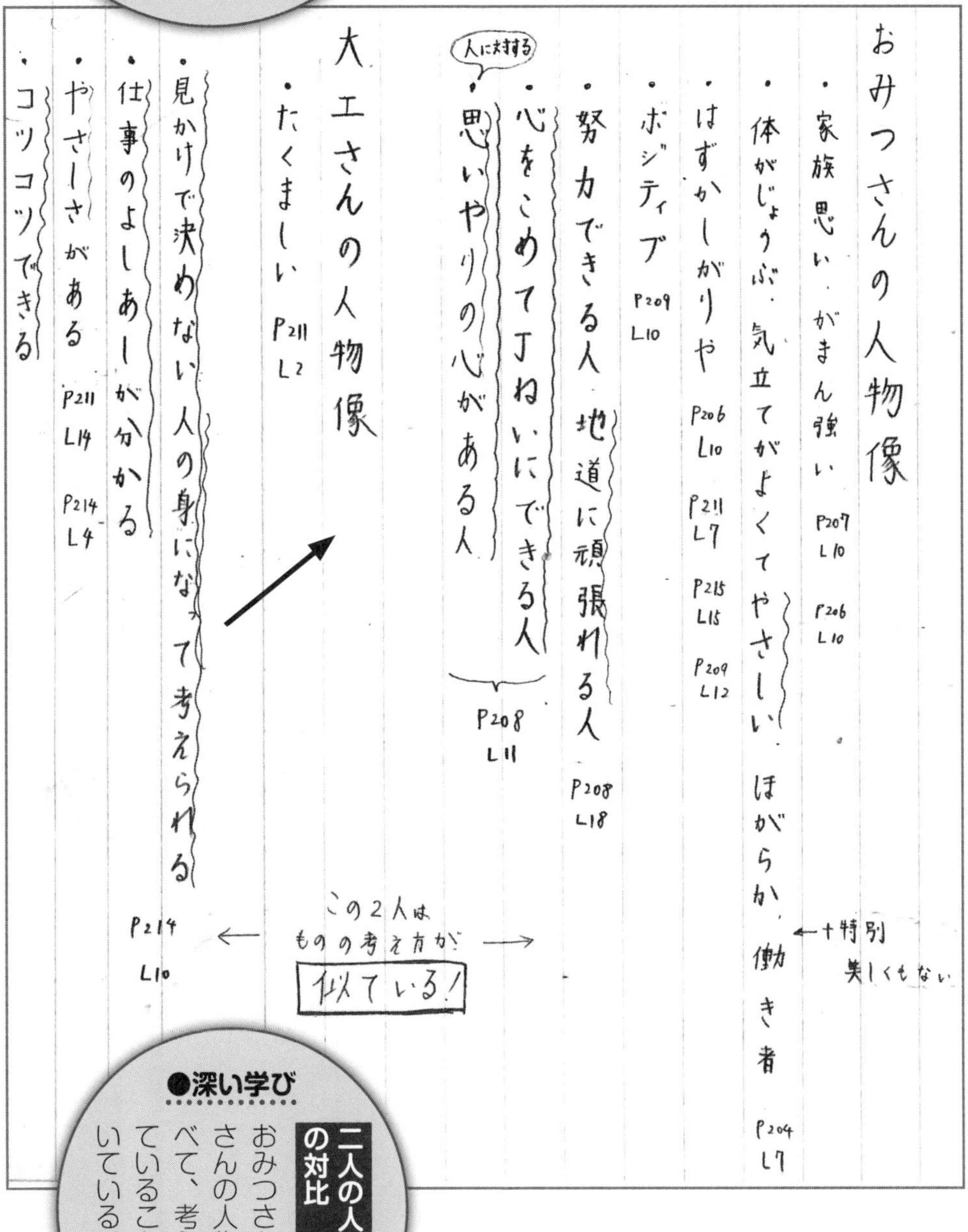
おみつさんの人物像
・家族思い・がまん強い P207 L10 P206 L10
・体がじょうぶ・気立てがよくてやさしい・ほがらか・働き者 P204 L7
←＋特別美しくもない
・はずかしがりや P206 L10 P211 L7 P215 L15 P209 L12
・ポジティブ P209 L10
・努力できる人 地道に頑張れる人 P208 L18
・心をこめてていねいにできる人
（人に対する）
・思いやりの心がある人
P208 L11
大工さんの人物像
・たくましい P211 L2
・見かけで決めない人の身になって考えられる
・仕事のよしあしが分かる P211 L14
・やさしさがある P214 L4
・コツコツできる
P214 L10 ← この2人は ものの考え方が 似ている！ →

●深い学び

二人の人物像の対比

おみつさんと大工さんの人物像を比べて、考え方が似ていることに気づいている。

【二次④】マサエの気持ちを変えたところを考えよう

マサエの気持ちを変えた大工さんの言葉を引用させている。これまで、神様を信じていなかったマサエが「神様を信じた！」と書いている。ここは、山場であり、テーマに深く関わる場面である。「神様を信じた」の内容をもっと深く話し合わせるべきであった。

●主体的な学び

心情の変化

おばあちゃんの過去のエピソードから、マサエの心情を変化させたポイントを探している。

A児

☆マサエの気持ちを変えたところを考えよう。

〈大エ〉使う人の身になって、心をこめて作ったものには、神様が入っているのと同じこんだ。それを作った人も、神様とおんなじだ。

P216 L1

（＋いい仕事って…

◎マサエの気持ちを変えた言葉

B児

（大エさん）

「使う人の身になって心をこめて作ったものには神様が入っているのと同じこんだ。それを作った人も神様とおんなじだ。おまんが来てくれたら神様みたいに大事にするつもりだ。」

⇐

マサエの心（考え方）が変わり、神様を信じた!!

【二次⑤】題名から物語のテーマを考えよう

個の意見を交流させ、他者の読みから得たものを、自分の読みに取り込むようにさせた。

④題名「わらぐつの中の神様」から物語のテーマを考えよう。

作者が考える神様って？

〈私〉一生けん命に働いた苦労や気持ちの結晶。そしてその報いとして
喜びをもたらしてくれるもの。↓二人の結びつき。大工さんやおみつさん
が思うよりよい仕事に表れるもの。また、仕事をしたその人、そのや
さしさ。(わらぐつを買うやさしさ)

〈友〉一生けん命に働く人の心　心をこめて作る気持ち　心をこめて作っ
たもの　相手のことを思う気持ち　がんばりにつながる幸せ
人の愛　心の通い合い

●深い学び

題名からテーマを捉える

題名「わらぐつの中の神様」から考えられる物語のテーマを自分の言葉で表現し、その根拠を示している。伝え合いにより、「人の愛」「心の通い合い」というテーマを見つけ出した。

【二次⑥】物語のおもしろさ（特色）をまとめよう

「物語のおもしろさ」について考えさせることは、「批判的な読み（この「批判」は価値を見つけるという意味）」につながる。

物語のおもしろさをまとめる観点を全体で共有することで、書くポイントを明確にさせる。それぞれの物語には、特色があることに気づかせることは重要な指導である。

●深い学び

表現の工夫をまとめる

物語の構成「額縁構造」のおもしろさをあげているだけでなく、「その後のおじいちゃんとの会話などが想像できるし…」とあるように、結末の表現の工夫も読み取っている。

◎物語のおもしろさ（特色）をまとめよう。

観点

・構成

・題名のつけ方

・登場人物のものの見方、考え方

・使われている言葉や表現

（自分の考え）

私は、この物語の構成が良いと思いました。現在↓過去↓現在となっている中で現在の二つ目の最初に、「それから…」とあるから、自分も聞いていている気持ちになりました。マサエの、あ、というおどろきが自分にもわいて、楽しいです。家族のだんらんの様子なので、お話のぬくもり、自然な感じが伝わってきました。最後の終わり方も、その後のおじいちゃんとの会話などが想像できるし、自分の、(お話の)おじいちゃんへの思いも伝わりそうに思いました。

〈友〉表現の仕方から行動がわかる。現在↓過去↓現在 中心人物の変容がわかる
↓自分が体験
方言↓親しみ・やさしさ 最後の表現↓未来へつながる 擬態語
擬音語 ーの多用（時間経過 余いん） 題名から想像が広がり

●対話的な学びから深い学びへ

表現の特色に気づく

他者の感想を共有する対話的学びをすることによって、友だちとの感じ方の違いを見つけるとともに、方言や擬音語、擬態語、題名読みといった様々な教材の特色に気づいている。

三次では、自分のテーマ（人を思う気持ち）をつないでブックトーク原稿を書いた。そして、学習の後に自分の考えを書かせた。友だちとの交流でさらに自分の考えを深めている。

この後、この学習者は「本文から中心人物の気持ちの変化を読み取ることができた。理由は、はじめはものの中に神様がいないと思っていたけれど、過去の話を通して変化を感じることができた。」と書いた。「構成」「人物像」「表現」という観点を用いて学習することにより、読みが深まることに気づいた。

16
6年生

「カレーライス」（光村図書・六年）

※令和二年版では、五年に載せられている

ポイント

自分と主人公を比べながら感想文を書くことで深い学びへと導く

【一次①】どんな学習をしたいか話し合おう

学習の流れ

【一次】
①学習計画の作成
②自分と比べながら初発の感想を書く

【二次】
①ひろしの心情の変化
②すっきりしたのはどこか
③中辛と甘口の意味
④「ぴりっとからくてほんのりあまかった」の意味
⑤題名について考えテーマをまとめよう

【三次】
①自分とひろしを比べながら感想を書く

【四次】
①身につけた力のふり返り

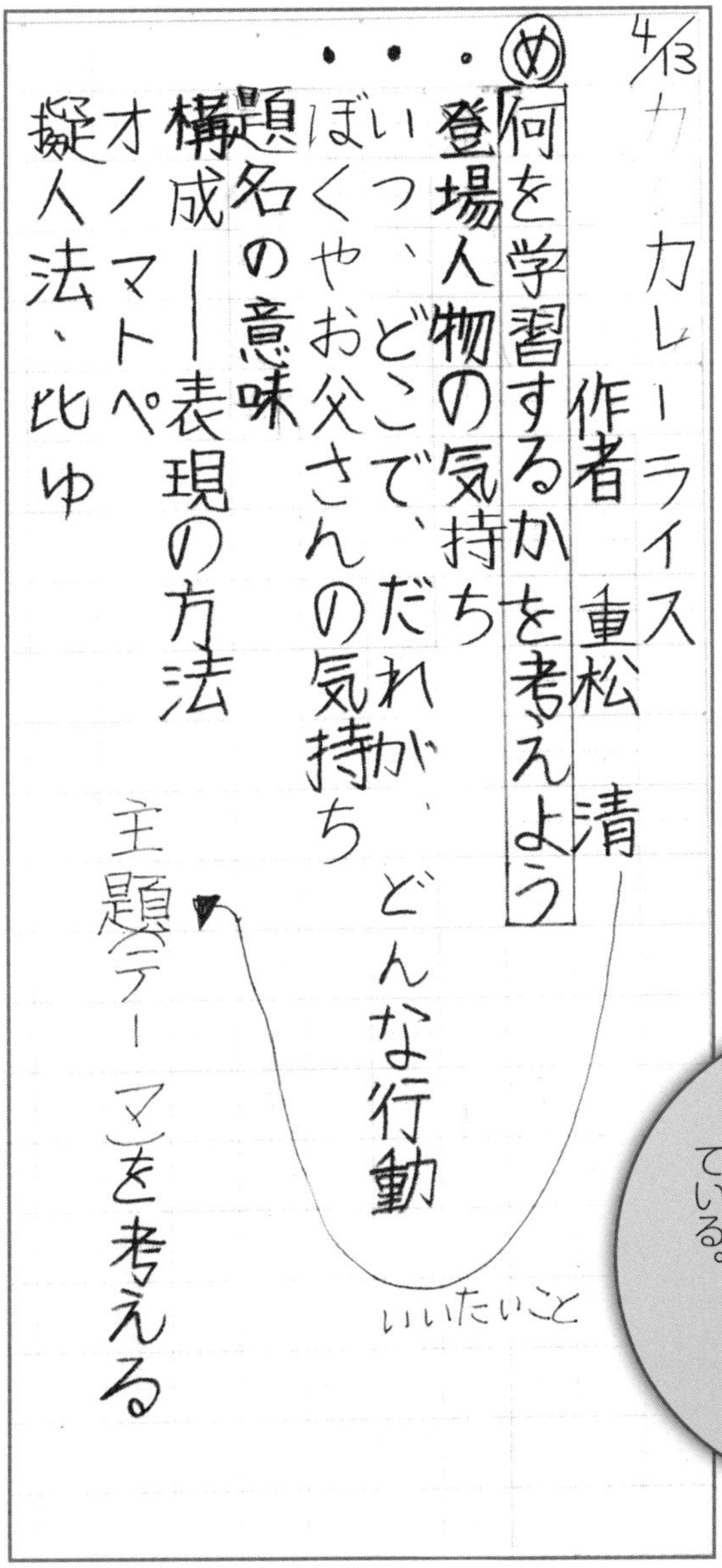

4/13 カ　カレーライス　作者　重松 清
め 何を学習するかを考えよう
・登場人物の気持ち
・いつ、どこで、だれが、どんな行動
・ぼくやお父さんの気持ち
題名の意味
主題（テーマ）を考える
いいたいこと
構成ー表現の方法
オノマトペ
擬人法、比ゆ

●主体的な学び

これまでの学習とつなげる

これまでの物語の学習とつなげ、どんな学習ができるか考えている。

【一次②】自分と比べながら初発の感想を書こう

●対話的な学び

自分と比べて

単なる感想ではなく、「自分と主人公を比べながら読んでいく」をキーワードに感想を書いている。

この後、自分と似ているところ、みんなで考えたいこと等の観点を用いて、感想を交流し、読みのめあてを考えさせた。

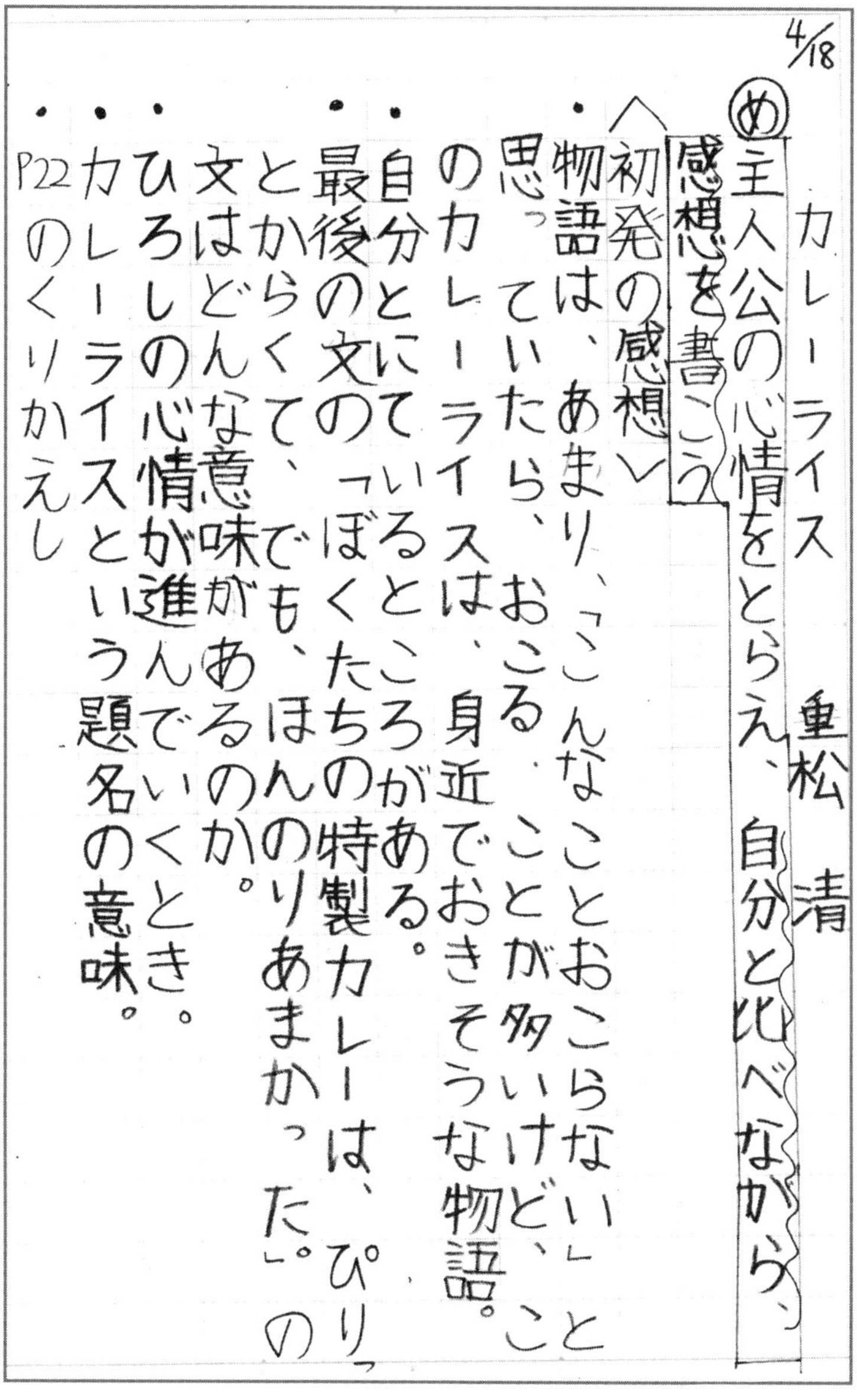
4/18
カレーライス　重松清
め 主人公の心情をとらえ、自分と比べながら、感想を書こう
〈初発の感想〉
・物語は、あまり「こんなことおこらない」と思っていたら、おこる、ことが多いけど、ことのカレーライスは、身近でおきそうな物語。
・自分とにているところがある。
・最後の文の「ぼくたちの特製カレーは、ぴりっとからくて、でも、ほんのりあまかった。」の文はどんな意味があるのか。
・ひろしの心情が進んでいくとき。
・カレーライスという題名の意味。
・P22のくりかえし

【二次②】ひろしがすっきりしたのはどこだろう（心情の変化を捉えよう）

場面ごとに読み取っていくのではなく、読みのめあて（ひろしがすっきりしたのはどこだろう）にそって学習を進めていく。

●深い学び

場面→叙述→理由という記述で

場面→叙述→理由という記述により、物語全体から出来事の流れをおさえ、さらに人物の行動や心情を捉え、理由を明確にしている。

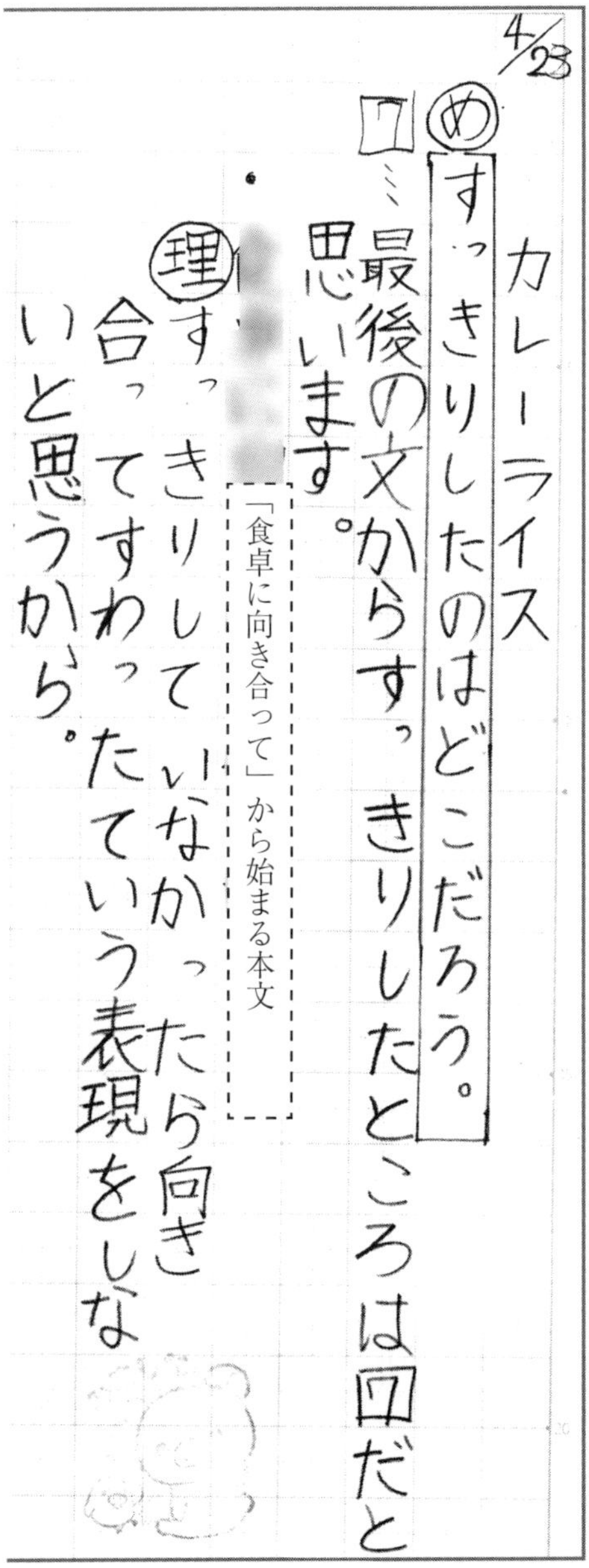
4/23
カレーライス
め すっきりしたのはどこだろう。
7 最後の文からすっきりしたところは四だと思います。
「食卓に向き合って」から始まる本文
理 すっきりしていなかったら向き合ってすわったていう表現をしないと思うから。

●対話的な学び

考えは叙述の引用から

自分の考えを明確にし、読みの根拠となる叙述の引用をあげ、理由を書いている。

●主体的な学び

考えを自分の言葉でまとめる

はじめに考えの根拠となる叙述、そしてその理由を自分の言葉でまとめさせ、読みを深めながら考えを明確にしている。

●主体的な学びから深い学びへ

心情が大きく変化したところを捉える

心情が大きく変化したところがどこか、根拠となる叙述からさらに注目する言葉に目をつけ意見を書いている。

ばめん

4/26

「⑥のP25の最後の文

「そうかあ、ひろしも」から始まる本文

〈理由〉

四のP23の6行目の「だいじょうぶ、つくれるもん」のところは、次の文に、でもいちばんおどろいているのは、ぼく自身だ。だから、おどろいているから、すかっとはしてないなと思って五P27の前から一行目に、「カレーはこうでなくちゃ。」とかいているから、言葉づかいがわくわくしているようなかんじだったから。この間の「そうかー」。からの文だと思いました。

【二次④】「ぴりっとからくてほんのりあまかった」の意味を考えよう

他者の読みから得たものを青で記入し、自分の読みに取り入れ、自分の考えを深めさせる。

●主体的な学び

主人公の心情を読み取る

「ぴりっとからくてほんのりあまい」に表されている主人公の心情を自分の言葉でまとめている。

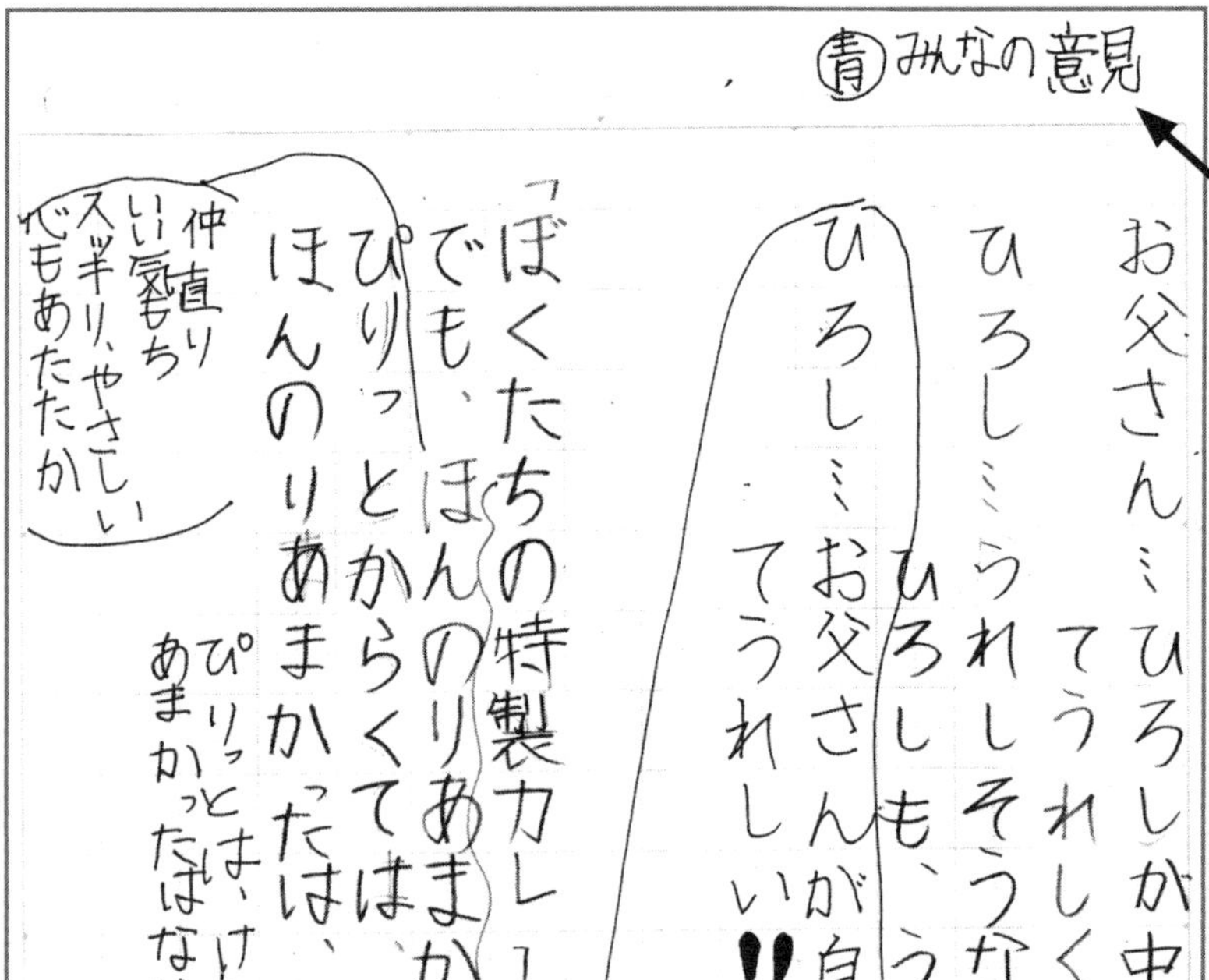

青 みんなの意見
お父さん…ひろしが中辛になって、成長したなってうれしくなった。
ひろし…うれしそうなお父さんをみていると、ひろしも、うれしくなった。
ひろし…お父さんが自分の成長ことをちゃんと分かってくれてうれしい!!
「ぼくたちの特製カレーは、ぴりっとからくて、でも、ほんのりあまかった。」
心情の変化
ぴりっとからくては、けんかしていた。
意地をはって けんか むかむか 気まずい
ほんのりあまかったは、なかなおり。
仲直り いい気もち スッキリ、やさしい 心もあたたか
ぴりっとは、けんかしているときのぴりぴりで、ほんのりあまかったはなかなおりだと思います。

【二次⑤】題名について考え、テーマをまとめよう

題名の意味を考えることはテーマにつながることを捉えさせる。また、テーマは決められた字数内でまとめさせる。

●深い学び

題名の意味を考えることはテーマにつながる

仲直りに至るまでの心情の変化から「すなおな気持ちがあれば…」と書かれている。主人公の心情の変化とつなげながら題名の意味を考え、仲直りの象徴＝カレーライスと考えている。

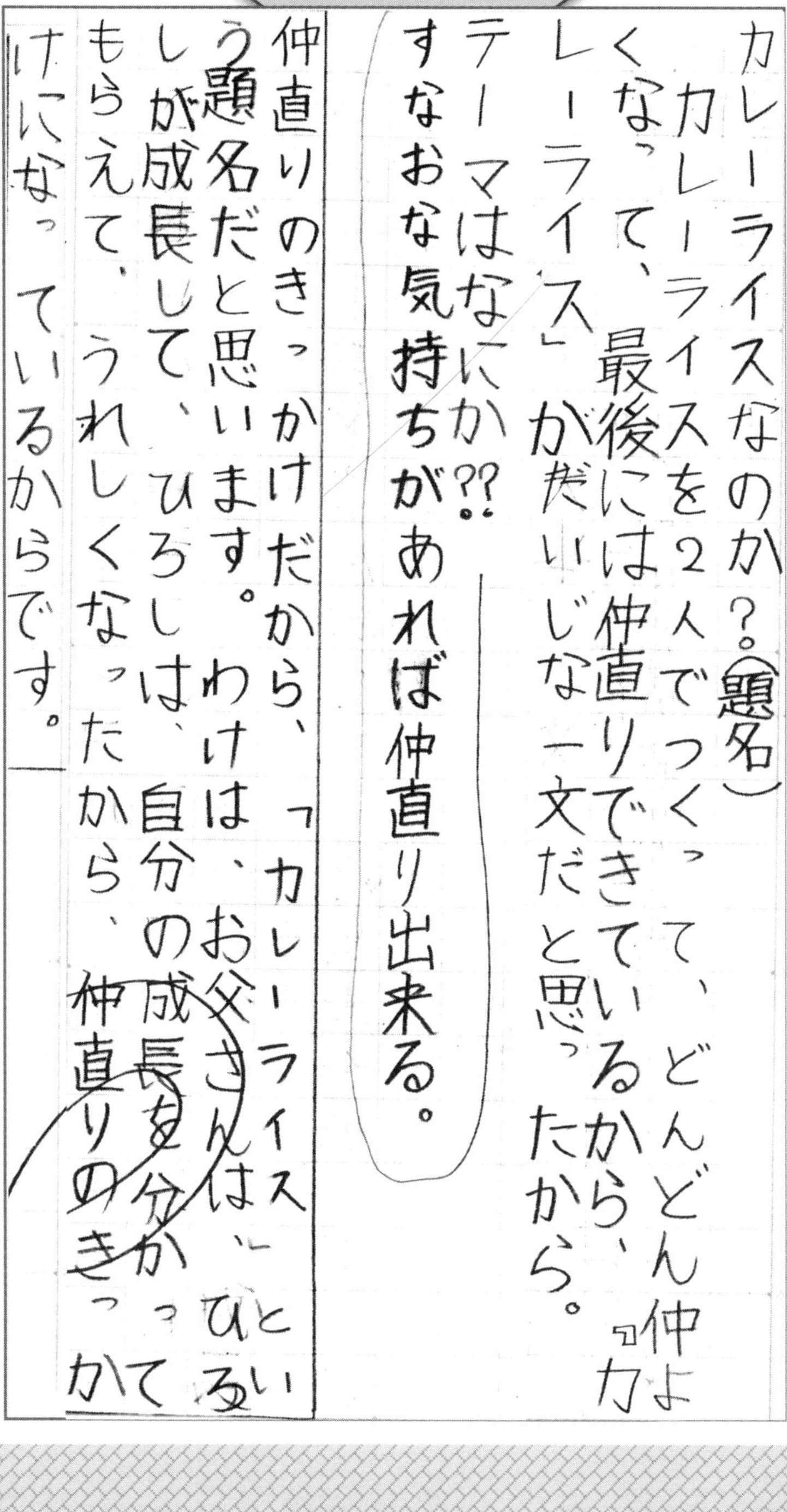

カレーライスなのか？。(題名)

カレーライスを２人でつくって、どんどん仲よくなって、最後には仲直りできているから、「カレーライス」がだいじな一文だと思ったから。

テーマはなにか？？

すなおな気持ちがあれば仲直り出来る。

仲直りのきっかけだから、「カレーライス」という題名だと思います。わけは、お父さんは、ひろしが成長して、ひろしは、自分の成長を分かってもらえて、うれしくなったから、仲直りのきっかけになっているからです。

【三次①】自分とひろしを比べながら感想を書こう（紙面の都合により感想文の後半を示す）

読み取った主人公の心情と自分とを比べながら書くことがポイントである。「はじめ・中・終わり」の構成を意識して書かせた。

●深い学び

視点人物に共感して読む

「自分と重ね合わせて、読むことでおもしろさが増える」という記述から、この物語の特徴である視点人物に共感して読む楽しさを感じている。

私が「カレーライス」を勉強して、私が考えた、テーマは、「すなおな気持ちがあれば仲直りできる。」です。なぜ、こんなテーマにしたかというと、最初は、けんかして、「お父さんなんかに」という文があるけど、どんどんクライマックスに近づいてくるとどんどんひろしがすなおになってくるから、私が考えたテーマは、「すなおな気持ちがあれば仲直りできる」です。

私は、この作品を勉強して、思ったことは、自分と重ね合わせて、読むことが多いかったから、おもしろさが増えることが分かりました。最後の文の「ぼくたちの特制カレーは、ぴりっとからくて、でもほんのりあまかった。」は、「からい」と「あまい」で心情の変化があったので、一文一文に、おもしろさがあると思いました。

・作品から分かったこと考えたこと
・題名の意味
・分かる本文（引用）

まず、テーマのわけがすごくいいなと思いました。わけは、文からそのわけを見つけているし、さらに、クライマックスからという説得力のあるわけですごくいいと思いました。

作品のことをくわしくかけていたし、おわりにおもしろさのことをかいていたのでよんでたのしかったです。

（終わり）
・学習したことから「カレーライス」に対する感想のまとめ
・自分の思い

【四次①】身につけた力のふり返りをしよう

この単元でついた力を信号の色で主観的にふり返っている。合わせて自分の言葉でどんな言葉の力がついたのかまとめている。このふり返りが、次の物語文の学習に生かされる。

5/11　振り返りカード　（　　　　　　　）

○この単元の学習で身につけた力を振り返りましょう。

身につけた力	振り返り信号		
	青	黄色	赤
①場面分けやクライマックスをとらえることができましたか。	●	○	○
②文や言葉、表現から人物の心情の変化を読むことができましたか。	○	◍	○
③作品からのメッセージ（テーマ）を読み取ることができましたか。	●	○	○
④作品からのメッセージ（テーマ）と自分の体験を重ね感想を書くことができましたか。	●	○	○

○「カレーライス」を学習して、ついた力を文でも書きましょう。

作品のテーマを読み取ったり、自分とひろしを重ねて、感想をかいたり、一つ一つの文の意味を考えながら、音読することができました。

先生からのメッセージ
テーマを読み取る、目的を決めて感想を書く、一つ一つの文の意味を考えるというのはとても大切なことです。これからも使っていきましょう。

17

6年生

「やまなし」

（光村図書・六年）

ポイント

ビブリオバトルをするために、作品を丸ごと捉えることを通して深い学びへと導く

【一次②】 学習計画を立てよう

学習の流れ

【一次】
①音読・意味調べ・つけたい力の確認
②学習計画の作成
【二次】
①あらすじ（一文書き）
②段取り読み（比喩・色彩・オノマトペ・イメージの二重性など）
③作品の構成
④五月と十二月を比べる
⑤作者の視点から作品を読む
【三次】
①宮沢賢治の作品を読む（ビブリオバトル）
【四次】
①つけた力のふり返り

これまでに生み出した「物語を読むコツ表」をもとに、クラス全体で話し合い、学習計画を立てていった。

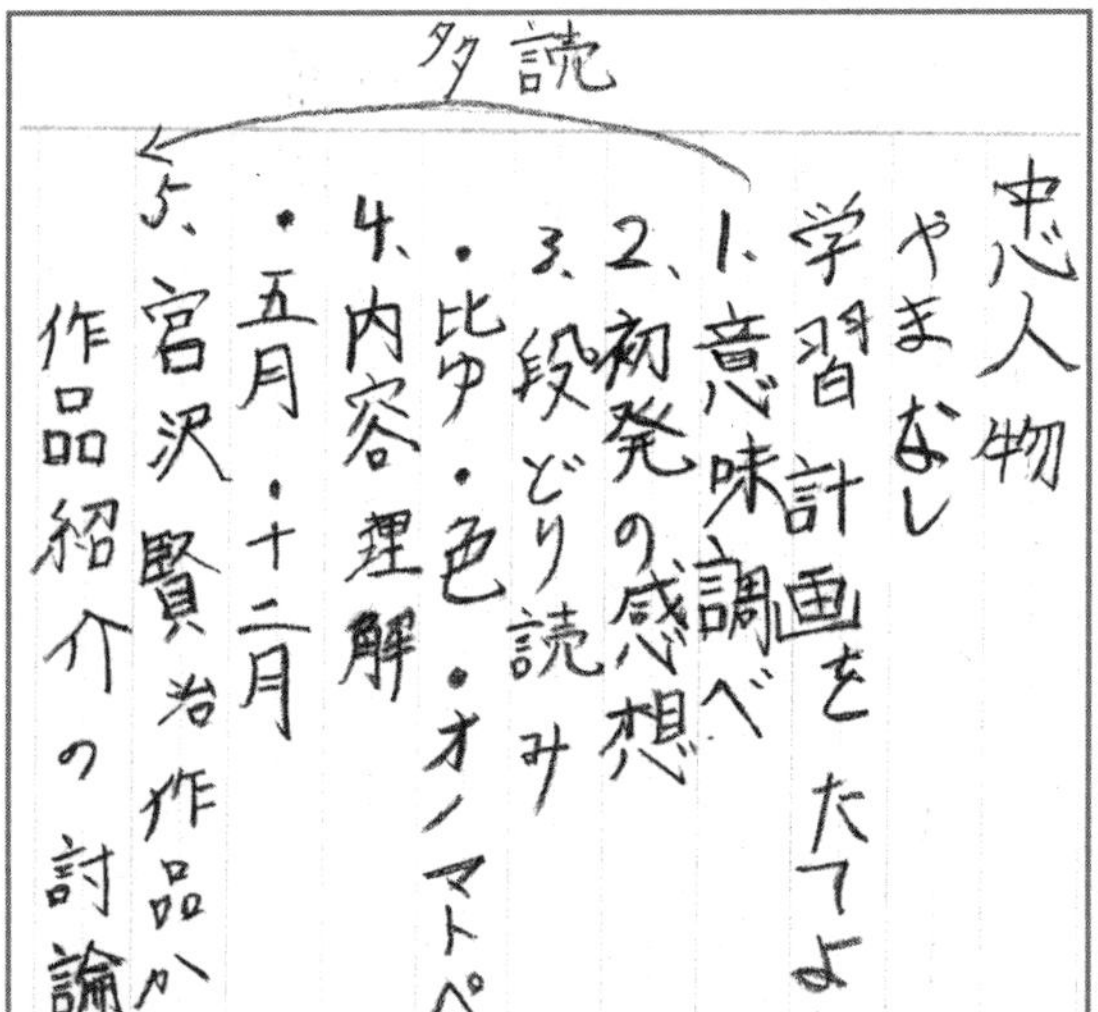
忠人物
やまなし
学習計画をたてよう
1.意味調べ
2.初発の感想
3.段どり読み
・比ゆ・色・オノマトペ・イメージをつかむ
4.内容理解
・五月・十二月
5.宮沢賢治作品から
作品紹介の討論会をする（ビブリオバトル）
多読

●対話的な学び

言語活動の設定

「やまなし」の学習と同時進行で、宮沢賢治の作品を読み、ビブリオバトルに挑戦することに決定した。

【二次①】 作品のあらすじを一文で書こう

あらすじを一文書きすることで、児童がこの作品の山場とテーマをどのように捉えているかがわかる。一文書きは作品を丸ごと捉え、自分の言葉でまとめるのに適している。

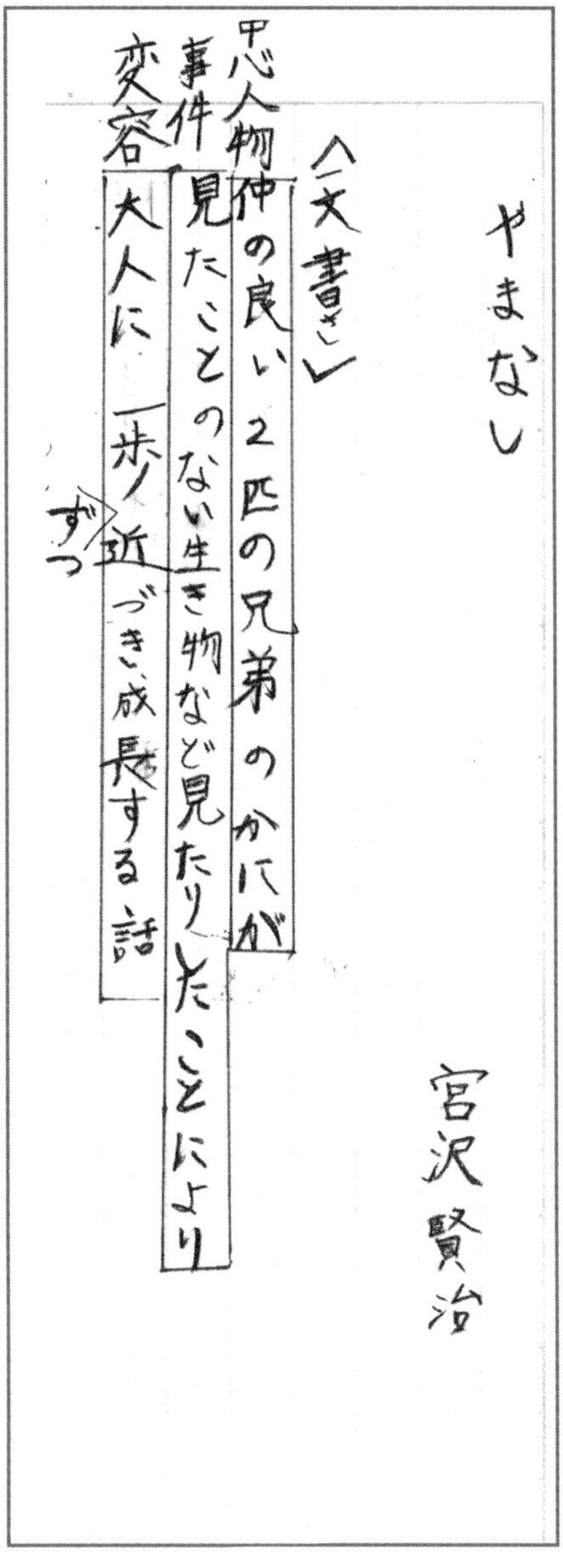
やまなし

宮沢賢治

〈一文書き〉
中心人物　仲の良い2匹の兄弟のかにが
事件　見たことのない生き物など見たりしたことにより
変容　大人に一歩ずつ近づき、成長する話

「中心人物が、ある事件をきっかけに、どのように変容したか」というように三行に改行して書くことにより、読みの浅い児童も考えやすくなる。

●主体的な学び

変容が作品のテーマ

この児童は、「大人に一歩ずつ近づき成長する話」というように捉えている。学習後、どう変わるか楽しみである。

【二次③】作品を丸ごと捉え、作品の構成を考えよう

●主体的な学び

作品と宮沢賢治の関係づけ

作品の中に表している理想を宮沢賢治の夢の世界に関連づけている。

作品構成を考え、額縁構造について知る。前書き、本文、後書きになっていることをおさえる。その後、額縁の中にある五月と十二月の中心人物を考えさせる。

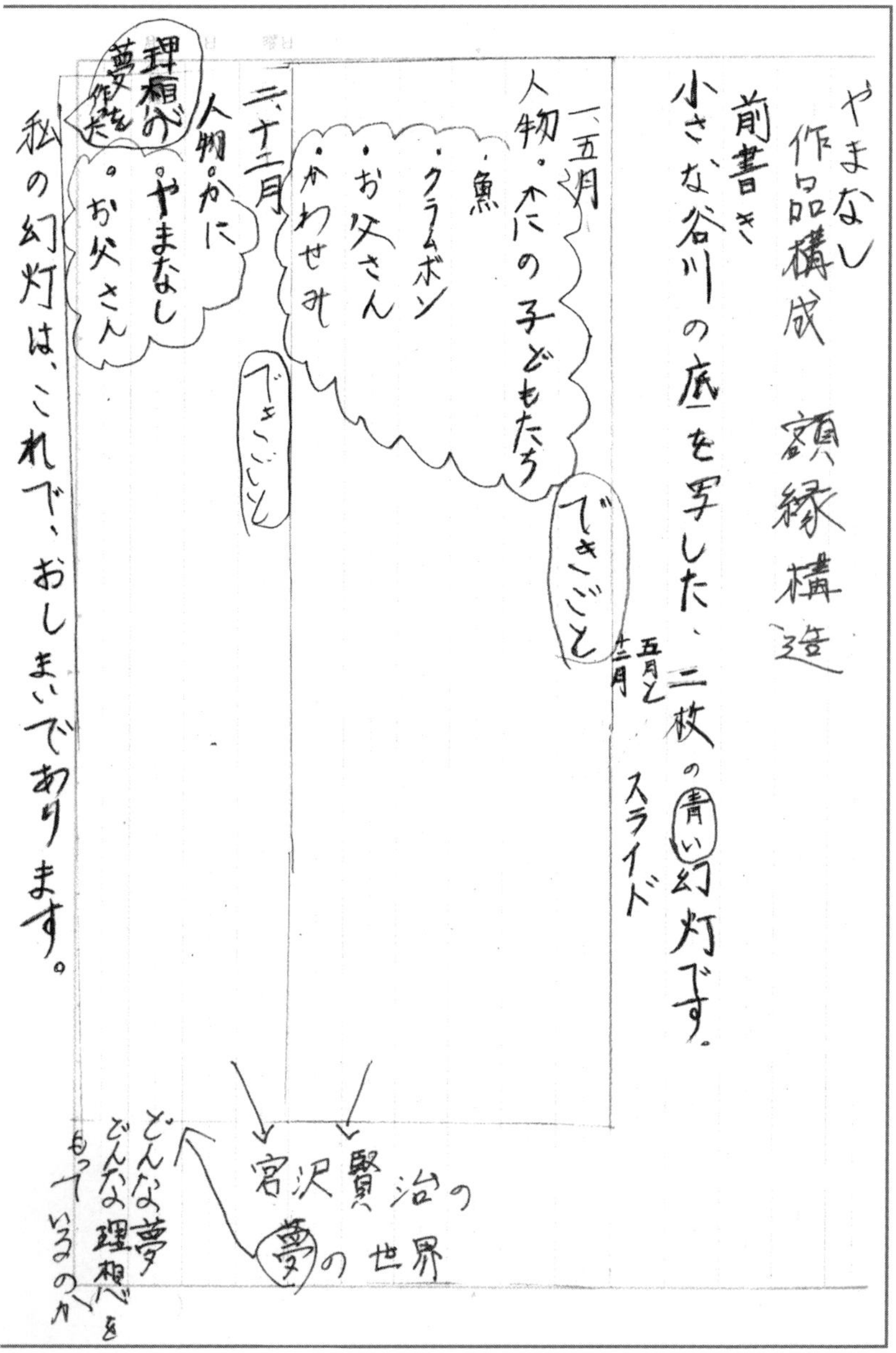
やまなし
作品構成　額縁構造
前書き
小さな谷川の底を写した、二枚の青い幻灯です。
五月と十二月
スライド
一、五月
人物。かにの子どもたち
・魚
・クラムボン
・お父さん
・かわせみ
できごと
二、十二月
人物。かに
。やまなし
。お父さん
できごと
理想が夢を作った
私の幻灯は、これで、おしまいであります。
宮沢賢治の夢の世界
どんな夢
どんな理想をもっているのか

●対話的な学びから深い学びへ

それぞれの世界の矛盾

生き物が生き生きと躍動する美しい世界である五月が「殺し殺される恐ろしい世界」というように矛盾していることに気づいた。また、十二月を強調するために五月があることに納得がいった。

あらすじと同じように一文で五月の世界を書くことにより、要約の力をつける。

額縁構造の中で、「五月の世界」と「十二月の世界」を対比させたい。このことにより、作者が書きたかった世界がわかりやすくなる。

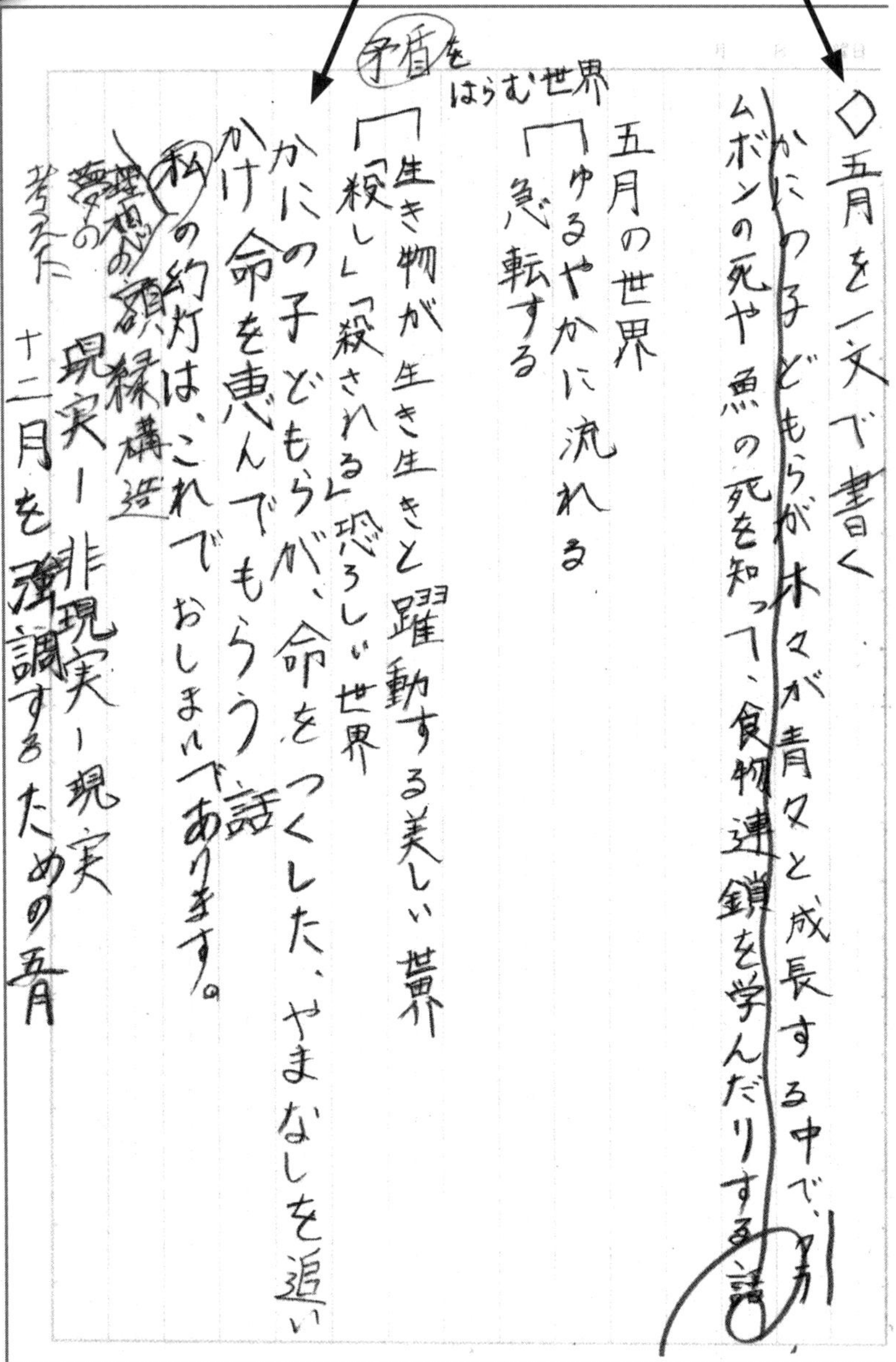

◇五月を一文で書く
かにの子どもらが木々が青々と成長する中で、クラ
ムボンの死や魚の死を知って、食物連鎖を学んだりする話
矛盾をはらむ世界
五月の世界
「ゆるやかに流れる
急転する
「生き物が生き生きと躍動する美しい世界
「殺し」「殺される」恐ろしい世界
かにの子どもらが、命をつくした、やまなしを追い
かけ命を恵んでもらう話
私の幻灯は、これでおしまいであります。
夢の 額縁構造
現実ー非現実ー現実
考えた 十二月を強調するための五月

【二次④】「五月」と「十二月」を比べて読もう

五つ（谷川、かに、出来事、兄弟の反応、どんな世界か）の観点から五月と十二月を比較し、作品全体を読ませた。

●深い学び

対比

対比している箇所に印を入れ、作品のキーワードを考えている。また、作者の書きぶりにも触れている。

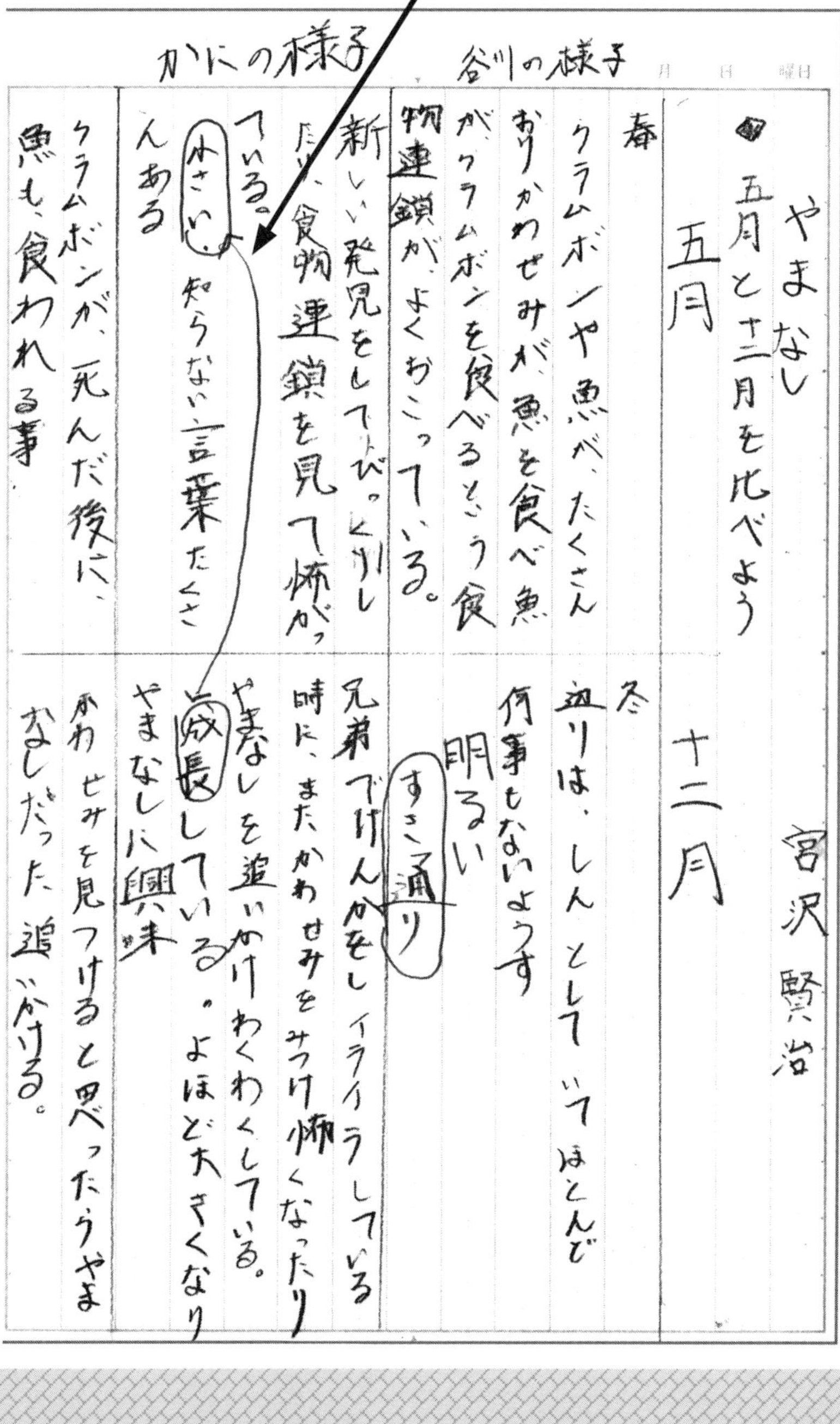

月 日 曜日
谷川の様子
かにの様子
やまなし
宮沢賢治
◆五月と十二月を比べよう
五月
春
クラムボンや魚が、たくさんおりかわせみが、魚を食べ魚がクラムボンを食べるという食物連鎖が、よくおこっている。
新しい発見をしてびっくりしたり、食物連鎖を見て怖がっている。
小さい、知らない言葉たくさんある
クラムボンが、死んだ後に、魚も、食われる事
十二月
冬
辺りは、しんとしていてほとんど何事もないようす
明るい
すき通り
兄弟でけんかをしイライラしている時に、またかわせみをみつけ怖くなったりやまなしを追いかけわくわくしている。
成長している。よほど大きくなりやまなしに興味
かわせみを見つけると思ったらやまなしだった追いかける。

●対話的な学びから深い学びへ

十二月の意味

五月が「生→死」に対して十二月は「死→生」の世界である。十二月のやまなしは、生命の終わりを意味する。全体で交流することにより、これらに気づくことができた。命を全うし、他の命のために生きることが豊かさや実りを与えるという、さらに深い読みに至った。

五月と十二月の命の違いを明確にすることによって、宮沢賢治の理想の世界を読み、作品のテーマに迫らせた。

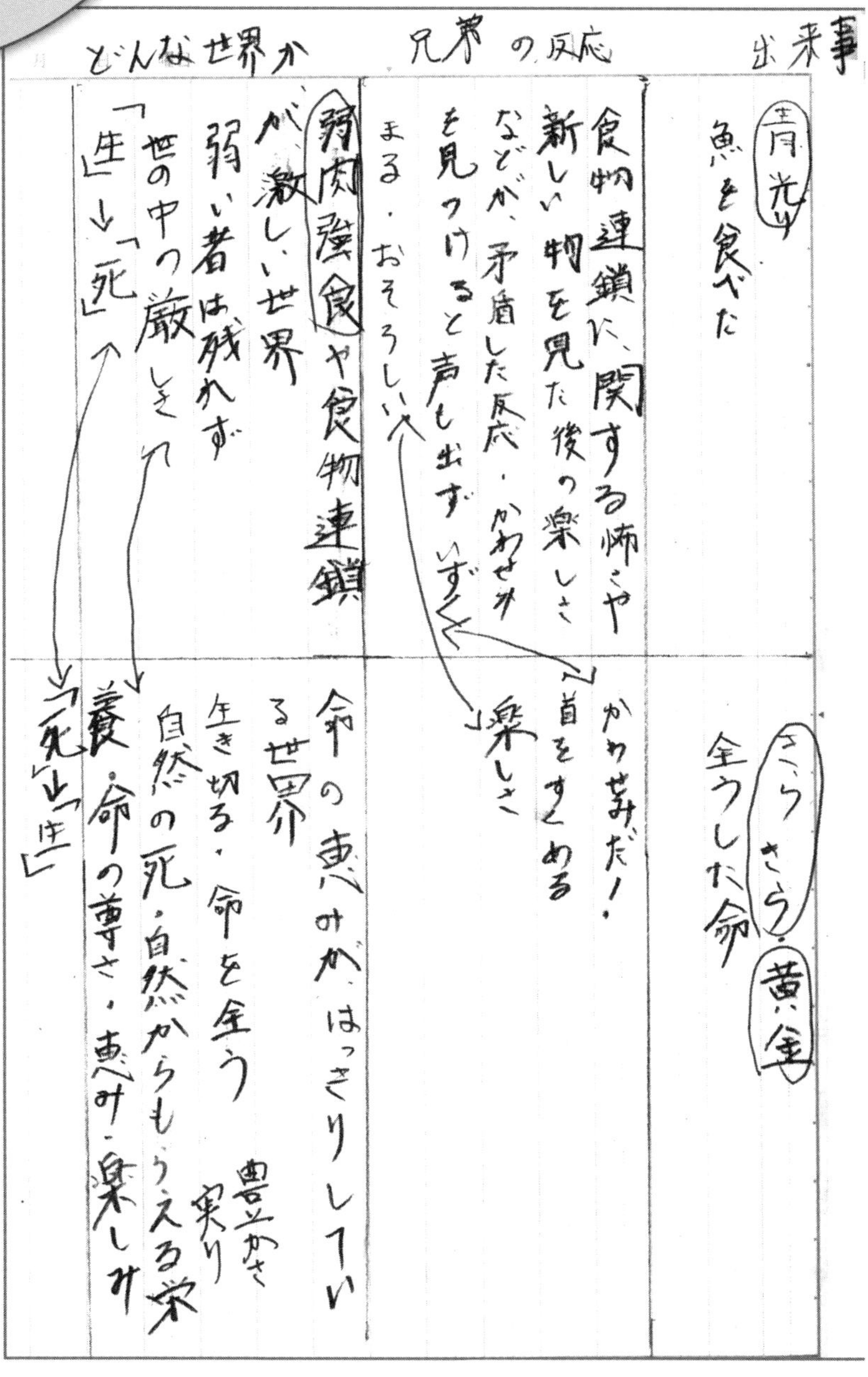

出来事	兄弟の反応	どんな世界か
青い光り 魚を食べた	食物連鎖に関する怖さや新しい物を見た後の楽しさなどが、矛盾した反応・かわせみを見つけると声も出ず いすくまる・おそろしい	弱肉強食や食物連鎖が激しい世界 弱い者は残れず 世の中の厳しさへ 「生」→「死」へ
さらさら・黄金 全うした命	かわせみだ！ 首をすくめる 楽しさ	命の恵みがはっきりしている世界 生き切る・命を全う 自然の死・自然からもらえる栄養・命の尊さ・恵み・楽しみ 豊かさ 実り 「死」→「生」

【二次⑤】宮沢賢治の視点から作品を読もう

●深い学び

宮沢賢治の理想の世界

「やまなし」に表現された宮沢賢治の理想の世界について、一文書きしている。かなり抽象的なテーマを掲げている。

やまなし

賢治の視点から一文

この作品は、弱肉強食や食物連鎖、が命を全うしたやまなしなどが示した世の中の厳しさや、命の恵みやありがたみを学ぶ話。

「やまなし」で、宮沢賢治が、言いたいこと

この世界は、弱肉強食や、食物連鎖が、はっきりしていて厳しい世の中だけど、食べないと生きていけないからせめてでも、命のありがたさを感じなさいという事と、やまなしのように、命を全うしていろんな生き物に、命を恵んで、あげるのは、とてもすごい事だという事。やまなしを読んだ人は、これから、食べ物を食べる時は、必ず、命を自分も恵んで、もらっているんだと思って、食べたり、命のありがたみを感じながら、食べて、命を恵んでもらっ

●深い学び

抽象思考

一連の学習活動を通して六年生にふさわしい抽象思考ができている。

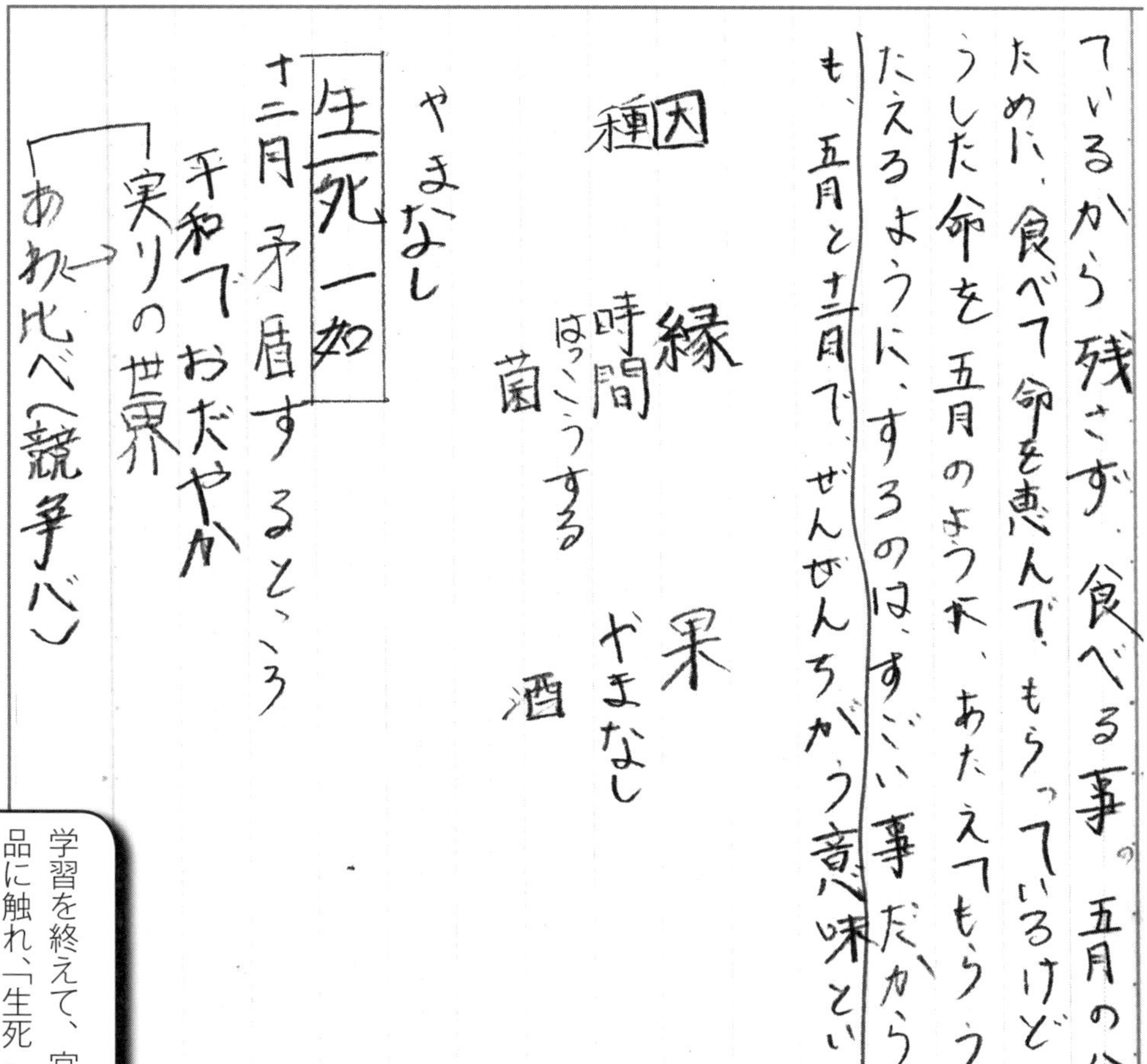
ているから残さず、食べる事。五月の命は、自分が死ない
ために、食べて命を恵んで、もらっているけど十二月は、自然に、全
うした命を五月のように、あたえてもらうのではなく命をあ
たえるように、するのは、すごい事だから同じ命の恵みで
も、五月と十二月で、ぜんぜんちがう意味という事

因 種
縁 時間 はっこうする 菌
果 やまなし 酒

やまなし

生死一如

十二月 矛盾するところ
平和でおだやか
実りの世界
あわ比べ（競争バ）

学習を終えて、宮沢賢治の仏教哲学とも言える作品に触れ、「生死一如」という言葉で締めくくった。児童一人ひとりが、自分の言葉で作品について考えをまとめることができたのではないか。

18
6年生

「海の命」
※東京書籍では「海のいのち」

（光村図書／東京書籍・六年）

ポイント
核となる設問を設定してノートづくりをさせることによって、より深い学びへと導く

【二次①】クエは登場人物としていいのだろうか

核となる設問を赤線によって囲んで強調させる。

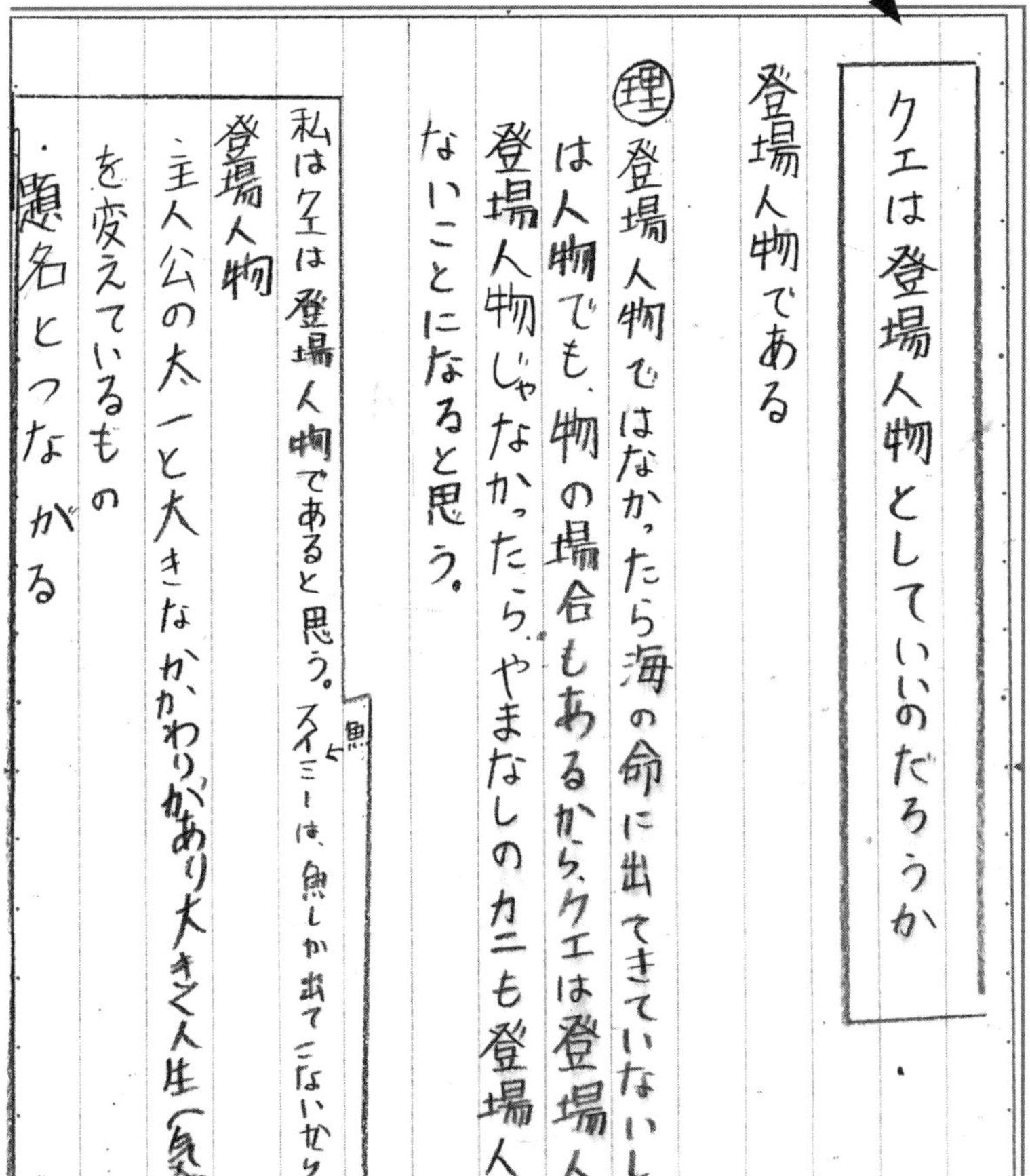

クエは登場人物としていいのだろうか
登場人物である
㊀理 登場人物ではなかったら海の命に出てきていないし、人物は人物でも、物の場合もあるから、クエは登場人物。
登場人物じゃなかったら、やまなしのカニも登場人物じゃないことになると思う。
私はクエは登場人物であると思う。スイミーは、魚しか出てこないから。
魚
登場人物
・主人公の太一と大きなかかわりがあり大きく人生（気持ち）を変えているもの
・題名とつながる
「誰にもいわなかった」ことをひきたてている？
村の娘？ 父？ 母？

●主体的な学び

他の教材と比べて
まず、結論を述べ、その理由を既習の「やまなし」や「スイミー」の例を出して、自分の考えを書いている。

学習の流れ

【一次】
①本文音読・意味調べなどつけた力・つけたい力の確認
②学習計画作成

【二次】
①クエは登場人物としていいか話し合う
②場面分けをして小見出しをつける
③小見出しを考え、よりふさわしくなるよう話し合う
④「海の命」のクライマックスを本文から考える

【三次】
①筆者の伝えたいテーマを考える

【四次】
①身につけた力のふり返り

私は、クエを登場人物としていいと思いました。

理由は、もしも「登場人物ではないだとすると、スイミーのお話では、魚しかいない。そして、クエは魚、もしも魚が登場人物にならないのであればスイミーには登場人物はいないことになる。って　さんの意見がすごいと思いました。
・主人公の太一との大きな関わりがあり大きく人生（気持ち）を変えているもの
・題名とつながるもの
なので、私はクエは登場人物だと思う。

でも、そこに疑問があります。主人公の太一と母、父、村の娘は大きな関わりがなく人生を変えていないし、海の命にも（題名にも）つながりません。ここが疑問なので、次に学習していって、分かるようにしたいです。


立場を明確にして、そう考えた理由を書かせている。みんなとの話し合いから出てきた疑問を明確に表現させ、学習課題へとつなげさせる。

●対話的な学びから深い学びへ

友だちと交流して

友だちと話し合って、「スイミー」の事例や題名との関わりから考えを深めている。

【二次②】 場面分けをして小見出しをつけよう

本文の叙述の中から、小見出しのもとになる「キーワード」を見つけ、「（場面を）分けた理由」を自分の言葉で書かせている。

●主体的な学び

次の段落との関係づけ

次の段落との関係を書き込んでいる。

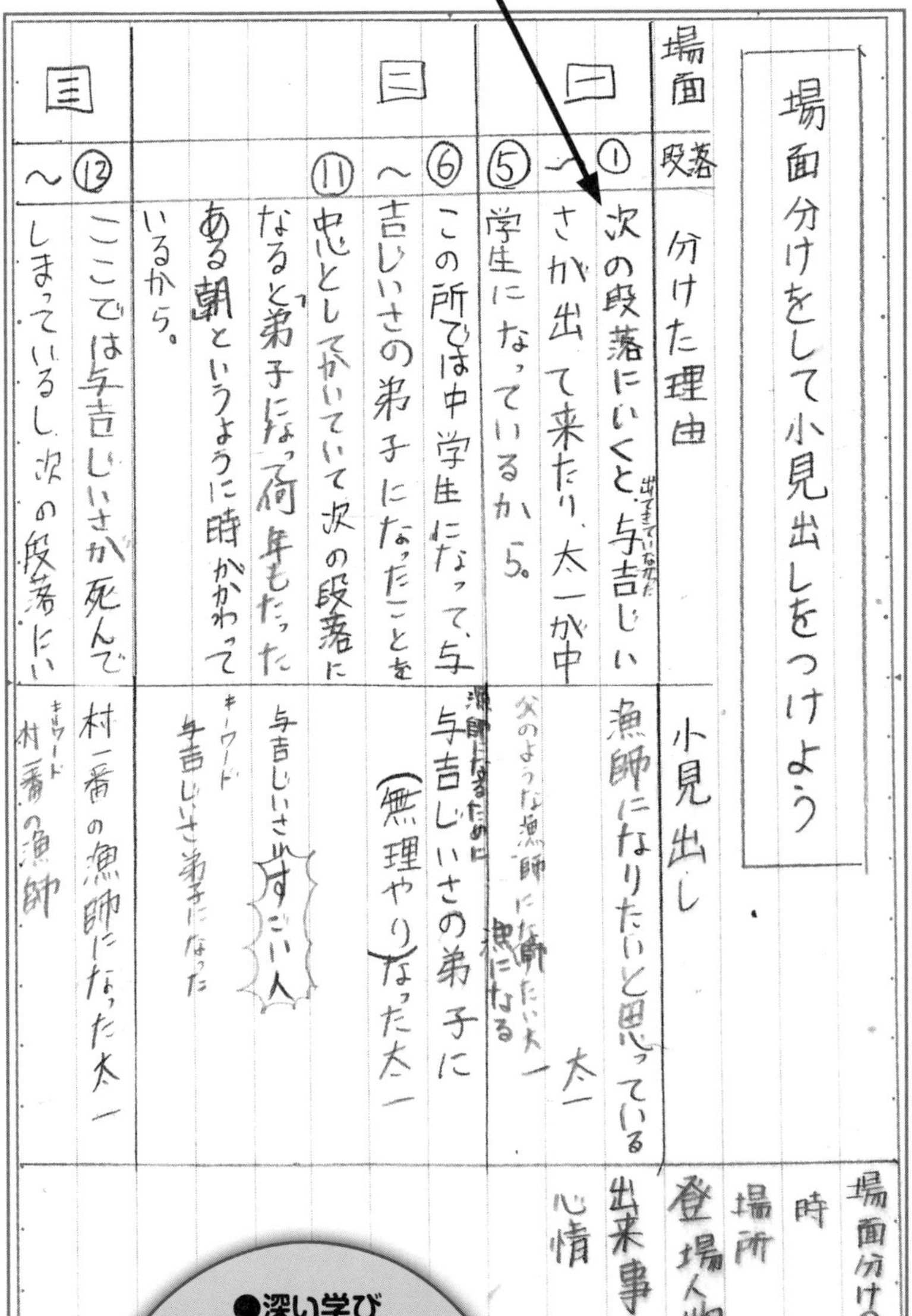

場面分けをして小見出しをつけよう

場面	段落	分けた理由	小見出し
一	①〜	次の段落にいくと、与吉じい（出てきていなかった）さが出て来たり、太一が中学生になっているから。	漁師になりたいと思っている太一（次のような漁師になりたい太一）
二	⑤		
	⑥〜	この所では中学生になって、与吉じいさの弟子になったことを	与吉じいさの弟子に（無理やり）なった太一（漁師になるために）
	⑪	忠としてかいていて次の段落になると弟子になって何年もたったある朝というように時がかわっているから。	与吉じいさはすごい人（キーワード 与吉じいさ弟子になった）
三	⑫〜	ここでは与吉じいさが死んでしまっているし次の段落にい	村一番の漁師になった太一（キーワード 村一番の漁師）

場面分けのコツ（時 場所 登場人物 出来事 心情）

●深い学び

場面分けのコツの一般化

「場面分けのコツ」として「時・場所・登場人物・出来事・心情」が書き添えられている。

【二次③】小見出しを考え、よりふさわしくなるよう話し合おう

多くの他者の読みと対話的な学びを行わせ、考えを深めさせる。

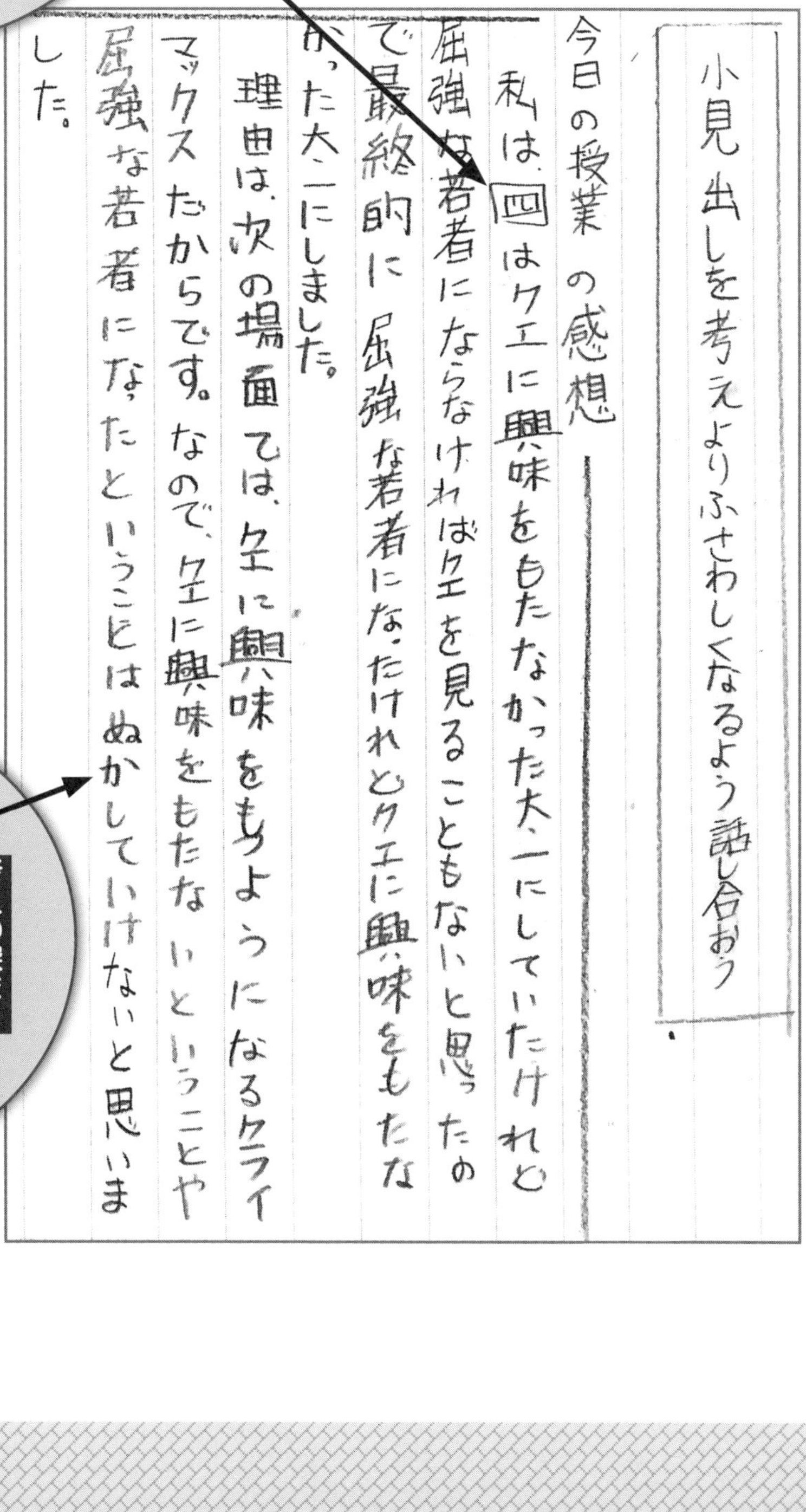

小見出しを考えよりふさわしくなるよう話し合おう

今日の授業の感想

私は四はクエに興味をもたなかった太一にしていたけれど屈強な若者にならなければクエを見ることもないと思ったので最終的に屈強な若者になったけれどクエに興味をもたなかった太一にしました。

理由は、次の場面では、クエに興味をもつようになるクライマックスだからです。なので、クエに興味をもたないということや屈強な若者になったということはぬかしていけないと思いました。

●対話的な学び

他者の読みを取り入れている

「私は四はクエに興味をもたなかった太一にしていたけれど……最終的に屈強な若者になったけれどクエに興味をもたなかった太一にしました。」と他者の考えを受け入れている。

●対話的な学びから深い学びへ

考えの深まり

「……はぬかしていけないと思いました。」と他者の読みから得たものを、自分の読みに取り込むことができている。

【二次④】「海の命」のクライマックスを本文を大切にして考えよう

「本文を大切にして」がここの学習活動のポイント。読みの根拠となる叙述の引用をさせている。

「海の命」のクライマックスを本文を大切にして考えよう

前 こう思うことによって、太一は瀬の主を殺さないで済んだのだ。

後 大魚はこの海の命だと思えた。

変えて… ⇐

前 おだやかな目だった。

後 この大魚は自分に殺されたがっているのだと、太一は思ったほどだった。

理 前のやつだともう気もちが変わりきっているけど、ここでは、この文で大きく気持ちがかわっている。そして、この後の文でかわって、その次の文で、はじめて、こんな感情になったとかいてあると思うから。

クライマックス
・もりあがる所
・あつくなるところ
・気もちが大きくかわるところ
・題名が入っている所

●深い学び

クライマックスの定義

クライマックス（上位概念）の定義を確認している。

●深い学び

自分なりの理由

叙述の引用をもとに、自分の読みの理由を述べている。

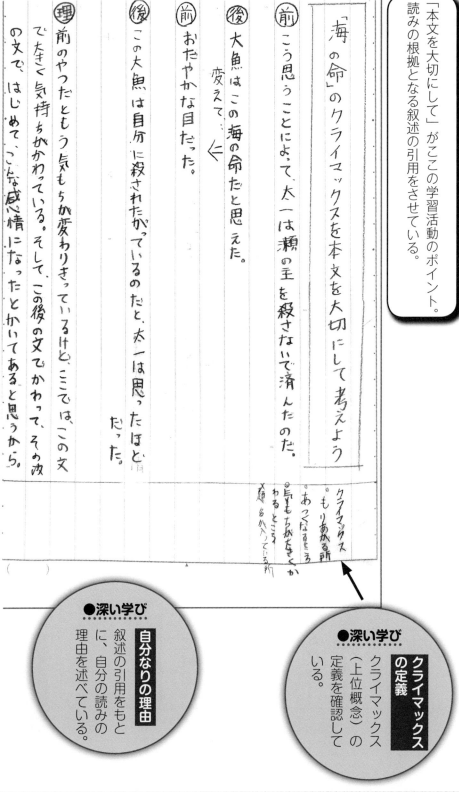

「私は最終的に26段落を選びました。」と判断した後、「なぜかというと……」と理由をまとめさせている。

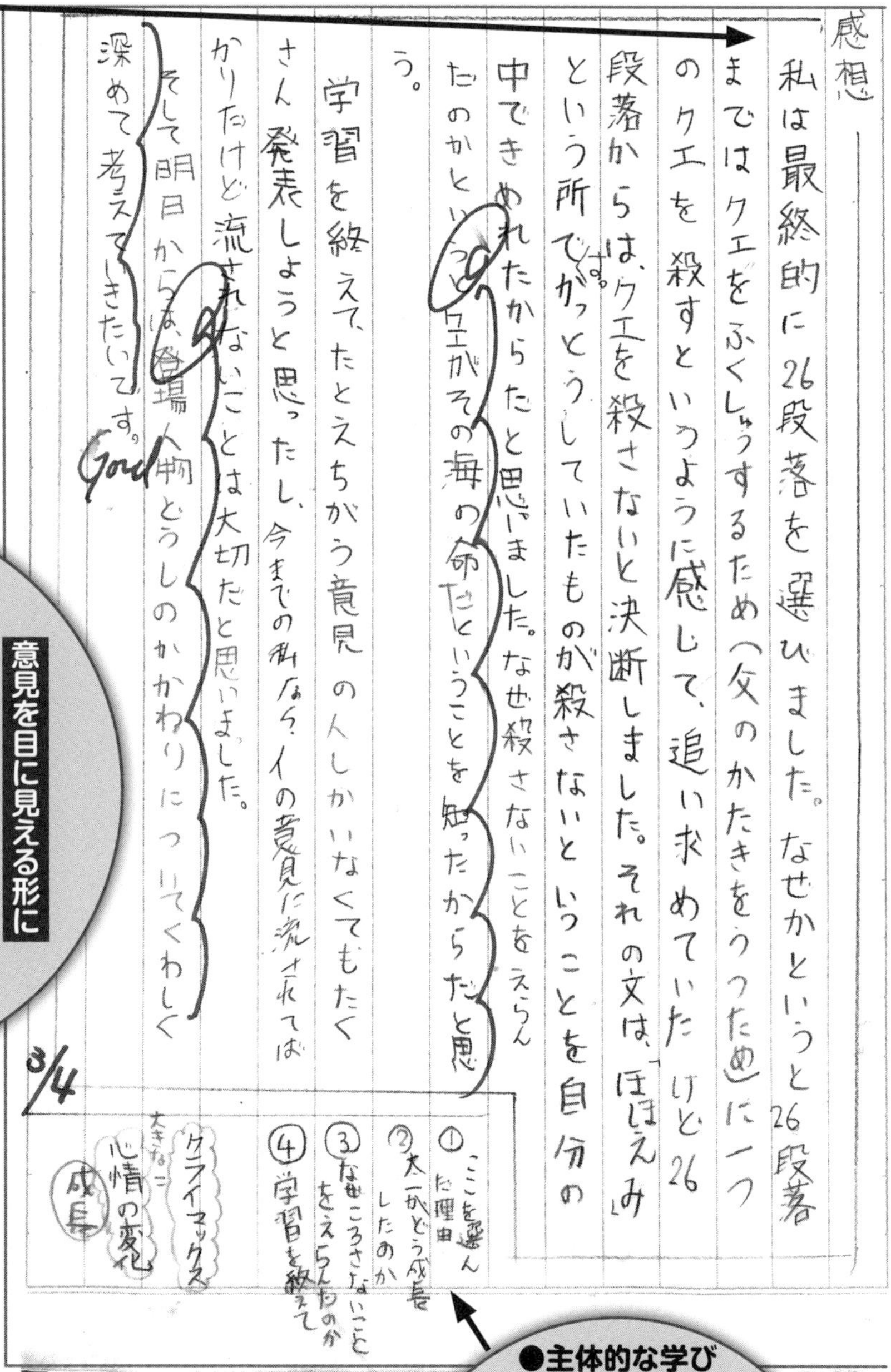

感想

私は最終的に26段落を選びました。なぜかというと26段落までは、クエをふくしゅうするため（父のかたきをうつため）に一つのクエを殺すというように感じて、追い求めていたけど26段落からは、クエを殺さないと決断しました。それの文は、「ほほえみ」という所です。かっとうしていたものが殺さないということを自分の中できめれたからだと思いました。なぜ殺さないことをえらんだのかというと、クエがその海の命だということを知ったからだと思う。

学習を終えて、たとえちがう意見の人しかいなくてもたくさん発表しようと思ったし、今までの私なら人の意見に流されてばかりだけど流されないことは大切だと思いました。

そして明日からは、登場人物どうしのかかわりについてくわしく深めて考えていきたいです。

Good

3/4

①ここを選んだ理由
②太一がどう成長したのか
③なぜころさないことをえらんだのか
④学習を終えて
クライマックス
大きな心情の変化
成長

●対話的な学びから深い学びへ

意見を目に見える形に

「学習を終えて、たとえちがう意見の人しかいなくてもたくさん発表しようと思ったし、今までの私なら人の意見に流されてばかりだけど流されないことは大切だと思いました。」と自分の成長に気づいている。

●主体的な学びから深い学びへ

文章構成メモ

感想の文章構成メモを書き込んでいる。

【三次①】筆者の伝えたいテーマを考えよう

ノートの下部に、多くの他者の読みのキーワードを書きとめている。この対話的学びのメモが「テーマ」の決定とその理由をまとめるという深い学びをしっかりと支えているところに注目したい。

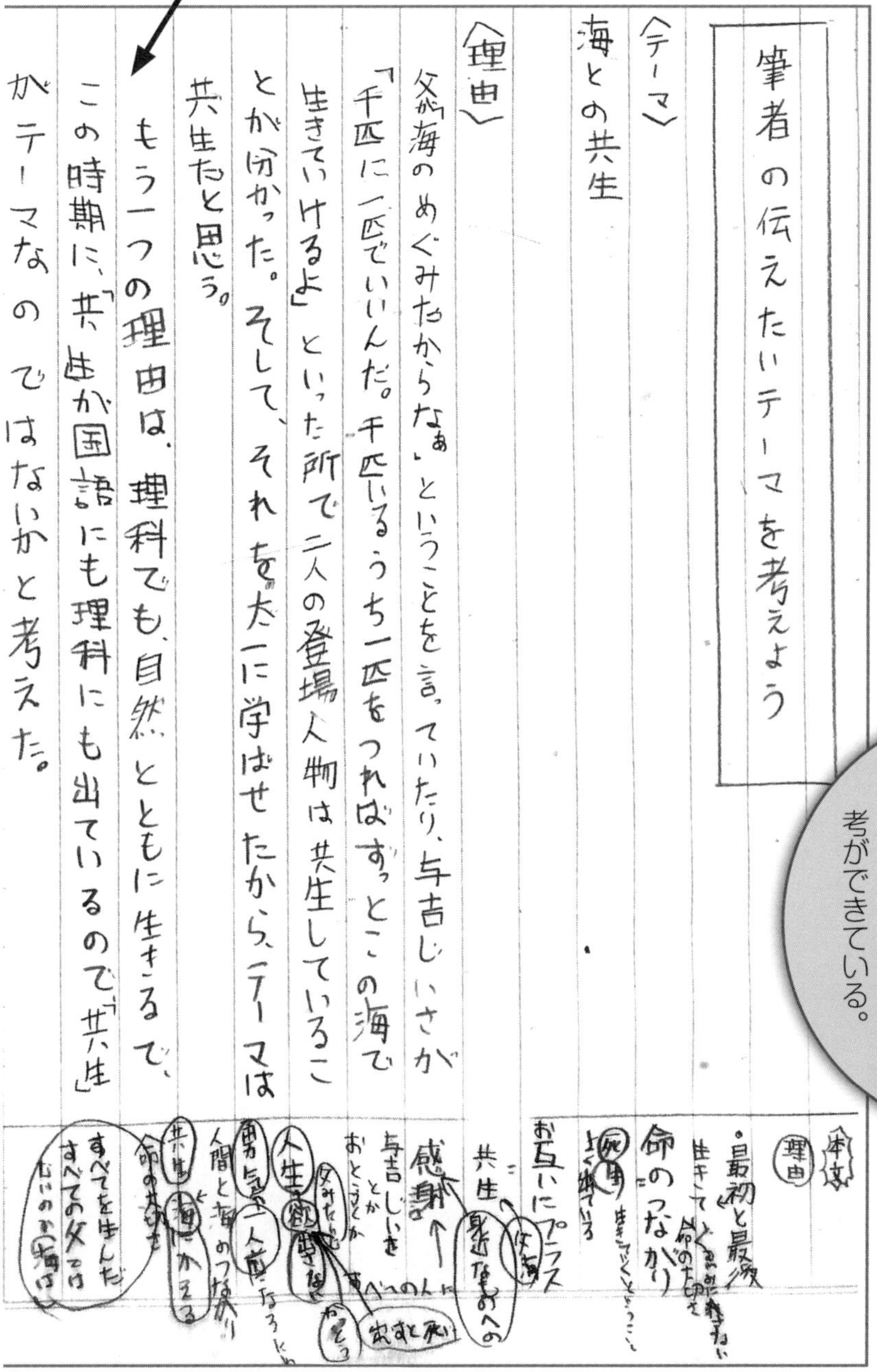

筆者の伝えたいテーマを考えよう

〈テーマ〉

海との共生

〈理由〉

父が海のめぐみだからなぁ」ということを言っていたり、与吉じいさが「千匹に一匹でいいんだ。千匹いるうち一匹をつれればずっとこの海で生きていけるよ」といった所で二人の登場人物は共生していることが分かった。そして、それを太一に学ばせたからテーマは共生だと思う。

もう一つの理由は、理科でも、自然とともに生きるで、この時期に、「共生が国語にも理科にも出ているので「共生」がテーマなのではないかと考えた。

本文　理由

・最初と最後

命のつながり

お互いにプラス

共生

感謝

与吉じいさ

人生

すべてを生んだ

●深い学び

テーマを見つける

「海との共生」という、かなり抽象的なテーマを掲げている。一連の学習活動を通して六年生にふさわしい抽象思考ができている。

●深い学び

合科的な学びへ

「理科でも自然とともに生きるで……」と他教科での学びとつないでいる。

私は最初海との共生だけだと思っていたけど、海との共生は、命のつながりも入っているし、海と共生するためには、命をつないでくれているから、感謝というのも、テーマだと思いました。
そして、最後にすべてを生んだすべての父か海なんじゃないかなというので、命をつなぐ＝海と共生していくというので海がすべての父だというのにきょうかんできました。

海との共生↑感謝
＝命のつながり↑
＝海は

●対話的な学びから深い学びへ

他者と交流し読みを深める

「すべてを生んだすべての父が海なんじゃないかなというので、命をつなぐ＝海と共生していくというので海がすべての父だというのにきょうかんできました。」と、他の子どもの意見に同意しながら、自分の読みをまとめている。

●深い学び

重層的なテーマを見つける

「私は最初海との共生だけだと思っていたけど、……感謝というのもテーマだと思いました。」このように文学教材が重層的なテーマを秘めていることに気がついている。

19
特別支援

「日記ノート」（一年生）

ポイント

年間を通して児童と対話しながら言葉を引き出し、主体的な学びへと導く

本児童は、自閉症スペクトラム、注意欠如多動症、重度の知的障害を併せ持っている。言葉が出ないため、自分の思いや気持ちを相手に伝えることも難しい。入学当初、鉛筆は順番に並べるものであって、自分から手にとって何かをかくということはほとんど見られなかった。

〇〇さん、イラストをかく？

〇〇&□□：作
〇〇：作

昨日は、いっしょにイラストを描いた後、〇〇さんが一人でイラストを描くことがありました。何が何だかわかりにくい写真ですが、丸を描いて、その後、いつも描いているように、眉、目、鼻、ほっぺた、口の場所に、この順番で鉛筆を動かしていったのです。たぶんイラストを描いたのだと思います。〇〇ちゃん、ナイス！

児童が、キャラクターイラストを描くのを確認。以降、ひらがなの文字学習や絵を見て言葉を書く学習を組み入れて学習を進める。さっそく、連絡帳によって家庭に連絡して喜びを共有した。

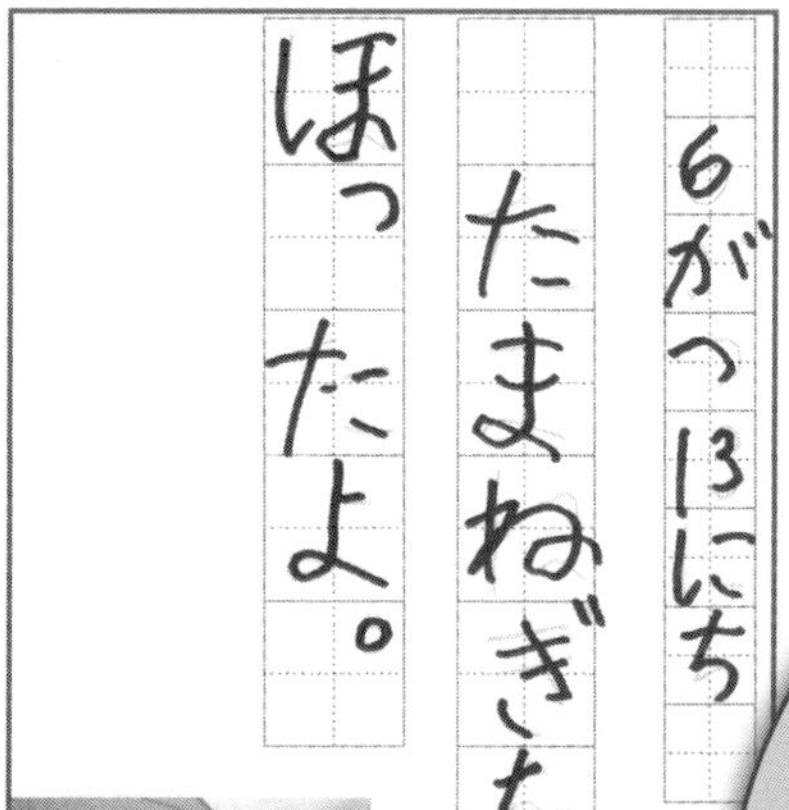
6がつ13にち
たまねぎを
ほったよ。

●主体的な学び

体験したことを文にする

自分が体験したことを、文にする学習を始める。最初は、教師があらかじめ書いた文をなぞる形でスタート。負担にならない文字数で必ず写真を添え、言葉と周りのひと、もの、ことが一致できたり、少しずつ言葉を広げたりできるようになった。

漢数字、曜日を表す漢字などを学習し、日記でも繰り返し使うようにした。日記を書く前には、黒板に貼ったカードを取ってきて、一人で書き順を確かめながらなぞり書きをしたり、一文字ずつカードを横に並べて書いたりするなど、自分から学ぼうとする姿が見られた。

●主体的な学び

年間を通して書き続ける

年間を通して書くことを続けることにより、写真を指さすと、自分一人で書き始めることができるようになった。（児童が安心して書けるよう、教師は軽く手を添えている。）

三《に》月9日　金《きん》よう日

きのう、ぼくはにっちょくでした。あさのすぴいちで、いちごのかずをかぞえました。

「1、2、3」。

といいました。そしたら、みんなが、

「　ちゃん、すごい」。

といってくれました。

うれしかったです。

教師が話したことを文字にするだけではなく、教師と児童の対話（教師が質問↓児童が文字で答える。）を通して、児童の思いや気持ちを引き出せるようにする。

●主体的な学び

自分の言葉で書く

書くこと、自分が書いたものを見ることが大好きになった児童である。三学期には、自分からの言葉も加わりどんどん書き進められるようになった。

日記を提示し、交流学級の友だちの前で一文字ずつ読んでスピーチすることができた。言葉で友だちとつながることができ、心の成長も感じられた。

「海の命」（光村図書／東京書籍・六年）

※東京書籍では「海のいのち」

ポイント

プリントを使って物語を読み取らせることで、主体的な学びへと導く

【二次①～⑤】登場人物の生き方と考え方をまとめよう

それぞれの場面でポイントとなる登場人物を考え、名前を書かせる。

A児は、音読がたどたどしく物語全体を捉えることに抵抗がある。そのため、場面ごとに同じパターンで読み取らせた。また、単元に入る前から音読練習をさせわからないことを解決させてから、自信をもって授業に臨むようにさせている。

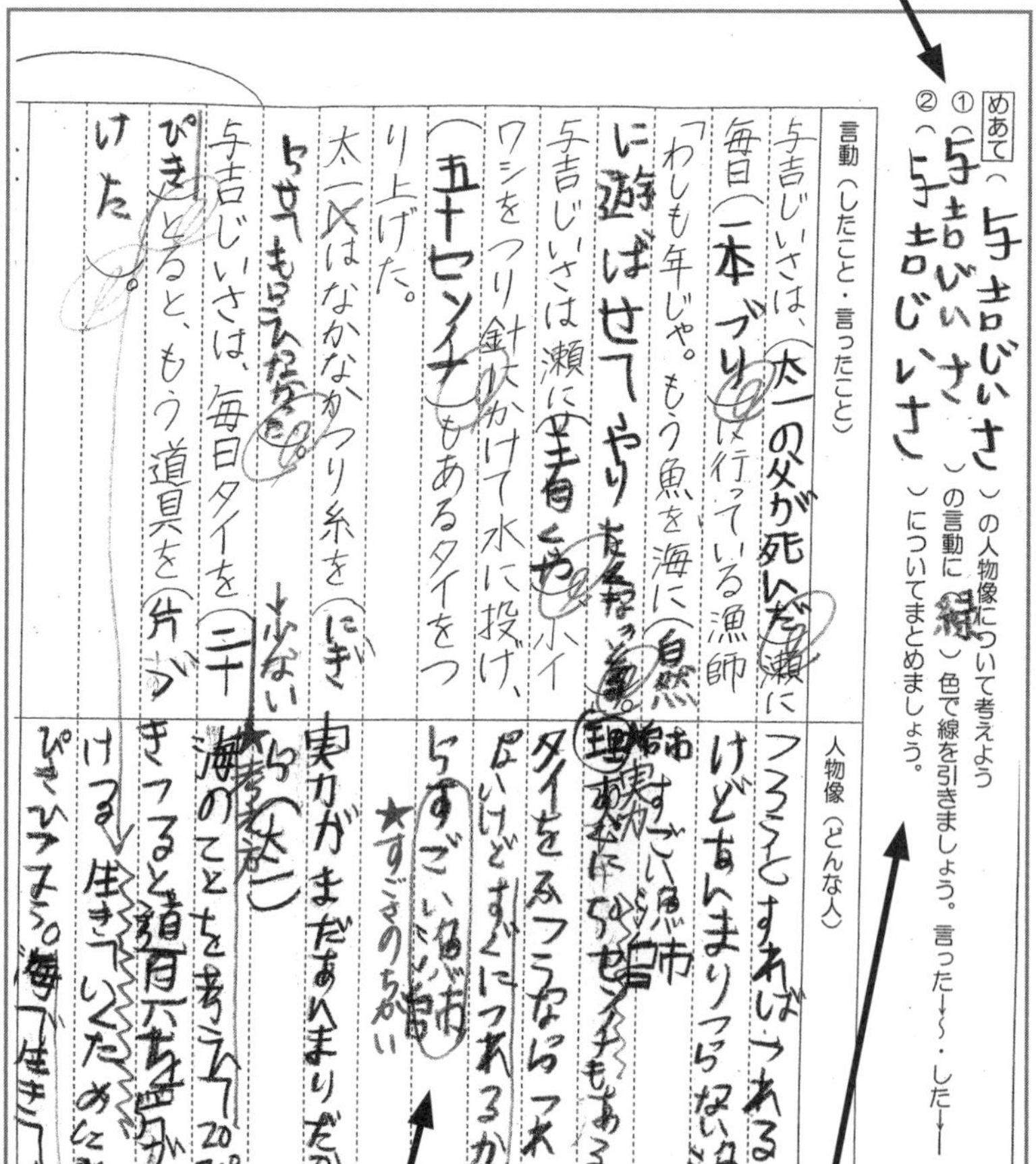
めあて（与吉じいさ）の人物像について考えよう
①（与吉じいさ）の言動に（緑）色で線を引きましょう。言った↓〜・した↓
②（与吉じいさ）についてまとめましょう。
言動（したこと・言ったこと）
人物像（どんな人）

①誰の言動なのかをはっきりさせるために人物の言動を色分けして線を引かせる。（与吉じいさ→緑色）
②本文を穴埋めさせることにより大事な文やキーワードに目を向けさせる。

●深い学び

キーワードに着目して

教師と相談しながら、物語を貫くキーワード「すごい漁師」のすごさに着目して理由を書くことができている。

学習の流れ

【一次】
①漢字の読みを確認／本文音読（2学期の終わり・冬休み）
②学習計画作成

【二次】
①〜⑤**登場人物をヒントに場面分けする。それぞれの登場人物の生き方と太一の考えをまとめる**
⑥クライマックス（主人公の心の変容）を考える

【三次】
①お話紹介をする

【四次】
①ほめほめメッセージとふり返り

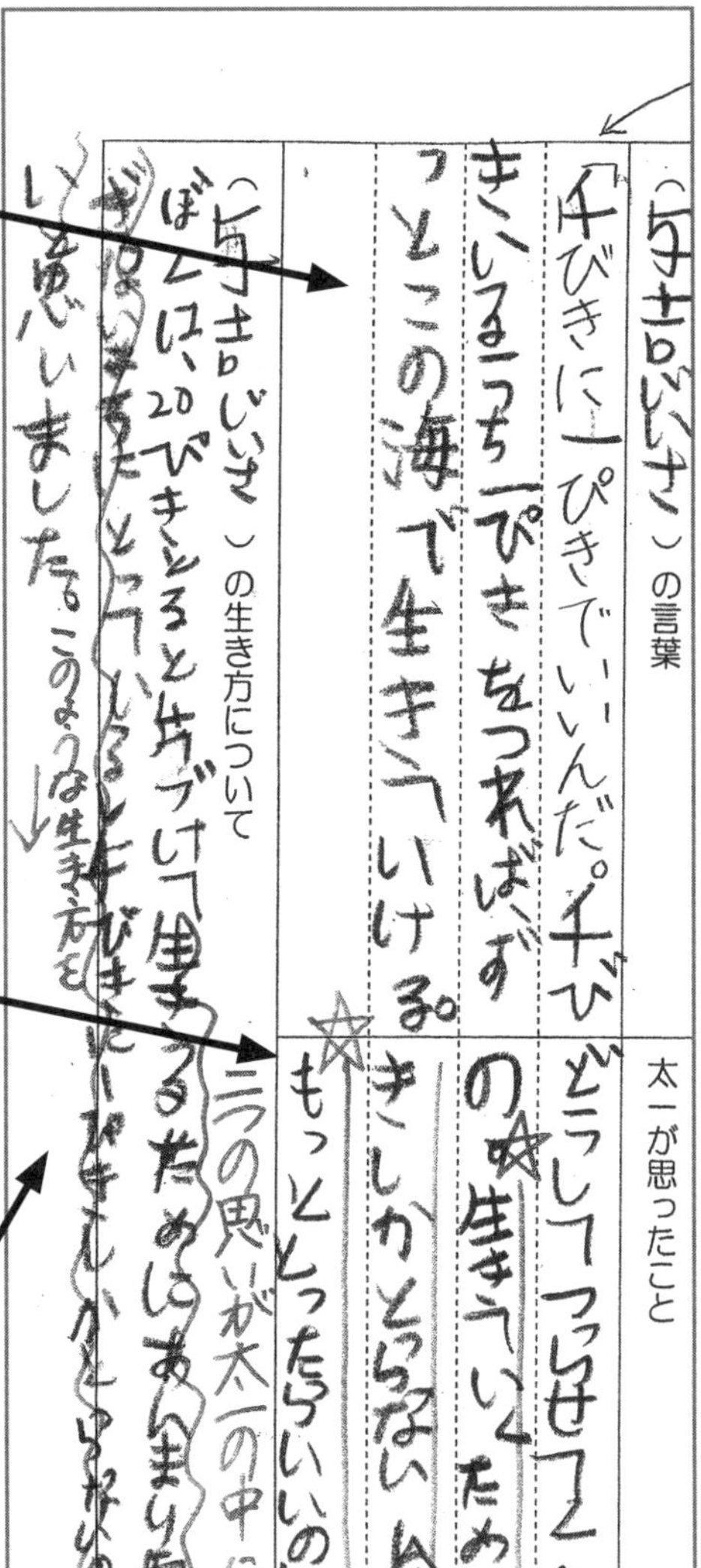

（与吉じいさ）の言葉
「千びきに一ぴきでいいんだ。千びきいるうち一ぴきをつれば、ずっとこの海で生きていける。
太一が思ったこと
（与吉じいさ）の生き方について

登場人物の生き方が表れた言葉を自分で見つけて書き出している。太一の思いを考えさせることによって、さまざまな人物との出会いを通して変容していく太一の心情を段階的に読み取らせた。

●対話的な学びから深い学びへ

教師との対話で
与吉じいさの生き方への太一の思いを想像し、教師との対話を通してこれまでと同じところ（もっととったらいいのに）、違うところ（生きていくために〜）に着目している。

●深い学び

場面ごとに考えを書く
場面ごとに登場人物の生き方についての自分の考えを書いている。

【執筆者一覧】（執筆順）

1章

堀江　祐爾（神戸女子大学）
西家　和代（元大阪府高槻市立真上小学校）

2章実践

竹野　恵子（奈良学園小学校）
1年生―1「はなのみち」
立花　美佐（兵庫県明石市立藤江小学校）
1年生―2「くじらぐも」
芦田多恵子（元兵庫県豊岡市立八代小学校）
1年生―3「ずうっと、ずっと、大すきだよ」
佐々木扶実子（アサンプション国際小学校）
2年生―4「スイミー」2年生―6「わたしはおねえさん」
三木　恵子（元兵庫県たつの市立小宅小学校）
2年生―5「お手紙」3年生―8「ちいちゃんのかげおくり」
4年生―11「ごんぎつね」
渡辺　太郎（奈良学園小学校）
3年生―7「きつつきの商売」
市下　優希（兵庫県赤穂市立塩屋小学校）
3年生―9「モチモチの木」
塩江理栄子（元兵庫県赤穂市立赤穂小学校）
4年生－10「一つの花」4年生―12「初雪のふる日」
中村　千佳（兵庫県姫路市立花田小学校）
5年生―13「世界でいちばんやかましい音」
大西　人詩（大阪府吹田市立片山小学校）
5年生―14「大造じいさんとガン」
原野　潤子（奈良学園小学校）
5年生―15「わらぐつの中の神様」
柴山美恵子（兵庫県赤穂市立御崎小学校）
6年生―16「カレーライス」
境　　佳世（兵庫県赤穂市立尾崎小学校）
6年生―17「やまなし」
河津　知紗（元兵庫県赤穂市立赤穂小学校）
6年生―18「海の命」
桑垣多津代（兵庫県豊岡市立高橋小学校）
特別支援―19「日記ノート」
平岡　尚子（兵庫県たつの市立御津小学校）
特別支援―20「海の命」

【編著者紹介】

堀江　祐爾（ほりえ　ゆうじ）

神戸女子大学教授，兵庫教育大学名誉教授，平成20年版中学校学習指導案作成協力者，「国語教育の実践と研究をつなぐ会」世話役代表。自宅を開放して「国語教育の実践と研究をつなぐ会」を開催。研究会での授業実践報告などの成果を，「つなぐ会」メールとして発信している。全国にメール会員多数。入会希望者は次のアドレスにメールをお届けください。

メールアドレス　kokugotunagukai@yahoo.co.jp

三木　恵子（みき　けいこ）

元兵庫県たつの市立小宅小学校教諭，兵庫教育大学非常勤講師

塩江理栄子（しおえ　りえこ）

元兵庫県赤穂市立赤穂小学校教諭，兵庫教育大学非常勤講師

小学校国語科授業アシスト

深い学びに導く国語科「物語教材」のノート指導

2019年9月初版第1刷刊 ©編著者　堀　江　祐　爾
三　木　恵　子
塩　江　理栄子

発行者　藤　原　光　政

発行所　明治図書出版株式会社

http://www.meijitosho.co.jp

（企画）佐藤智恵・林知里（校正）武藤亜子

〒114-0023　東京都北区滝野川7-46-1

振替00160-5-151318　電話03(5907)6703

ご注文窓口　電話03(5907)6668

＊検印省略　組版所　藤　原　印　刷　株　式　会　社

Printed in Japan　ISBN978-4-18-289812-9